ÉTUDES D'HISTOIRE ET DE PHILOSOPHIE RELIGIEUSES
sous la direction de Matthieu Arnold
88

La Stratégie identitaire de l'Israël antique

Ouvrage publié avec le soutien de l'université de Strasbourg

Alfred Marx

La Stratégie identitaire de l'Israël antique

PARIS
CLASSIQUES GARNIER
2019

Alfred Marx fut enseignant-chercheur aux facultés de théologie protestante de Yaoundé (Cameroun), Kisangani (RDC) puis, de 1969 à 2009, à l'université de Strasbourg. Il est professeur émérite depuis 2009. Il est l'auteur de plusieurs ouvrages sur le sacrifice et d'un commentaire sur le *Lévitique 17-27* (Genève, 2011).

ISBN 978-2-406-08544-7 (livre broché)
ISBN 978-2-406-08545-4 (livre relié)
ISSN 0992-6488

ABRÉVIATIONS DES LIVRES BIBLIQUES

Gn	Genèse
Ex	Exode
Lv	Lévitique
Nb	Nombres
Dt	Deutéronome
Jos	Josué
Jg	Juges
1-2 S	1-2 Samuel
1-2 R	1-2 Rois
Es	Ésaïe
Jr	Jérémie
Ez	Ézéchiel
Os	Osée
Jl	Joël
Am	Amos
Ab	Abdias
Jon	Jonas
Mi	Michée
Na	Nahoum
Ha	Habaquq
So	Sophonie
Ag	Aggée
Za	Zacharie
Ml	Malachie
Ps	Psaumes
Jb	Job
Pr	Proverbes
Rt	Ruth
Ct	Cantique des Cantiques

Qo	Qohélèt
Lm	Lamentations
Est	Esther
Dn	Daniel
Esd	Esdras
Ne	Néhémie
1-2 C	1-2 Chroniques
1-2 M	1-2 Maccabées
Jdt	Judith
Tb	Tobit
Sa	Sagesse de Salomon
Si	Siracide

INTRODUCTION

Le devenir de l'Israël antique constitue un cas d'école tout à fait intéressant. Car, à l'inverse des autres peuples de l'Antiquité, ce modeste royaume du Proche-Orient, né en tant qu'entité politique une dizaine de siècles avant notre ère, a survécu, sous une autre forme, à toutes les catastrophes qui l'ont frappé. Même après l'éradication du royaume fondé par David, malgré la disparition de ses structures étatiques et la perte de son territoire historique, en dépit de sa dispersion sur tout le Proche-Orient et même au-delà, le peuple d'Israël a réussi à garder à travers les âges son identité propre, invariablement fondée sur ses vieux écrits normatifs et le rattachement à un même ancêtre éponyme. D'autres peuples de cette époque, aux civilisations pourtant prestigieuses et qui ont constitué de puissants empires, ont disparu jusqu'à ce que la pelle des archéologues en mette au jour la trace. Et ceux qui leur ont succédé sur leur territoire ont pris une nouvelle identité qui n'avait que peu à voir avec l'ancienne. Or le peuple juif, qui est issu de cet Israël, se situe dans une continuité, à la fois génétique et idéologique, avec ses lointaines origines, revendiquant pleinement son histoire comme sienne et considérant ses écrits comme ayant aujourd'hui, comme pour ses ancêtres autrefois, valeur canonique. Le cas d'Israël est un cas rare, sinon unique. Son étonnante capacité de résilience, son attachement opiniâtre à son identité, sa singulière faculté de résistance à l'acculturation et à l'assimilation ne peuvent manquer d'interpeller l'observateur. Elles l'amènent à s'interroger sur la stratégie que ses cadres intellectuels – prêtres, prophètes, sages – ont mise en place et qui allait lui permettre de perdurer et de conserver son identité et ce, malgré l'absence, depuis le VIe s. avant notre ère, de toute autorité politique centrale susceptible de fédérer ses multiples composantes réparties en de nombreux espaces nationaux. Car, et c'est là une autre de ses singularités, l'histoire de l'Israël antique est aussi, pour reprendre le titre d'un ouvrage d'Antonin Causse, l'histoire d'un groupe ethnique devenu, après le passage par l'édification d'un État, communauté religieuse[1].

La première phase de cette histoire, celle qui amène des groupes ethniques à se constituer en un royaume, est pleinement comparable à celle d'autres États de l'Antiquité. Comme c'est le cas pour nombre d'autres peuples, son installation dans son territoire définitif est le point d'aboutissement de l'histoire déjà longue d'un groupe, ou plutôt de divers groupes qui, pour différentes raisons, ont quitté leur territoire d'origine pour se rendre dans un nouveau territoire dont ils ont chassé ou soumis les premiers habitants. Dans le cas d'Israël, à en croire les textes bibliques, cette histoire résulte d'une double migration. La première de ces migrations partait du nord, de la Mésopotamie. C'est l'histoire d'un groupe semi-nomade qui, avec ses troupeaux de petit bétail, parcourait tout naturellement, au fil des pâturages, le Croissant fertile et qui a fini par s'installer, pacifiquement, au pays de Canaan, cet étroit corridor reliant l'Asie à l'Afrique. Et ce, tout en gardant le contact avec la patrie d'origine par le biais de mariages ou par des séjours prolongés. C'est d'ailleurs à la Mésopotamie qu'Israël empruntera ses mythes d'origine, et c'est là que ses « historiens » situent la naissance des ancêtres de la quasi totalité de ses tribus. Plus tard, à en croire nos sources, une seconde migration verra une population installée depuis quelques générations en Égypte, au sud, quitter sa terre d'accueil où ses ancêtres avaient émigré afin d'échapper à la famine. Le départ, cette fois, fait suite à un changement de règne et à la montée sur le trône d'un pharaon mal disposé à l'égard des Israélites, leur imposant un joug asservissant en vue de les affaiblir, à défaut de pouvoir les éradiquer. Cette nouvelle migration qui, contrairement à la première, marque une véritable rupture, conduira les Israélites au pays de Canaan où ils s'installeront, cette fois de manière durable. Elle donnera également naissance au mythe fondateur d'Israël.

Comme aussi pour bien d'autres peuples, les différentes composantes de ce qui deviendra un royaume unifié vivront d'abord de manière autonome les uns à côté des autres, tantôt solidaires, tantôt se combattant, le plus souvent sans trop se préoccuper les uns des autres, avant que les circonstances – la nécessité de faire face à un ennemi commun – et l'émergence d'une personnalité forte ne les amènent à se rassembler pour

---

1 *Du groupe ethnique à la communauté religieuse. Le problème sociologique de la religion d'Israël* (Études d'histoire et de philosophie religieuses 33), Paris, Alcan, 1937.

former un royaume. La séquence constitutive de la préhistoire d'Israël, telle que la retrace la Bible hébraïque – départ vers un nouveau territoire, prise de possession, par la force ou par infiltration, de ce territoire, large autonomie de type tribal des différents groupes exogènes, puis unification sous un pouvoir central et constitution d'un royaume – ne lui est en rien spécifique ; elle correspond parfaitement au schéma classique de la formation d'un État[2]. La suite de son histoire est, elle aussi, semblable à celle de bien d'autres royaumes. De même que la plupart des autres royaumes, Israël verra alterner des périodes de grandeur et des périodes de médiocrité, des périodes de stabilité et d'autres d'instabilité, des temps de paix et des temps de guerre, des temps de prospérité et des temps de famine, des temps où il domine ses voisins et des temps où il est leur vassal, des temps où il élargit ses frontières et des temps où ses frontières se rétrécissent. Même sa scission en deux royaumes, après seulement quelques décennies d'union, est loin d'être un phénomène unique. Bref, qu'il s'agisse de sa préhistoire ou de l'histoire de son royaume, dans ses grandes lignes l'histoire de l'Israël antique n'a rien de spécifique. Elle n'est que l'une des multiples variantes de l'histoire de la plupart des États, à toutes les époques.

La dernière phase de l'histoire d'Israël, celle qui fait passer de l'appartenance à un royaume à l'appartenance à une communauté religieuse, est, par contre, tout à fait originale et distingue cette histoire de celle de la quasi-totalité des autres peuples et États, et peut-être même de tous. En 587 avant notre ère, un peu moins d'un siècle et demi après l'éradication de la partie septentrionale de l'ancien royaume de David-Salomon, le royaume de Juda, au sud, disparaissait à son tour. Les troupes babyloniennes, qui avaient déjà dévasté la quasi-totalité de son territoire, capturaient son roi qui avait cherché à s'enfuir, s'emparaient de Jérusalem, sa capitale, la pillaient, l'incendiaient et démolissaient ses fortifications, avant d'emmener avec elles plusieurs centaines de ses habitants, tandis que de nombreux autres Judéens s'enfuyaient pour chercher refuge dans les pays voisins. Dernier avatar de l'« empire » de David-Salomon, le royaume de Juda était ainsi à son tour rayé de la carte et, avec lui, la dynastie davidique qui avait régné de manière

2 On pourra comparer ces évolutions à celles qui conduiront à l'émergence des différents royaumes au cours de la période médiévale, voir G. Duby (Dir.), *Une histoire du monde médiéval* (Bibliothèque historique Larousse), Paris, Larousse, 2013.

ininterrompue depuis les origines : fin d'une aventure qui n'avait duré qu'un peu plus de quatre siècles. Or, alors que, dans la plupart des situations semblables, la perte du territoire historique, l'effondrement des institutions politiques et religieuses et la dispersion d'un grand nombre de ses habitants conduisent irrémédiablement à la déliquescence de la nation et aboutissent à la dilution de son identité, dans le cas d'Israël sa cohésion et son identité ressortent renforcées. Et ce, malgré l'effondrement de tout ce qui faisait son identité, malgré sa dispersion dans une grande part du Proche-Orient, et malgré l'absence de tout pouvoir central capable d'imposer son autorité. Ceux que l'on appelait auparavant « Israélites » ou « Judéens » seront désormais appelés « Juifs ». Au lieu d'être les sujets d'un roi confinés à l'intérieur d'un territoire exigu, ils constitueront une communauté religieuse débordant largement les anciennes frontières. Bien des siècles après, en dépit de leur dispersion, les lointains descendants d'Israël et de Juda conserveront une conscience forte de leur identité et de leur sentiment d'appartenance à un même peuple. Et, bien que leur dieu national n'ait pas protégé leurs ancêtres de l'invasion babylonienne – ce qui aurait pu être compris comme un signe de son impuissance et de son infériorité par rapport aux dieux des nations victorieuses –, ils continueront, non seulement à lui rendre un culte, mais encore ils verront en lui l'unique Dieu, celui seul qui a créé l'univers, auquel ils adresseront désormais leur prière, non plus en son temple, mais en se tournant dans sa direction. C'est cette étonnante pérennité, en dépit des aléas de l'histoire, et cette extraordinaire capacité de s'adapter aux circonstances, sans pour autant perdre ce qui fait son identité, qui font véritablement la singularité de l'Israël antique et du Judaïsme.

L'Israël antique aura donc dû relever plusieurs défis.

Le premier de ces défis est celui de la construction d'un État, un défi auquel sont confrontés tous les groupes qui se constituent en État. Au vu du caractère hétérogène du groupe, il lui fallait, en tout premier lieu, fédérer ses diverses composantes en leur donnant une identité commune, qui transcende les identités particulières. Cette cohésion était d'autant moins naturelle que les différentes tribus qui seront rassemblées en un royaume ne forment pas un groupe homogène, qu'elles ne sont pas naturellement liées entre elles par une histoire commune, qu'elles sont dépourvues de cet attachement à une terre patrie qui d'ordinaire est un puissant élément fédérateur ; la géographie elle-même, faute de frontières naturelles vers l'extérieur, et du fait de la grande diversité des paysages intérieurs, ne facilite en rien cette union. Par ailleurs, il fallait, afin d'éviter qu'elles ne s'y assimilent, différencier fortement ces tribus nouvelles venues des populations autochtones vivant au sein du royaume ou dans les royaumes avoisinants. Le risque d'assimilation était d'autant plus grand que la langue n'était pas un facteur de différenciation – celle-ci était plus ou moins commune à toutes ces populations – et que leur mode de vie et leur culture étaient semblables, sinon identiques. Il fallait enfin donner à cet ensemble une identité nouvelle, de manière à ce que l'attachement commun au royaume soit plus fort et transcende l'attachement de chacun à la tribu d'origine. Il fallait une cohésion pérenne, qui ne soit pas simplement de circonstance comme celle qui, en temps de crise, rassemble contre une menace commune et crée l'union sacrée autour d'un leader charismatique. Il fallait, enfin, une identité suffisamment forte, qui ne se délite pas à la première occasion mais qui soit capable de survivre aux aléas de la vie politique et de se maintenir, même chez ceux dont le territoire risquait de passer plus ou moins longtemps, à la suite d'une défaite, sous l'autorité d'une puissance étrangère. Notre premier chapitre sera ainsi consacré à l'étude de la stratégie mise en place dans les premiers temps de la monarchie par David et Salomon pour créer cette identité nationale et garantir la cohésion du royaume.

Le deuxième défi est la capacité de surmonter les catastrophes. Dans le monde antique, il n'existe pas de catastrophe naturelle. Toute catastrophe, quelle qu'elle soit, est censée avoir une cause surnaturelle. Pas seulement ces catastrophes sur lesquelles les humains n'ont guère de prise, comme, par exemple, une épidémie qui vient décimer le peuple, une sécheresse, une invasion de sauterelles ou encore une maladie qui frappe la récolte et l'anéantit, mais également les catastrophes proprement politiques telles qu'une défaite, l'invasion du territoire par l'ennemi ou tout autre échec, tous événements qui à nos yeux ont clairement une cause humaine et résultent simplement de la supériorité de l'adversaire ou de l'incapacité des chefs. Tout ce qui advient, qu'il s'agisse d'un dérèglement de la nature ou d'une catastrophe militaire, passe pour avoir une cause surnaturelle et pour être décidé par les dieux qui expriment ainsi leur mécontentement ou leur colère. Or, si les dieux sont en colère, c'est parce que quelqu'un a commis une faute grave. Ce peut être le roi qui n'a pas accompli les rites prescrits. Ce peut être le peuple, dont le comportement a suscité la colère divine. Ce peut même être un simple individu, qui a transgressé un tabou. Pour les peuples antiques, il n'existe pas de fatalité. Il est fascinant de voir à quel point ces peuples ont tous été persuadés que toute catastrophe avait un sens, et qu'il était parfaitement possible d'en déterminer la cause. Possible, mais surtout nécessaire. Dès lors que survenait une catastrophe, que l'ordre normal des choses était perturbé, il fallait donc que les interprètes des dieux, prêtres, devins ou prophètes, déterminent qui était le coupable et quel était son crime, et que celui-ci soit aussitôt sanctionné conformément à la volonté des dieux. Une telle démarche était essentielle car il en allait de la pérennité du royaume et du soutien du peuple à son roi. Sur tous ces points, l'Israël antique partage les mêmes convictions et les mêmes préoccupations que tous les autres peuples du Proche-Orient. Ce qui, par contre, lui est propre dans une large mesure, c'est son effort non seulement pour comprendre des événements ponctuels au fur et à mesure qu'ils se produisent, mais pour jeter un regard rétrospectif sur l'ensemble de son histoire, depuis ses origines, afin d'en comprendre le sens ; et ce non en usant de techniques divinatoires, mais en développant un travail intellectuel, celui d'« historiens » qui tentent de discerner dans cette histoire des lignes de force et d'en fournir un principe explicatif. Dans notre deuxième chapitre nous verrons comment les auteurs de la Bible hébraïque ont relevé ce défi.

L'ultime défi auquel l'Israël antique a été confronté est peut-être le plus crucial car il en va, cette fois-ci, de rien de moins que de sa survie. Ce défi est d'autant plus difficile à relever que la situation à laquelle Israël a dû faire face est tout à faite inédite : c'est celle qui résultait de la disparition du royaume et de la dispersion de sa population. Il fallait donc inventer une stratégie toute nouvelle, pour laquelle on ne disposait d'aucun modèle. Il ne s'agissait pas simplement de restaurer le royaume détruit ni d'engager les réformes susceptibles d'apaiser le dieu national et de retrouver sa faveur. Il fallait imaginer des dispositifs permettant d'assurer la cohésion du peuple juif éparpillé à travers le Proche-Orient et vivant dans des communautés isolées les unes des autres ; cohésion qui, du fait même de la désintégration des institutions fédératrices, n'était plus réalisée spontanément à travers le partage d'un même territoire et la sujétion à un même dieu et à un même roi. Il fallait donc consolider le sentiment d'appartenance, par delà la communauté locale, à une communauté plus vaste. Et, par ailleurs, il fallait donner à ces communautés les moyens de préserver leur identité, de manière à leur permettre de résister à l'acculturation et à la douce tentation de l'assimilation. Qu'il se soit trouvé des Israélites pour refuser, malgré le sauve-qui-peut général, de sombrer dans le fatalisme et de se résigner, sous l'excuse du réalisme, mais pour s'atteler à cette tâche, alors même que tout semblait perdu, témoigne de la persistance chez certains d'entre eux d'une extraordinaire foi en l'avenir et d'une conviction aigüe de leur singularité. Décrire la stratégie mise en place pour répondre à ce défi, tel sera l'objet de notre troisième chapitre.

Pour mener notre enquête nous disposons d'une source exceptionnelle et, à bien des égards, sans équivalent : la Bible hébraïque. Ce recueil, dont la composition s'est échelonnée sur près d'un millénaire, est constitué d'un ensemble de livres portant sur des sujets très divers. On y trouve des mythes, des récits, des oracles prophétiques, un poème célébrant l'amour, des prières, des écrits de sagesse, des lois aussi bien civiles que religieuses, de longues parénèses ou encore de fastidieuses listes généalogiques. Ces différents livres, eux-mêmes, sont loin d'être homogènes. Non seulement le même livre peut contenir des passages relevant de plusieurs genres littéraires, mais, au fil des siècles, des auteurs successifs les ont complétés afin de les actualiser pour qu'ils répondent aux défis de l'heure. La plupart des auteurs qui ont participé à leur rédaction, qu'il s'agisse des auteurs premiers ou de ceux qui ont complété leurs écrits, sont anonymes. Certains livres, en particulier les livres prophétiques, sont attribués à un individu apparemment bien identifié, sans pour autant que celui-ci en soit l'auteur : ceux qui ont recueilli ses oracles les ont triés, ne gardant que les oracles dont ils estimaient la valeur durable : ils les ont agencés sans souci de leur ordre chronologique, et enrichis par d'autres oracles qu'ils ont eux-mêmes composés. D'autres livres sont fictivement attribués à une personnalité connue : ainsi, nombre de psaumes le sont à David, quelques-uns des écrits de sagesse le sont à Salomon et, plus tard, le Pentateuque le sera à Moïse. Tout au plus peut-on conjecturer que certains auteurs appartiennent au milieu de la cour, et que d'autres appartiennent au milieu prophétique ou sacerdotal. Ce qui fait véritablement l'originalité de la

Bible hébraïque, indépendamment même du fait que l'identité de ses auteurs est largement fictive, c'est qu'elle a été reçue comme faisant autorité par l'ensemble de la communauté, qu'elle condense en elle l'expérience millénaire d'un peuple dans laquelle tous ses membres se reconnaissent, qu'elle en est, pour reprendre une expression de Jan Assmann, la « mémoire volontaire[3] ». Les écrits ainsi réunis ont pour autre originalité de n'avoir pas été rédigés, comme c'est souvent le cas pour toute littérature nationale, à la gloire du peuple ou à celle de ses souverains. L'hagiographie y est rare. Bien au contraire, les textes sont le plus souvent critiques envers les rois, la classe dirigeante et le peuple lui-même ; et parce qu'ils sont considérés comme normatifs, ils continuent à exercer cette fonction critique. Une fois constituée – aux abords de l'ère chrétienne –, la Bible hébraïque sera un puissant facteur de cohésion et d'identité du Judaïsme. Et ce, parce que sa lecture n'est pas réservée à une caste d'initiés mais qu'elle fait l'objet d'une transmission vivante à travers sa lecture, aussi bien publique et régulière dans le cadre du culte synagogal, que privée – dès le IIe s. avant notre ère on trouve dans des maisons particulières des recueils de la Tora (voir 1 M 1,56-57) – et que son contenu essentiel est remémoré au moyen de rites.

Aux premiers temps, la Bible hébraïque telle que nous la connaissons n'existe évidemment pas encore. Du temps de David et de Salomon, seule existe une infime partie. Ce n'est que quelques siècles plus tard, tout particulièrement suite à la destruction du royaume de Juda, qu'on assistera à une intense activité rédactionnelle, qui donnera au Pentateuque sa forme définitive, conduira à composer l'histoire des royaumes d'Israël et de Juda depuis leur prise de possession du pays de Canaan jusqu'à leur totale disparition et à donner leur forme finale à nombre de livres prophétiques. Comme le note François Hartog, « ce sont les temps de crise qui sont les plus parlants, à chaque fois qu'il devient urgent de reprendre, de 'revisiter' une tradition, pour asseoir la légitimité d'un pouvoir et fixer de nouveaux points

3 J. Assmann, *La mémoire culturelle. Écriture, souvenir et imaginaire politique dans les civilisations antiques*, Paris, Aubier, 2010, p. 16. Précisons que la Bible hébraïque est loin de réunir l'ensemble de la production littéraire de l'ancien Israël. Plusieurs autres livres y sont d'ailleurs expressément cités, dont ce « livre des guerres de Yhwh » (Nb 21,14) qui a déjà intrigué Goethe ou encore le « livre du juste » où, selon 2 S 1,18, est consignée la lamentation que David avait prononcée sur Saül et Jonathan.

de repère[4] ». Ce sera là notre principale source. Source subjective, certes, comme le sont les écrits de circonstances composés en vue de répondre à des préoccupations bien précises : tous ces écrits sont, d'une certaine manière, des écrits à thèse. Ainsi que le souligne Frank Frick, « l'objectif des narrations bibliques n'est pas de "donner des faits" mais de répondre à des questions que l'on se pose au sujet de ses rapports : rapports avec le pays où l'on vit, avec le groupe ethnique auquel on s'identifie et avec les mythes et rituels religieux qui soutiennent le sentiment d'identité[5] » Pleinement assumée, cette partialité convient parfaitement à notre dessein qui n'est pas de rédiger une histoire « objective » d'Israël – au quel cas il aurait fallu lire ces sources de manière critique en prenant en compte les données archéologiques et épigraphiques – mais d'exposer le projet même de leurs auteurs.

Nous avons interrompu notre examen de la stratégie identitaire du peuple juif au début de l'époque perse. Non pas que la construction de l'identité juive se soit arrêtée à ce moment-là, mais parce qu'à cette époque les fondements de cette identité ont tous déjà été posés. Toutes les constructions identitaires ultérieures s'appuient sur ces fondements et y trouvent leur légitimation. À l'intérieur même de la Bible hébraïque, le Chroniste – désignation qui regroupe les livres des Chroniques, d'Esdras et de Néhémie – poursuivra cette construction identitaire. Cette construction ira en se diversifiant – ainsi l'identité essénienne n'est pas la même que l'identité pharisienne, qui elle-même diffère de celle des sadducéens – et en se complexifiant. C'est qu'une identité ne peut pas être figée. Elle doit évoluer au gré des circonstances afin de s'adapter aux nouvelles conditions de vie. L'identité juive s'adaptera aux différents changements, mais elle restera fidèle à l'identité première, celle qui fait sa spécificité, elle est en continuité avec elle[6].

---

4 F. Hartog, *Évidence de l'histoire. Ce que voient les historiens*, Paris, éd. de l'École des Hautes Études en Sciences Sociales, 2005, p. 21.

5 F. S. Frick, « Response : Reconstructing Ancient Israel's Social World », *Semeia*, vol. 87, 1999, p. 233-254 (voir p. 245).

6 Concernant la bibliographie nous avons, en règle générale, privilégié les monographies et, parmi celles-ci, principalement les ouvrages de référence, en nous limitant aux ouvrages les plus récents. Nous avons également cité des études qui, sans traiter de l'Israël antique, nous ont paru susceptibles d'apporter un éclairage intéressant.

J'adresse mes vifs remerciements à mes collègues Matthieu ARNOLD, *qui a rendu possible la publication de ce texte, Régine* HUNZIKER, *pour ses remarques critiques sur le ch 1, et Gilbert* VINCENT, *pour sa relecture minutieuse du manuscrit et ses précieuses suggestions.*

LA CONSTRUCTION D'UNE IDENTITÉ NATIONALE

Dans l'histoire de la période monarchique de l'Israël antique, celle de ses origines est de très loin la plus controversée, les uns, les « minimalistes », déniant toute existence à un royaume davidique-salomonien, estimant que les textes relatifs à cette période sont tous tardifs et sans valeur historique aucune, les autres, les « maximalistes », faisant davantage confiance au récit biblique. Il est d'autant plus difficile de trancher entre ces positions extrêmes qu'aucun témoignage archéologique irréfutable ne permet de prouver l'une ou l'autre d'entre elles et que les avis divergent radicalement concernant la datation des textes bibliques qui portent sur cette période. Force, pourtant, est de constater, et quoi qu'en pensent les « minimalistes », que le processus qui conduit à la naissance de ce royaume, tel que décrit dans nos textes, correspond, dans ses grandes lignes, au processus habituel de constitution d'un État, et que les défis auxquels sont confrontés David et Salomon sont très semblables à ceux auxquels le sont généralement les dirigeants d'un État en création. Dans la mesure où les textes relatifs à cette période reflètent assez bien ces défis, nous estimons que ceux-ci, une fois débarrassés de leurs éléments apologétiques, peuvent constituer une source valable.

LA SITUATION POLITIQUE À L'ÉPOQUE DE DAVID

Les sources dont dispose l'historien pour décrire l'émergence du royaume davidico-salomonien et la stratégie identitaire mise en œuvre pour renforcer la cohésion nationale paraissent, de prime abord, relativement abondantes compte tenu de l'antiquité de l'époque à laquelle elles se rapportent[1]. En effet, la majeure partie des livres de Samuel et près de la moitié du 1er livre des Rois portent sur les premiers temps de la monarchie, que l'on s'accorde à situer au xe s. avant notre ère. Les spécialistes qui ont étudié ces livres y distinguent traditionnellement plusieurs grands ensembles[2]. D'abord « l'histoire de l'ascension de David », 1 S 16 – 2 S 5, qui raconte comment le jeune David, simple berger, se fait connaître du roi Saül – selon les traditions, comme musicien chargé de calmer ses accès de folie ou, légende plus connue, à la suite de sa victoire en combat singulier contre le géant philistin –, puis devient le chef de son armée avant que la jalousie maladive de son roi ne l'oblige à s'enfuir et à chercher refuge, avec ses partisans, auprès d'un prince philistin, à se mettre ainsi au service de l'ennemi, puis, une fois le roi

1 De nombreux ouvrages ont été consacrés à l'histoire d'Israël. Parmi les plus récents on citera J. A. Soggin, *Histoire d'Israël et de Juda. Introduction à l'histoire d'Israël et de Juda des origines à la révolte de Bar Kokhba* (Le livre et le rouleau 19), Bruxelles, Lessius, 2004 (traduit de l'italien *Storia d'Israele. Introduzione alla storia d'Israele e Giuda dalle origini alla rivolta di Bar Kochba*, Brescia, Paidea, 2002, par C. Bonnet); M. Liverani, *Israel's History and the History of Israel*, London, Equinox, Oakville, DBBC, 2005 (traduit de l'italien *La Bibbia : Storia Antica di Israele*, Roma-Bari, Laterza & Figli Spa, 2003, par C. Peri et P. R. Davies); J. M. Miller, J. H. Hayes, *A History of Ancient Israel and Juda*, Louisville-London, Westminster John Knox Press, 2006[2]; L. L. Grabbe, *Ancient Israel : What Do We Know and How Do We Know It*, London-New York, T. & T. Clark, 2007. Sur l'époque de David-Salomon, voir plus spécialement V. Fritz, P. R. Davies, *The Origins of the Ancient Israelite States* (Journal for the Study of the Old Testament. Supplement series 228), Sheffield, Academic Press, 1996; – W. Dietrich, *Die frühe Königszeit in Israel. 10. Jahrhundert v. Chr.* (Biblische Encyklopädie 3), Stuttgart-Berlin, Köln, Kohlhammer, 1997; I. Finkelstein, N. A. Silberman, *Les rois sacrés de la Bible. À la recherche de David et Salomon*, Paris, Bayard, 2006 (traduit de l'anglais *David and Solomon. In Search of the Bible's Sacred Kings and the Roots of Western Tradition*, New York, The Free Press, 2006 par P. Ghirardi); B. Becking, L. L. Grabbe, *Between Evidence and Ideology* (Old Testament Studies 59), Leiden-Boston, Brill, 2011 (voir les études de Becking et de Dijkstra) et, pour un état de la recherche, L. K. Handy (éd.), *The Age of Solomon : Scholarship at the Turn of the Millenium* (Studies in the History and Culture of the Ancient Near East 11), Leiden-New York, Köln, Brill, 1997; M. Huber, *Gab es ein davidisch-salomonisches Großreich ? Forschungsgeschichte und neuere Argumentationen aus der Sicht der Archäologie* (Stuttgarter biblische Beiträge 64), Stuttgart, KBW, 2011. Pour les questions de méthodologie, voir notamment A. J. Frendo, *Pre – Exilic Israel, the Hebrew Bible, and Archaeology. Integrating Text and Artefact* (Library of Hebrew Bible / Old Testament Studies 549), New York, T & T Clark, 2011 et aussi J. Day (éd.), *In Search of Pre-Exilic Israel* (Journal for the Study of the Old Testament. Supplement Series 406), London-New York, T & T Clark, 2004.

2 Sur les livres de Samuel-Rois, voir notamment T. Römer, J. D. Macchi, C Nihan (éd.), *Introduction à l'Ancien Testament* (Le Monde de la Bible 49), Genève, Labor et Fides, 2009, p. 358-393. Pour plus de détail, voir le commentaire de A. Caquot, Ph. de Robert, *Les livres de Samuel* (Commentaire de l'Ancien Testament 6), Genève, Labor et Fides, 1994.

Saül mort, à s'emparer du pouvoir royal, d'abord sur Juda, ensuite sur le royaume de Saül. Récit qui est loin d'être homogène, et où la légende et le merveilleux se mêlent à l'histoire événementielle.

Il y a ensuite, ce que l'on a appelé « l'histoire de la succession de David », 2 S 9-20 et 1 R 1-2, plus factuelle en apparence, qui porte sur les dernières années du règne de David et où, sur fond de querelles de famille, de tentatives de coup d'État et de velléités de sécession, on voit disparaître un à un les héritiers potentiels de David ; jusqu'à ce que ne reste que Salomon, enfant indirect d'un adultère, arrivé au pouvoir par une intrigue de cour fomentée par ses proches, qui profitent de la faiblesse du roi, devenu vieux et gâteux[3]. Le récit de ces manœuvres en 1 R 1, où mise en scène dramatique et pieux mensonge se combinent pour amener le vieux David à désigner Salomon comme son successeur, est un modèle du genre. Le contraste entre le David voyeur qui observe Bethsabée se baignant sur la terrasse de sa maison (2 S 11,2-4) et le David vieillard qui ne touche pas à la « plus belle fille d'Israël » couchée à ses côtés (1 R 1,1-4) est tout à fait éloquent.

Enfin, c'est l'histoire du règne de Salomon, 1 R 3-10, construite toute entière autour du récit de la construction, de l'aménagement et de la consécration du Temple de Jérusalem, qui, à lui seul, occupe la moitié de cette histoire. Dans ce récit, l'emphase et le fabuleux se conjuguent pour faire de Salomon le modèle du roi pieux, entièrement dévoué au culte, et du roi sage, que l'on vient admirer de toute part pour sa sagesse, celui dont le règne est présenté comme un âge d'or, une époque où, dit le narrateur, l'argent était à Jérusalem aussi commun que les pierres (1 R 10,27) ! Ce portrait dithyrambique de Salomon, derrière lequel on a peine à trouver des éléments historiques, contraste avec celui que l'auteur de « l'histoire de la succession » trace de David, cynique avec les autres, faible avec les siens, tous traits que les quelques notations pieuses insérées dans le récit ne suffisent pas à masquer.

3 Sur cet ensemble, et sa valeur historique, voir E Blum, « Solomon and the United Monarchy. Some Textual Evidence », dans R. G. Kratz, H. Spieckermann (ed.), *One God – One Cult – One Nation. Archaeological and Biblical Perspectives* (Beihefte zur Zeitschrift für die alttestamentliche Wissenschaft 405), Berlin-New York, W. de Gruyter, 2010, p. 59-78. Blum se distingue de la plupart des commentateurs récents, en particulier allemands, en estimant que ce récit s'inscrit parfaitement dans le contexte politique du Xᵉ s. ou du début du IXᵉ s.

D'autres narrations, qui ne se rattachent pas directement aux thèmes centraux de ces ensembles, relient ceux-ci entre eux.

Cette rapide présentation suffit à montrer les limites de ce type de sources. Même sans aller jusqu'à les considérer, à l'instar de certains commentateurs, comme de simples fictions sans véritable base historique ou comme des compositions tardives, fort éloignées de l'époque de David-Salomon – quitte à concéder que certaines traditions sont anciennes – ces différentes narrations n'ont qu'une valeur limitée pour l'historien. Leurs auteurs ne décrivent pas, mais racontent. Et leur récit ne s'intéresse pas tant au royaume qu'à son roi, négligeant par ailleurs l'habituel au profit de l'exceptionnel. Car même si on peut, à l'occasion, glaner, de ci de là, quelques informations sur l'exercice de la justice (par ex. 2 S 14,4-11 ; 15,2-4), sur la situation politique (par ex. 2 S 15,10-18 ; 20 ; 1 R 11,19-25) ou, peut-être, sur l'activité économique (par ex. 1 R 9,26-29 ; 10,28-29), ce qui intéresse les auteurs ce sont avant tout ces histoires dont le roi est le héros – histoires qui souvent relèvent essentiellement de l'anecdote –, et non ce qui conditionne la vie de ses sujets et ce qui fait leur quotidien. Toutefois, débarrassées de leur habillage idéologique, des éléments romanesques qu'y a introduits le narrateur et des discours fictifs qu'il a mis dans la bouche de ses personnages, ces narrations n'en contiennent pas moins des données utilisables par l'historien. En fait, c'est principalement dans les « interstices » qui relient les différents ensembles que l'historien moderne trouvera les données les plus importantes ; en particulier dans les diverses listes qui s'y trouvent citées : liste des membres de la famille de Saül, en 1 S 14,49-51 ; liste des fils et des épouses de David, en 2 S 3,2-5 et 5,13-16 ; liste de ses victoires, en 2 S 8,1-14 ; de ses guerriers d'élite, en 2 S 23,8-23 et surtout en 2 S 23,24-39 ; liste des membres de son gouvernement, en 2 S 8,15-18 et 20,23-26, liste des membres du gouvernement de Salomon, en 1 R 4,1-6, ou encore liste de ses préfets, en 1 R 4,7-19. De ces listes, on n'a aucune raison de penser qu'elles sont le fruit de pures inventions. Elles remontent au contraire, selon toute probabilité, à des archives royales contemporaines.

Ce sont malheureusement là les seules sources dont dispose l'historien. Nous ne disposons d'aucune source d'origine cananéenne qui nous permettrait de connaître leur point de vue sur la situation. Comme si souvent dans l'histoire, nous ne connaissons que le point de vue des vainqueurs ! Nous n'avons aucun témoignage extérieur indépendant qui viendrait confirmer les données bibliques ; à l'exception des quelques mots de l'inscription de Tel Dan, découverte il y a deux décennies, qui mentionne une « maison de David » ; ce qui prouve, pour le moins, qu'il existait un roi du nom de David, que ce roi était considéré comme le fondateur de la dynastie régnante en Juda et qu'il était suffisamment connu pour que, plus d'un siècle après sa mort, la référence à David fasse encore sens[4]. Les quelques références à des rois étrangers qui permettraient d'inscrire les événements de cette époque dans l'histoire générale du Proche-Orient ancien, portent sur des personnages pour lesquels nous n'avons aucune autre information. Toutefois, la mention – en 1 R 11,40, en relation avec Salomon, puis en 1 R 14,25, en relation avec Roboam, le fils de Salomon – de Shîshaq (qui est la transcription hébraïque du nom égyptien Shéshonq), un pharaon qui a régné de 950 à 929, permet de situer le règne de Salomon au début du 1er millénaire. Quant aux archéologues qui, autrefois, avaient cru découvrir à Megiddo des écuries datant de l'époque salomonienne et y trouver la confirmation de l'existence de l'important troupeau mentionné en 1 R 5,6 – il y est fait mention de 40 000 chevaux ! – et la preuve du commerce de chevaux dont parle 1 R 10,28-29, rares sont ceux qui datent ces écuries de cette époque et tous n'identifient pas les bâtiments dégagés comme des écuries. Les informations fort précieuses que l'archéologie peut apporter sur le peuplement du territoire, la répartition des villes et des villages, ne sont, par contre, que de peu d'utilité pour notre propos. Ces maigres éléments documentaires confirment en tout cas, quoi que puissent en penser les plus sceptiques, qu'il existait bien au Xe s. un royaume d'Israël et une dynastie royale dont David avait été le fondateur. Car, comme le dit l'adage bien connu, l'absence de preuves n'est pas preuve de l'absence ! En tout état de cause, nous disposons de suffisamment d'éléments pour nous permettre de nous faire une idée de ce que pouvait être le royaume de David et des problèmes posés par la fondation d'un nouvel État.

Encore faut-il, pour éviter tout malentendu, être au clair sur ce que recouvrent ces termes. Dans notre imaginaire, royaume et roi évoquent un vaste territoire, une prestigieuse capitale qui en est le centre politique, administratif, religieux et culturel, un riche palais où séjourne le roi au

---

4 Datant du milieu du IXe s., l'inscription fait référence à la victoire remportée par le roi d'Aram, Hazaël, sur une coalition des rois d'Israël et de Juda (*cf.* 2 R 8,25-29).

milieu d'une cour fastueuse, tout ceci à l'image des royaumes assyriens, babyloniens ou perses, ou de ce qu'est la cour royale d'un Louis XIV. Or, s'agissant de David et de Salomon, de telles représentations relèvent de la plus pure fantaisie et ne peuvent que conduire à une idée totalement erronée de la réalité. Du moins en ce qui concerne David, son mode de gouvernement l'apparente davantage à celui d'une puissante chefferie qu'à celui d'un royaume. Au demeurant, nulle part les narrations le concernant ne laissent entendre qu'il vivrait dans un luxueux palais, entouré d'une cour importante, dans une splendide capitale. Il faut ramener les expressions de royaume, de capitale, de palais à leur juste mesure. Car, en fait de royaume, le territoire dont David est le roi n'est guère plus grand, au mieux, que deux départements français et ne constitue qu'un micro-État au milieu d'autres micro-États. Sa capitale, Jérusalem, n'est, comme l'a souligné Pioske, qu'un gros bourg agricole – on a pu la qualifier de « cow town », ville-à-vache[5] – dont on évalue la superficie à environ quatre hectares et le nombre d'habitants à un millier. Son seul bâtiment important semble être le palais royal – en fait, les textes ne parlent que de « maison » ; ce n'est qu'à partir du roi d'Israël Akhab qu'il sera désigné comme palais (1 R 21,1) – à en croire la notice de 2 S 5,11, il aurait été construit en pierre de taille et en bois de cèdre par des artisans venus de Tyr ; indication d'autant plus sujette à caution que 1 R 7,1 attribuera la construction du « palais » à Salomon. Tout au plus s'agit-il d'un bâtiment à toit plat avec une chambre haute, comme le sont les autres maisons, et doté d'une salle du trône où le roi reçoit ses conseillers et ses sujets. Quant au sanctuaire, ce n'est, à l'époque de David, qu'une tente dans laquelle est logée l'arche, symbole de la présence de Yhwh ; la construction d'un temple n'interviendra que sous le règne de Salomon. Le roi David n'est, au départ, qu'un chef de bande qui a réuni autour de lui « tous ceux qui se trouvaient dans la détresse, qui avaient des créanciers ou qui étaient mécontents » (1 S 22,2) ; il est devenu roi grâce à son sens politique, et la fonction royale semble se restreindre à la défense du territoire et à l'exercice de la justice (2 S 8,15). Sa cour – les membres de son gouvernement – se limite à un

5 Ainsi D. D. Pioske, « David's Jerusalem : A Sense of Place », *Near Eastern Archaeology*, vol. 76, 2013, p. 4-15 (voir p. 13), tout en notant qu'elle n'en a pas moins été un centre royal. L'auteur passe en revue les données concernant le site, l'utilisation de l'espace et la vie quotidienne des habitants de la Jérusalem du xe s. dont il souligne que presque tous ont sans doute été agriculteurs ou éleveurs.

chef des armées, un porte-parole, des prêtres et un scribe (2 S 8,16-18), auxquels la seconde liste, en 2 S 20,23-26, ajoute un chef des corvées – fonction que l'on retrouvera sous le règne de Salomon, liée à l'exécution de grands travaux ; ce qui pourrait indiquer une emprise croissante de la royauté dans l'administration du territoire. Cette emprise se fera plus systématique sous le règne de Salomon, avec la division du territoire en douze circonscriptions administratives, en vue du prélèvement de l'impôt (1 R 4,7-19). En somme, qu'il s'agisse de David, ou même de Salomon – quoi qu'en disent les laudateurs de ce dernier – on a davantage affaire à des seigneurs féodaux qu'à d'imposants monarques tels que ceux qui règnent sur les grands royaumes qui se développeront au nord et au sud d'Israël.

Le royaume sur lequel règnent David, puis Salomon, est bien loin d'être homogène. Il rassemble, en fait, trois entités bien distinctes : les enclaves cananéennes, les diverses tribus qui se regroupent sous le nom d'Israël, des royaumes adjacents qui lui sont soumis.

La *première de ces entités* est constituée par d'importantes enclaves cananéennes. Le début du livre des Juges est on ne peut plus clair sur ce point. Contrairement à l'image donnée par le livre de Josué d'une conquête menée tambour battant, où les villes sont conquises les unes après les autres et leur population exterminée, Jg 1 insiste sur la présence au sein d'Israël de populations autochtones. Le tableau qu'il dresse est censé décrire la situation telle qu'elle se présente à la suite de la prise de possession du territoire, mais il correspond sans doute davantage à la situation du temps de David. L'auteur y passe en revue les différentes tribus constitutives d'Israël, notant pour chacune l'importance des populations autochtones. Pour certaines d'entre elles (Juda, Benjamin, Manassé, Éphraïm, Zabulon), il note leur présence durable dans un certain nombre de villes dont elles n'ont pu être chassées et constate que les deux groupes cohabitent. Tout au plus relève-t-il que, dans certains cas, les Cananéens sont asservis aux tribus israélites. Pour d'autres tribus (Asher, Nephtali), il signale, au contraire, que la population autochtone est majoritaire : ce sont les tribus israélites qui habitent au milieu des Cananéens, et non l'inverse. Pour les membres de la tribu de Dan, il se borne à constater que les Cananéens les ont refoulés dans les montagnes. Même s'il n'est pas possible de dire quelle est l'importance respective de ces deux groupes, il est clair que les Israélites sont majoritaires dans certaines régions seulement, et que les Cananéens le sont dans d'autres.

La dénomination « Cananéens » est employée dans une double acception. Elle l'est, d'une part, dans un sens générique, pour désigner l'ensemble des populations autochtones présentes dans le « pays de Canaan » antérieurement à l'installation des Israélites. Elle sert, par ailleurs, à désigner plus précisément l'un des groupes ethniques parmi ces populations qui comprennent, selon les listes, en plus des Cananéens, des Hittites, des Amorites, des Perizzites, des Hivvites, des Jébusites[6], auxquels d'autres listes ajoutent les Guirgashites[7]. Il n'est pas toujours possible d'identifier avec précision ces différents groupes. À en croire Nb 13,29, les Cananéens habiteraient près de la mer et sur les rives du Jourdain (voir aussi Jos 11,3). En Gn 13,7 ; 34,30 ; Jg 1,4-5, les Perizzites forment avec les Cananéens les populations autochtones, sans que l'on puisse préciser davantage qui ils sont. Les Amorites semblent être principalement établis en Transjordanie. Les Hivvites semblent occuper la partie centrale d'Israël, autour de Sichem (voir Gn 34,2) et de Gabaon (Jos 9,7). Plus connus sont les Hittites et les Jébuséens. Les premiers sont une population d'Asie mineure dont certains groupes semblent s'être établis au pays de Canaan. Certains des membres de l'entourage de David sont expressément qualifiés de Hittites ; ainsi Ahimélek, qui l'avait accompagné lors de sa fuite devant Saül (1 S 26,6), et Urie, un de ses guerriers, le mari de Bethsabée (2 S 11,3). Les seconds, les plus connus, sont les premiers habitants de Jérusalem (Jos 15,63 ; Jg 1,21 ; 2 S 5,6). Les différents groupes, réunis sous l'appellatif « Cananéens », sont donc loin de former une population ethniquement homogène[8].

Par rapport à eux, Israël se considère très clairement comme un élément allogène. Le début de l'histoire patriarcale, en Gn 12,1, le souligne d'emblée, à travers l'ordre que Yhwh donne à Abraham, leur lointain ancêtre, de quitter son pays natal pour se rendre dans un nouveau pays. Selon la tradition rapportée dans le livre de la Genèse, les

6 Ainsi Ex 3,8.17 ; 13,5 ; 23,23 ; 33,2 ; 34,11 ; voir aussi Dt 20,17 ; Jos 9,1 ; 11,3 ; 12,8 ; Jg 3,5 ; 1 R 9,20, liste traditionnelle que l'on retrouve jusqu'en Ne 9,8.

7 Ainsi Gn 15,21 ; Dt 7,1 ; Jos 3,10 ; 24,11 ; Ne 9,8 ; 1 C 1,14.

8 Pour une tentative d'identification de ces différents groupes, voir Roland de Vaux, *Histoire ancienne d'Israël. T. 1. Des origines à l'installation en Canaan* (Études bibliques), Paris, Gabalda, 1971, p. 129-135 qui conclut de son examen des données bibliques qu'on ne peut rien en retirer comme information historique ou ethnique.

ancêtres d'Israël sont originaires de Haran, en Mésopotamie (Gn 11,31), région avec laquelle les patriarches garderont un lien privilégié : c'est là qu'Isaac, puis Jacob, prendront leur épouse (Gn 24 et 29) ; et c'est aussi là que naîtront la plupart des enfants de Jacob (Gn 29,31-30,24). Dans une confession de foi, ce dernier est même qualifié d'Araméen (Dt 26,5). Et même s'il y est dit que les patriarches Abraham, Isaac et Jacob résidèrent au pays de Canaan, ils sont généralement présentés comme des immigrés nomadisant de pâturage en pâturage. Ce caractère allogène se retrouve dans les promesses faites par Yhwh aux patriarches. Ces promesses soulignent, de manière quasi systématique, que le pays qu'il donnera à leurs descendants est le pays des Cananéens, dont il détaille le plus souvent la liste des ethnies qui y habitent. Mais les Israélites ne sont pas seulement des étrangers dans ce territoire. Quoi qu'il en soit de la réalité historique, les Israélites se présentent clairement, non seulement comme de nouveaux arrivants, mais aussi comme étant ethniquement différents des Cananéens. Dans la table des nations de Gn 10, où sont énumérés les différents peuples qui descendent des trois fils de Noé, ceux qui habitent le pays de Canaan sont tous, avec quelques autres (mais sans les Perizzites, qui n'apparaissent pas dans ces listes), présentés comme des descendants de Cham par son fils cadet Canaan (Gn 10,15-18). 1 R 9,20 le dit explicitement, ces différents peuples ne font pas partie d'Israël. Les Israélites se rattachent, eux, à la branche de Sem, fils aîné de Noé, dont Éber – *'éber*, considéré implicitement comme l'ancêtre éponyme des Hébreux, *'ibrîm* – est l'arrière petit-fils (Gn 10,21-24). Ce qui distingue également les Israélites des populations autochtones est leur religion. Alors que le dieu national des Israélites est Yhwh, le dieu principal qu'adorent les Cananéens est Baal. L'image que projette ainsi Israël de soi-même est celle d'un peuple qui n'a strictement aucun lien avec les populations cananéennes, ni ethniquement ni religieusement, un peuple venu d'ailleurs pour s'installer dans un nouveau pays où il se voit obligé de cohabiter avec les populations autochtones. Sans doute, certains historiens contestent-ils cette présentation et estiment-ils que les Israélites, ou du moins certains d'entre eux, sont en réalité originaires du pays de Canaan. La réalité est certainement plus complexe, en effet. Il est bien possible que cette conception d'une venue de l'extérieur corresponde à l'histoire du groupe israélite dominant, et qu'elle ne se soit imposée aux autres groupes que par la suite. De toute manière, dans ce domaine comme dans d'autres, la vérité du mythe, relayée par la tradition, l'emporte sur la vérité historique. Et c'est elle, et non la vérité historique, qui façonne l'identité d'Israël. Néanmoins, il y a tout lieu de penser que cette image reflète effectivement la situation à l'époque de David.

La *deuxième entité* constitutive du royaume de David est formée par le groupe politiquement dominant des Israélites. Dans ce groupe, ceux que l'on appelle les Israélites ne représentent, pas plus que les Cananéens, un groupe homogène mais forment deux groupes bien distincts : d'un côté, les Israélites proprement dits ; de l'autre, les Judéens. Il est tout à fait significatif à cet égard que lorsque le narrateur fait référence au royaume de David, il utilise, non pas la désignation « Israël », mais celle de « Israël et Juda », toujours dans cet ordre[9], une désignation déjà employée du temps du règne de Saül[10]. Cette séquence reflète la disproportion démographique entre ces deux groupes, les Israélites étant considérés comme au moins dix fois plus nombreux que les Judéens[11]. La distinction entre Israël et Juda correspond, certes, aux différentes étapes de l'accession de David au trône, qui a commencé par régner sur Juda (2 S 2,4) avant d'étendre également son règne sur Israël (2 S 5,1-3) : la notice de 2 S 5,5 distingue d'ailleurs expressément les deux. Mais elle ne reflète pas simplement les différentes étapes de la prise de pouvoir de David et une situation particulière liée à la succession de Saül. Car cette différentiation nette se maintiendra même lorsque David exercera la royauté conjointement sur ces deux entités, comme le montre, notamment, le récit de la discussion qui s'engage, au moment du retour de David à Jérusalem, après l'échec du coup d'État, entre les partisans de David, clairement répartis en deux groupes, les hommes d'Israël et les hommes de Juda (2 S 19,41-44). Encore à l'époque de Salomon, son successeur, 1 R 12,17 parlera des « Israélites qui habitaient les villes de Juda », alors même qu'ils étaient, tout comme les Judéens, sujets de Salomon.

Trois événements illustrent au mieux cette dualité Israël-Juda. D'abord, le coup d'État d'Absalom, l'un des fils de David, qui semble avoir voulu s'appuyer sur les tribus septentrionales pour prendre le pouvoir (voir 2

---

9 Ainsi 2 S 3,10 ; 5,5 ; 11,11 ; 12,8 ; 21,2 ; 24,1.9 ; 1 R 1,35.

10 1 S 11,8 ; 17,52 ; 18,16.

11 1 S 11,8 ; mais *cf.* 1 S 15,4 et 2 S 24,9.

S 15,6.13 ; 16,15). Puis la tentative de sécession d'Israël, à l'instigation d'un certain Bikri (2 S 20), qui vise, selon toute probabilité, à restaurer l'ancien royaume de Saül : ce n'est sans doute pas un hasard si Bikri appartient à la tribu de Benjamin, qui est aussi celle dont est issu Saül, le premier roi (1 S 9,1-2). Ces deux tentatives échoueront. La dernière tentative de sécession, à l'initiative, nous dit-on, de « tout Israël », intervient, quant à elle, à la mort de Salomon (1 R 12) ; elle aboutira à une rupture définitive et à la constitution de deux États indépendants, le royaume d'Israël, au nord, et celui de Juda, au sud. Cette dualité Israël-Juda n'est pas un simple accident lié aux ambitions de tel ou tel groupe ; c'est une dualité constitutive, sans doute inhérente à l'histoire même de ces deux groupes, dont chacun a une culture politique propre. On le voit bien à la manière même dont ces deux groupes intronisent David. Dans le cas de Juda, il est simplement dit que les « hommes de Juda » viennent auprès de David et l'oignent comme roi de Juda (1 S 2,4). Dans le cas d'Israël, ce sont les « anciens d'Israël », en tant que représentants des différentes tribus, qui viennent auprès de lui pour conclure avec lui un contrat de gouvernement, une « alliance » ; après quoi seulement ils l'oignent comme roi d'Israël (1 S 5,1-3). Et tandis qu'en Juda l'accession au trône se fera selon le principe dynastique, et ce jusqu'à la disparition du royaume, en Israël, au contraire, prévaudra le principe selon lequel le roi est désigné par les représentants des tribus, sur la base d'un contrat. C'est d'ailleurs l'échec des négociations que les tribus d'Israël avaient engagées avec Roboam, le successeur de Salomon, qui conduira au schisme. La réunion d'Israël et de Juda sous une même autorité, du temps de David et de Salomon, est donc en fait une construction artificielle qui n'a été rendue possible que grâce au prestige de ces deux rois et qui s'est effondrée dès leur disparition. La séparation en deux États distincts résulte de la différence de nature de ces deux groupes.

Si les tribus méridionales constitutives de Juda semblent former un groupe uni – Siméon et Juda sont dits s'être associés pour la conquête de leur territoire respectif (Jg 1,3) –, auquel se sont toutefois adjoints d'autres groupes extérieurs, tels les Quénites (Jg 1,16), il n'en va pas de même pour les tribus septentrionales. Celles-ci se répartissent elles-mêmes en deux groupes que sépare le Jourdain : les tribus de Cisjordanie, les plus nombreuses, et les tribus essentiellement pastorales de Ruben et de Gad, installées en Transjordanie. Ces deux groupes ne se distinguent pas seulement par leur localisation géographique. Selon une tradition dont il n'y a pas lieu de douter qu'elle n'ait quelque valeur historique, l'établissement des tribus transjordaniennes dans leur territoire est plus ancien que celui des tribus cisjordaniennes (Nb 32). Qu'ils y aient laissé femmes, enfants et troupeaux pour participer, aux côtés des autres tribus, à la « conquête » de la Transjordanie relève, par contre, sans doute davantage d'une fiction unitaire et d'une vision idéalisée de la solidarité intertribale, telle qu'on l'imaginait aux origines !

Le livre des Juges, qui est certes censé rapporter la situation antérieure à l'époque monarchique, montre en tout cas que les relations entre tribus n'étaient pas toujours harmonieuses. Même s'il n'est pas facile de discerner derrière ces récits épiques la réalité historique, l'image qu'ils véhiculent a toute chance de refléter la réalité des rivalités entre tribus.

Le cantique de Débora, en Jg 5, qui célèbre la victoire d'une coalition de tribus sur l'armée du roi cananéen Yavin, montre clairement les limites de la solidarité entre les tribus. Car, sur les dix tribus concernées – significativement les tribus méridionales ne sont pas mentionnées – seules six ont participé à la bataille, y compris celles qui n'étaient pas directement menacées, tandis que les quatre autres campaient tranquillement sur leur territoire. Le fait que l'auteur de ce chant envisage comme normale la participation de toutes les tribus indique, à la fois, qu'il devait exister une structure supra-tribale, du moins dans le domaine de la défense, et qu'en même temps il n'existait aucune autorité ayant le pouvoir d'imposer la participation à la défense commune et de sanctionner les récalcitrants. Il est vrai que, dans le cas particulier, leur nombre rendait la chose difficile.

Un autre épisode témoigne de ce que la susceptibilité de certaines des tribus dominantes pouvait conduire à une guerre intestine. Jg 12,1-6 raconte ainsi que, ayant pris ombrage de ne pas avoir été associés au combat victorieux mené par les Galaadites, sous la conduite de Jephté, contre les Ammonites, les Éphraïmites, estimant sans doute qu'il leur revenait de mener les guerres, leur livrent bataille mais sont battus, laissant, à en croire l'auteur du récit, quarante-deux mille hommes sur le terrain. Leur remarque désobligeante à l'encontre des Galaadites, qu'ils traitent de vulgaires dissidents des deux plus grandes tribus que sont Éphraïm et de Manassé, alors même qu'ils sont cités comme entité de plein droit dans le cantique de Débora, montre bien que les différentes tribus ne se reconnaissent pas égales. Soit dit en passant, une anecdote permet de relever une curieuse particularité des Éphraïmites. Le narrateur raconte que, pour identifier les Éphraïmites fugitifs, les compagnons de Jephté leurs demandent de prononcer le mot « schibboleth », que les Éphraïmites ne peuvent prononcer car ils le prononcent « sibboleth ». Cette prononciation, qui les différencie des autres tribus, donne à penser que les Éphraïmites ont longtemps vécu isolés des autres tribus, ce qui aura permis à cette particularité linguistique de se maintenir.

Une autre illustration de ces tensions entre tribus nous est donnée à la fin du livre des Juges. Il y est question d'un conflit censé impliquer l'ensemble des (douze ?) tribus – une présentation qui, au vu de ce que nous avons pu constater jusque-là, ressemble davantage à une construction idéale qu'à la situation effective. Jg 19-21 raconte ainsi comment, à la suite du viol à mort de la compagne d'un lévite par des habitants de Guivéa, une bourgade appartenant à la tribu de Benjamin, celui-ci en appelle aux autres tribus qui, après que les Benjaminites eurent refusé de leur déférer les coupables, leur livrent un combat sans merci qui conduit à leur quasi-extermination. Mais pour éviter la disparition de cette tribu, et parce qu'ils avaient pris l'engagement de ne pas donner leurs filles comme femmes aux quelques survivants, ils s'emparent, sous prétexte d'expédition punitive, des filles vierges de Yavesh en Galaad, une cité qui n'avait pas participé à la bataille, et laissent ceux des Benjaminites qui n'avaient pu trouver épouse parmi celles-ci s'emparer, à l'occasion d'une fête à Silo, des jeunes filles qui s'y trouvaient. À supposer même qu'il ne s'agisse que d'une fiction littéraire, ce récit n'en révèle pas moins, à la fois, la manière dont les autres tribus percevaient les Benjaminites et ce que l'on attendait de la part de l'État. Pour le narrateur, les mœurs des Benjaminites s'apparentent à ceux des habitants de Sodome, qui avaient pareillement manqué à leur devoir d'hospitalité et s'en étaient pris de même aux étrangers que l'un d'entre eux avait accueillis. Il considère que leur population est de sang mélangé, dans la mesure où les femmes qui ont permis le renouvellement de leur tribu proviennent, soit des Galaadites, soit des Éphraïmites. Le refus des autres tribus de donner leurs filles comme épouses aux Benjaminites témoigne aussi, quelles que soient les explications données, d'un certain ostracisme à leur encontre. En ce qui concerne le rôle de l'État, le narrateur estime qu'il est à la fois de faire respecter, s'il le faut par la violence, les valeurs fondamentales, et de veiller à la pérennité de ses différentes composantes et à la préservation des identités tribales. On notera en passant que, pour ce narrateur, la conférence des tribus – qui dans le cas particulier a montré toute son efficacité – semble être le modèle idéal de gestion d'un État conçu comme une confédération. Les derniers mots du livre des Juges – « en ce temps-là, il n'y avait pas de roi en Israël, chacun faisait ce qui était droit à ses yeux » – sont sans doute moins le constat d'un manque que le regret nostalgique d'un temps où un roi n'était pas nécessaire. Ils pourraient bien avoir une pointe antimonarchique …

La *troisième entité* placée sous l'autorité de David et de Salomon se situe à la périphérie et est constituée de royaumes que David avait combattus et soumis. La liste de ces nations vaincues est donnée en 2 S 8 : Philistins, au sud-ouest, Moabites, en Transjordanie, face à la Mer morte, le royaume de Çova et le royaume araméen de Damas, son allié, au nord, Ammonites, au nord de la Transjordanie (voir aussi 2 S 10-12), Édomites, au sud-est (voir aussi 1 R 11,15-16) ; à quoi s'ajoutent, mentionnés en passant, les Amalécites, auxquels David avait déjà infligé une sévère défaite du temps où il était un chef de bandes au service des Philistins (1 S 30,16-20). Victoires que 1 S 14,47-48, de son côté, avait attribuées à Saül, peut-être à juste titre – en règle générale on ne prête qu'aux riches –, mais dont seul David semble avoir retiré les fruits politiques : les Moabites et les Araméens sont réduits à l'état de vassalité et assujettis à un tribut, tout en gardant leur roi ; les Édomites sont placés sous administration directe et des garnisons sont établies sur tout leur territoire ; David s'empare de la couronne Ammonite et réduit sa population en servitude (2 S 12,30-31). Même si ces nations soumises forment ainsi comme un cordon sanitaire autour du royaume d'Israël sur les flancs nord, sud et est, l'objectif premier de David n'est pas de créer un glacis face aux grands empires d'Asie et d'Afrique. Ceux-ci, à cette époque, n'ont aucune ambition impérialiste ; bien trop faibles, ils ne représentent guère une menace pour le royaume de David dont, au demeurant, rien dans les textes le concernant ne laisse entendre que son horizon s'étendait au-delà des frontières de son « empire ». Ces guerres ne résultent pas davantage de visées expansionnistes mais ont pour seul objectif d'assurer la sécurité du territoire en soumettant des royaumes qui auraient pu le menacer. De fait, et comme le montre le livre des

Juges, à l'exception d'Édom les nations vaincues sont celles-là mêmes qui, antérieurement à l'instauration de la monarchie, avaient attaqué Israël et même en avait fait leur vassal : des Araméens avaient asservi Israël (Jg 3,8) ; les Moabites, avec leurs alliés Ammonites et Amalécites, avaient amputé Israël d'une partie de son territoire et lui avaient imposé le paiement d'un tribut (Jg 3,13-14) ; les Ammonites l'avaient combattu (Jg 10,7-9.17) ; les nomades Amalécites et Madianites lui avaient infligé de redoutables razzias (Jg 6,3-5).

Parmi toutes ces nations, les Philistins occupent une place à part. Cette branche des peuples de la Mer, d'origine égéenne ou anatolienne, qui avait été refoulée d'Égypte où elle avait cherché à s'installer, s'était établie le long de la côte méditerranéenne. Voulant, selon un processus naturel, s'enfoncer à partir de ces comptoirs à l'intérieur du pays, les Philistins étaient entrés en concurrence avec les Israélites, qui venaient de s'y installer. Pour nos auteurs, ce sont de ce fait, et ce avant même l'instauration de la monarchie, les ennemis par excellence, ceux qui, de très loin, sont considérés comme les plus redoutables. Associés aux Ammonites en Jg 10,7, ils avaient exercé leur domination spécifiquement sur Juda (voir Jg 15,11), placé des garnisons dans la partie du territoire qu'ils avaient occupée[12], y contrôlant la fabrication des outils agricoles et, corrélativement, des armes (1 S 13,19-22), et lancé de nombreuses attaques. Le récit de la guerre de libération engagée sous l'impulsion de Saül occupe une large part du premier livre de Samuel ; cette guerre, malgré quelques victoires (voir 1 S 14), n'avait amené aucun succès durable et même s'était conclue par une terrible défaite et par la mort de Saül (1 S 28 et 31). Seul David vaincra définitivement les Philistins (voir aussi 2 S 5,17-25 et 21,15-22). Or, curieusement, dans la liste des nations vaincues, seuls les Philistins, bien que définitivement mis hors jeu, semblent avoir conservé toute leur indépendance. La seule chose dite à leur propos est que David leur prend « la bride de la coudée / du coude », expression obscure, diversement interprétée, et qui renvoie sans doute à la capture de prisonniers[13]. Ce qui est clair, c'est que les Philistins ne font pas partie des nations soumises à l'autorité de David. Au demeurant, qu'ils ne soient pas présentés comme des tributaires de David, alors même que la légende dorée aurait pu faire de leur soumission

12 Voir 1 S 13,23 ; 2 S 23,14.

13 Sur cette expression, voir A. Caquot, Ph. de Robert, *Samuel*, *op. cit.*, p. 442-443.

une belle revanche sur le passé, renforce la crédibilité des informations données dans cette liste des nations vaincues. On notera, dans cette liste, l'absence du royaume de Tyr, seul royaume limitrophe à ne pas y figurer. Il est, de fait, présenté comme le seul royaume entretenant avec David et Salomon des relations de bon voisinage et de coopération commerciale et technique[14].

On devine, au vu de ce rapide tableau, ce que sont les défis auxquels doivent faire face David et Salomon. Car la simple juxtaposition d'ethnies aussi différentes, même si elles sont toutes placées sous l'autorité d'un commun roi, n'en fait pas encore un État et constitue, bien au contraire, un facteur de fragilité. Ces défis, ce sont : réaliser la cohésion de cet ensemble et lutter contre la menace d'assimilation avec les Cananéens.

Le tout *premier de ces défis* était de contrer les forces centrifuges qui traversent leur royaume, que ce soient les velléités d'émancipation des nations soumises qui n'attendaient que le moment favorable pour se rebeller ou celles des tribus septentrionales d'Israël. Pour ce faire, il fallait renforcer la cohésion de cet ensemble, à commencer par celle des tribus israélites. C'était d'autant plus nécessaire que la géographie même de ce pays tout en longueur favorisait les particularismes et contribuait, non seulement à isoler les tribus du nord montagneux de celles des collines et du désert, au sud, mais aussi les tribus cisjordaniennes des tribus transjordaniennes, ou encore les tribus au sud du Carmel et de la plaine de Jezréel de celles installées au nord[15]. Outre la diversité géographique, l'absence de frontières naturelles, des frontières qui isolent de ceux du dehors et abritent ceux du dedans, ne favorisait nullement le sentiment d'appartenance à une même entité. La conscience d'une appartenance commune, dès lors qu'on dépasse le niveau de la tribu, dans un espace ouvert comme l'est le pays de Canaan, n'est pas spontanée ; elle ne peut être que le résultat d'une construction idéologique. Les différentes descriptions des frontières[16], qui relèvent davantage d'un idéal que de la réalité, témoignent sans doute de la frustration de ne pas avoir ces frontières naturelles que sont le fleuve d'Égypte, en l'occurrence le wadi-el Arish actuel – ou même la mer des Roseaux (Ex

14 Voir 2 S 5,11 ; 1 R 5,15-25 ; 7,13-14 ; 9,27-28.

15 Pour la géographie de la Palestine, on consultera l'ouvrage classique de F. M. Abel, *Géographie de la Palestine*. 2 t. (Études bibliques), Paris, Gabalda, [3]1967.

16 Voir notamment Gn 15,18 ; Ex 23,31 ; Nb 34,1-12 ; 2 S 24,5-7.

23,31) –, au sud, l'Euphrate, au nord et la Méditerranée, à l'ouest ! En outre, afin d'assurer la pérennité de leur domination sur les royaumes conquis, il fallait également, pour mieux rattacher ceux-ci au noyau des tribus israélites, obtenir l'adhésion de leur population à ce qui avait été réalisé par la force.

À ce premier défi s'en ajoutait *un second*, quasiment vital : prévenir tout risque d'assimilation, un risque largement favorisé par le fait que toutes ces populations parlaient plus ou moins la même langue, pratiquaient un culte aux formes semblables, partageaient le même mode de vie, se livraient aux mêmes activités, se nourrissaient des mêmes aliments et que, très probablement, les Israélites y contractaient occasionnellement mariage. Sur les franges du royaume, où les frontières ne sont pas des barrières et où l'on passait aisément d'un pays à un autre, où le flou et l'instabilité des frontières faisaient qu'on appartenait tantôt à l'un tantôt à l'autre royaume en fonction des aléas politiques, où l'identité était davantage liée au village qu'à la nation, les différences tendaient tout naturellement à s'estomper. Il s'en fallait de peu qu'elles ne disparaissent complètement et que les Israélites se sentent plus en phase avec les habitants du royaume voisin qu'avec leurs lointains congénères. Que la tribu de Gad, proche de la mer (Jg 5,17), puisse ressentir davantage d'affinités avec les proches habitants de Tyr qu'avec ceux de la lointaine Juda ou les éleveurs de la tribu de Ruben (Jg 5,15-16), cela n'aurait rien d'étonnant. Mais le danger d'assimilation menaçait tout autant, sinon plus, le noyau des tribus israélites qui vivaient en osmose avec les populations cananéennes ; au milieu de celles-ci, elles couraient le risque de se dissoudre. Le constat fait par Fernand Braudel pour la France a valeur générale : « Ce qui compte, c'est la masse, la majorité en place. Tout s'y perd à la longue[17] ». Certes, nous ignorons combien étaient les Cananéens et combien les Israélites. Outre que les chiffres du recensement effectué par David sont largement fantaisistes – 800 000 hommes susceptibles de combattre, pour Israël, 500 000, pour Juda (2 S 24,9)[18], un énoncé

17 F. Braudel, *L'identité de la France*, Paris, France Loisirs, 1995, t. 2, p. 61.

18 Les projections démographiques faites par les archéologues envisageant une population d'env. 100 000 personnes pour le Xᵉ s., 150 000 pour le IXᵉ s., la réduction des chiffres données en 2 S 24 à un dixième *pour la population totale* serait sans doute plus proche de la réalité. I. Finkelstein, N. A. Silberman, *Les rois sacrés*, *op. cit.*, p. 69 estiment pour leur part, sur la base des prospections archéologiques, qu'au Xᵉ s. le domaine de Saül comptait plus de 40 000 personnes, Juda, moins de 5 000.

qui, au demeurant, reflète la dualité fondamentale du royaume – nous ne disposons d'aucun chiffre pour le nombre de Cananéens, de sorte que nous ne savons pas lequel des deux groupes était le plus nombreux. Mais, en tout état de cause, les Cananéens devraient l'être suffisamment pour que les auteurs des récits bibliques reconnaissent en eux un danger mortel pour l'existence même d'Israël. Pour David et Salomon, il ne pouvait donc être simplement question de gérer un État multiethnique et multiculturel. Il leur fallait créer, de toute pièce, un État, forger un sentiment national, construire une identité collective forte, de manière à fédérer les différentes tribus constitutives du royaume d'Israël. Ce n'était pas là une simple option parmi d'autres mais, comme pour tout nouvel État en construction, une nécessité absolue, sous peine de disparaître à la mort du roi charismatique ou lorsque son joug se ferait moins lourd. Comme l'écrit Régis Debray, « l'art politique consiste à transformer un tas en tout – des populations en un seul peuple [...] Pour créer un ensemble et l'élan qui va avec, un fédérateur se sert [...] de symboles pour galvaniser et rassembler [...] Qu'est-ce qu'un symbole ? Un point de mire et de convergence : un pôle aimanté. Progrès, Justice, Révolution, Nation, Égalité : un invisible, impossible à photographier parce que situé au-delà de la ligne d'horizon et au-dessus de notre monde immédiat et sensible, mais qui a la vertu de relier [...] Il se trouve que les hommes ne peuvent s'unir qu'en quelque chose qui les dépasse. Sans un axe vertical, rien de solide à l'horizontal, mais du sablonneux, du liquéfié, de l'invertébré[19] ». La seule force ne saurait garantir la cohésion d'un État. Elle peut, certes, le faire un certain temps. Mais dès que la force n'est plus, dès qu'un régime apparaît faible, ce que la force avait réussi à fédérer s'effondre comme château de cartes. Elle ne suffit en aucun cas à fonder une identité commune. Seules des mesures politiques et un endoctrinement idéologique qui vient les appuyer peuvent réaliser l'union.

---

19 R. Debray dans *Le Monde Diplomatique*, octobre 2014, p. 21, repris avec quelques légères modifications dans *L'erreur de calcul*, Paris, Cerf, 2014, p. 41 et 42.

LA MISE EN PLACE DE FACTEURS POLITIQUES DE COHÉSION

La cohésion des tribus israélites avait, certes, déjà été renforcée par la guerre. L'instauration d'un État monarchique, rappelons-le, est résultée de la guerre menée contre les Philistins qui menaçaient. Dans la guerre, on combat contre. Et parce qu'on se bat contre celui qui est considéré comme un ennemi, on prend aussi conscience de ce qui fait sa différence, et contre cet ennemi commun on réalise l'union sacrée. Citons encore Fernand Braudel : « Aucun groupe, quelle que soit sa nature, ne se forme mieux qu'en s'opposant à un tiers[20] ». Or, David était avant tout un homme de guerre ; ce dont se souvient, plus d'un demi-millénaire après, l'auteur du livre des Chroniques, qui expliquera que c'est parce qu'il avait versé trop de sang, fait trop de guerres, que Dieu ne lui avait pas permis de construire son Temple (1 C 22,8). Significativement, au premier rang de ses ministres figure le chef de l'armée (2 S 8,16 ; 20,23), un autre de ses ministres étant chargé spécifiquement du commandement des mercenaires philistins (2 S 8,18 ; 20,23). Avec une armée de conscription, mais aussi de mercenaires, il avait combattu, et vaincu, les Philistins, les Moabites, des royaumes araméens, les Ammonites, les Édomites. Les archivistes de son règne listent longuement ceux de ses guerriers qui se sont particulièrement distingués, détaillant à l'occasion leurs exploits (2 S 23,8-39). Liste tout à fait intéressante, au demeurant, d'abord parce qu'elle ne cite quasiment jamais la tribu à laquelle appartiennent ces guerriers, mais uniquement le village dont ils sont originaires – comme si ses auteurs avaient voulu casser tout ce qui pouvait encourager le particularisme tribal –, ensuite parce qu'elle comprend, pour autant qu'il soit possible d'identifier les différents toponymes, des guerriers issus de l'ensemble du territoire, y compris des populations d'origine cananéenne – il y est fait mention d'un Hittite – ou provenant des royaumes conquis – on y cite un guerrier ammonite.

Mais la guerre n'est jamais un état permanent. La paix revenue, la cohésion créée par le combat contre l'ennemi commun s'effiloche et les

20 F. Braudel, *L'identité*, *op. cit.*, t. 2, p. 149.

réflexes particularistes reviennent rapidement. La guerre, même si, dans l'histoire de l'humanité, tel a souvent été son but, ne saurait donc être un moyen efficace de réaliser la cohésion nationale. Celle-ci est assurée bien plutôt par des mesures politiques concrètes – création d'une capitale, mise en place d'une administration centrale – et la promotion d'une idéologie unitaire[21].

LA CRÉATION D'UNE CAPITALE

À en croire la chronologie des événements, le premier geste de David, après son accession au trône d'Israël, aurait été de s'emparer de la forteresse de Sion (2 S 5,1-10). À supposer même que la chronologie du récit ne corresponde pas à la réalité historique – encore que d'un point de vue politique une telle initiative paraisse tout à fait vraisemblable –, le fait même que son auteur en fasse la toute première action politique de David montre l'importance qu'il attribue à une conquête qui, sur un plan purement militaire, même s'il s'agit d'une action d'éclat, ne représente qu'un épisode secondaire, les Jébuséens ne constituant aucune menace pour Israël. Mais cette prise, qui permet à David de donner une capitale à son nouveau royaume, a une portée symbolique majeure.

On sait qu'après la funeste bataille de Guilboa qui avait opposé les troupes philistines à l'armée de Saül et s'était achevée, non seulement par la défaite d'Israël mais, pire, par la mort du roi Saül et de son fils Jonathan, David s'était installé à Hébron, où les hommes de Juda l'avait oint comme leur roi (2 S 2,4). Là, il avait régné durant sept ans et six mois (2 S 2,11 ; 5,5), cependant qu'Ishbosheth (en réalité Ishbaal[22]), autre fils de Saül, régnait depuis Mahanaïm, en Transjordanie, sur Israël. Le choix de ce lieu, bien loin de Guivéa où avait régné son père, montre toute l'ampleur de la défaite et laisse entendre que les Philistins contrôlaient largement la partie centrale de la Cisjordanie. Après de vaines tentatives, menées par Avner, le général en chef de l'armée de Saül, et accessoirement son oncle (1 S 14,50), pour ramener Juda sous l'autorité

21 On pourra comparer avec les stratégies identitaires mises en place à l'époque contemporaine ; voir à ce sujet E. Hobsbawn, T. Ranger (éd.), *L'invention de la tradition*, Paris, éd. Amsterdam, 2012 (= traduction par C. Vivier de *The Invention of Tradition*, Cambridge, University Press, 1983) et, plus généralement, E. R Service, *Origins of the State and Civilization : The Process of Cultural Evolution*, New York, W. W. Norton, 1975.

22 Le nom « Ishbosheth », homme de la honte, en est une déformation polémique, « baal » étant le nom de la divinité principale du panthéon cananéen.

d'Ishbosheth – une guerre intestine à laquelle David n'avait pas pris part personnellement – Avner, en fait le véritable homme fort d'Israël, se brouille avec Ishbosheth pour une sombre histoire de concubine et se rallie aussitôt à David. L'assassinat d'Abner puis d'Ishbosheth – que David s'empresse de condamner publiquement – débarrasse fort opportunément David à la fois d'un général trop ambitieux et d'un rival, et lui ouvre le chemin vers la royauté sur Israël (2 S 2-3). Lorsque plus tard une délégation formée par les anciens d'Israël viendra le voir pour conclure avec lui un contrat de gouvernement, tout est donc en place. Désormais David pourra régner, sans obstacle, sur Juda et sur Israël ; ce qu'il fera, à en croire la notice de 2 Samuel 5,5, pendant trente-trois ans.

Au temps de Saül, celui-ci régnait depuis le village dont il était originaire et qui était ainsi devenu, par la force des choses, la capitale ; ce qui conduisait le roi, presque naturellement, à favoriser son clan et sa tribu. Or, David ne choisira pour capitale ni Bethléem, son village natal (1 S 16), ni Hébron, où il régnait déjà sur Juda et qui, pourtant, lui avait été désigné par Yhwh (2 S 2,1). Le choix de Jérusalem comme capitale marquait donc une rupture nette. Même si, géographiquement, un lieu plus central aurait sans doute été préférable, ce choix n'en était pas moins particulièrement judicieux. D'abord, parce que Jérusalem ne se trouvait sur le territoire d'aucune des tribus mais, appartenant aux Jébuséens, était ainsi par rapport à elles toutes un lieu neutre. Sa localisation en territoire cananéen évitait de la sorte toute jalousie entre tribus, aucune ne pouvant revendiquer le privilège d'accueillir le centre du pouvoir[23]. Ensuite, parce que cette ville se situait à la jointure d'Israël et de Juda. David prenait ainsi en compte la bipolarité Israël-Juda et évitait une rupture trop radicale par rapport à la situation antérieure, où coexistaient les deux entités. Choix judicieux, dans l'immédiat certes, mais qui s'avérera fatal sur le long terme car il contribuera à consacrer la bipolarité Israël-Juda. Ce choix d'un lieu neutre était nécessaire, car il était indispensable de créer un nouveau pôle fédérateur, susceptible de faire contrepoids à des lieux de l'ancien royaume d'Israël chargés d'histoire ; en particulier à Sichem, qui en était le centre symbolique, puisque c'était le lieu où était enterré Joseph, l'ancêtre des deux tribus les plus importantes, Éphraïm et Manassé (Jos 24,32), où l'on conférait

---

23 Ces mêmes considérations conduiront à fixer, en 1991, la nouvelle capitale du Nigéria à Abuja, un territoire qui n'était peuplé par aucun des principaux groupes ethniques.

l'investiture aux rois (1 R 12,1.20). Il était en effet essentiel de donner à ce nouveau royaume un lieu tiers que l'ensemble des tribus, celles d'Israël comme celles de Juda, pouvait investir symboliquement, un lieu qui n'était pas déjà dépositaire des traditions séculaires propres à l'une ou l'autre tribu. Ce centre nouveau mettait toutes les tribus sur un pied d'égalité et pouvait marquer le commencement d'une nouvelle histoire, d'une histoire commune. En faisant de Jérusalem, ville dont il s'était personnellement emparé, sa capitale, David signifiait clairement sa volonté d'un nouveau départ et fondait une nouvelle tradition centrée autour de sa personne et de sa dynastie, une tradition qui ne devait rien aux ancêtres mais qui lui devait tout.

De ce centre politique, David fera aussi un centre religieux. Toujours selon la chronologie telle que l'établit le récit du 2e livre de Samuel, David, aussitôt après avoir vaincu les Philistins qui avaient tenté de s'opposer à l'extension de sa souveraineté sur Israël (2 S 5,17-25), entreprit de transférer l'arche de Yhwh à Jérusalem (2 S 6). Considéré comme son trône, ce coffre de bois symbolise la présence agissante de Yhwh. Associée, dans le 1er livre de Samuel, à l'ancien sanctuaire de Silo, elle avait été, selon la tradition, amenée en dernier recours sur le champ de bataille où s'opposaient Israélites et Philistins, dans l'espoir que sa présence permettrait à Israël de renverser le cours des événements et de vaincre les Philistins. Les cris de joie des Israélites et la réaction panique des Philistins manifestent clairement que la venue de l'arche signifie l'entrée en scène du Dieu d'Israël (1 S 4). On la retrouvera plus tard, et toujours en contexte militaire, quand Saül la fera venir sur le champ de bataille face à l'armée des Philistins (1 S 14,18) puis, sous le règne de David, lors du siège de Rabba, la capitale d'Ammon (2 S 11,11). Dans les deux cas, sa présence débouchera sur la victoire des armées israélites. Or, dans le cas précédent, malgré la présence de l'arche, Israël est non seulement sévèrement battu, mais les Philistins s'emparent de l'arche pour la déposer en trophée dans le sanctuaire de leur dieu ; ils ne la restitueront que sous la pression d'événements mystérieux (1 S 4-6) en l'abandonnant à Qiryath-Yéarim (1 S 7,1), à l'ouest de Jérusalem. C'est de là que David la fera transporter en grande pompe à Jérusalem. Mais un incident tragique, qui souligne le caractère sacré de l'arche – un homme qui l'avait touchée pour l'empêcher de basculer et de tomber de son char, meurt foudroyé –, conduira à surseoir à son transfert. Trois mois plus tard, au terme d'une nouvelle tentative, l'arche sera conduite dans la cité de David où elle arrivera sans encombre et y sera installée sous une tente (2 S 6). Cette initiative permet à David de faire coup double. D'une part, elle lui permet de faire entrer Yhwh à Jérusalem, ville cananéenne dont Yhwh était jusque là absent. La ville acquiert ainsi le statut religieux qui lui manquait mais que possédaient, par contre, les principales villes d'Israël et de Juda : celles-ci, à la différence de Jérusalem, pouvaient se prévaloir d'un sanctuaire légitimé par une théophanie de Yhwh. En faisant venir Yhwh à Jérusalem, David met fin à cette infériorité préjudiciable au statut de capitale qu'il entendait donner à cette ville. D'autre part, en retirant aux tribus israélites leur principal mobilier sacré, celui-là même qui marquait la présence de Yhwh et qui lui servait de trône, et en l'installant dans sa capitale, il faisait de celle-ci le centre religieux d'Israël et de Juda, un lieu fédérateur à partir duquel Yhwh, et pas seulement David, pouvait régner sur l'ensemble des tribus et auquel elles étaient ainsi nécessairement reliées.

Ce rôle de capitale religieuse sera accentué par Salomon, à qui la tradition attribue la construction du temple destiné à abriter l'arche. Sans doute, un récit plus tardif attribuera-t-il cette initiative à David (2 S 7) ; selon le 1er livre des Chroniques, composé à l'époque perse, David est celui qui a fixé son emplacement (1 C 22,1), assuré le montage financier, rassemblé les matériaux nécessaires à sa construction, convoqué les différents corps de métier (1 C 22,14-16), organisé le sacerdoce (1 Chr 23-26), réalisé les plans et dessiné le mobilier (1 C 28,11-19). Mais tout cela relève davantage de l'apologétique que de l'histoire ; il fallait bien expliquer pourquoi un roi dont la tradition a fait le modèle du roi pieux montrait si peu d'intérêt pour la construction d'un temple et se contentait de dresser pour l'arche une simple tente. La construction du Temple permettra aussi de concentrer à Jérusalem un culte qui, jusque là, se répartissait sur deux lieux, Jérusalem, où se trouvait l'arche (1 R 3,15) et Gabaon, où se trouvait le principal sanctuaire (1 R 3,4).

Dans sa forme actuelle, le récit de la construction du Temple (et, accessoirement, du palais royal) et de sa dédicace (1 R 6,1-9,10) occupe plus de la moitié de la notice consacrée au règne de Salomon[24]. Ce récit

24 Pour une étude détaillée du Temple de Salomon, tel que le décrit le livre des Rois, on pourra consulter l'ouvrage de référence de T. A. Busink, *Der Tempel von Jerusalem von Salomo bis Herodus. Eine archäologisch- historische Studie unter Berücksichtigung des westsemitischen*

y est mis tout particulièrement en valeur grâce à un double cadre : un cadre extérieur qui, distribuant à chaque fois l'information sur sept unités, souligne la sagesse et la richesse de Salomon (1 R 5,1-14 et 1 R 9,26-10,29) – sagesse et richesse que Dieu lui avait promis dans le cadre d'une oniromancie (1 R 3,4-15) – et un cadre intérieur qui précise la nature de la coopération apportée à cette opération par Hiram, roi de Tyr (1 R 5,15-26 et 9,15-23), et quelles catégories d'ouvriers y ont participé (1 R 5,27-32 et 9,11-14). Si l'on prend en compte ce cadre, ce n'est pas moins des deux tiers de la notice qui portent sur cette entreprise.

Ce récit se distingue par un luxe inhabituel de détail : on y précise la date à laquelle les fondations du Temple ont été posées, celle où sont achevés les travaux de construction et d'aménagement, le moment précis où l'arche y est transférée ; on y donne ses dimensions, on en dresse le plan, on indique quels sont les matériaux employés et comment ils sont travaillés ; on décrit la décoration, les différentes pièces de son mobilier, les ustensiles utilisés pour le culte ; on relate la translation de l'arche depuis Sion, où David l'avait déposée, jusqu'à son installation définitive dans le Saint des saints ; on énumère les sacrifices offerts lors de la dédicace du Temple et l'on souligne le caractère exceptionnel de cette fête, qui a duré pas moins de deux semaines. Autant d'éléments qui, de prime abord, pourraient inciter à voir dans ce récit, soit l'œuvre d'un témoin, soit celle d'un auteur qui avait sous les yeux une description détaillée du Temple et des festivités accompagnant sa consécration.

Pourtant, une précision donnée au tout début de ce récit jette d'emblée le doute dans l'esprit du lecteur : la date du début des travaux. Ceux-ci, nous dit son auteur, ont commencé quatre cent quatre-vingt années après la sortie d'Égypte, la quatrième année du règne de Salomon, au mois de Ziw, en avril/mai. Or, l'auteur précise qu'il s'agit du deuxième mois de l'année (1 R 6,1) ; une glose qui, selon toute vraisemblance, est secondaire, puisqu'à la fois la numérotation des mois et la fixation du début de l'année au printemps datent de l'époque postexilique. Mais ce qui surtout intrigue, c'est la mention du nombre d'années qui séparent le début de la construction du Temple de la sortie d'Égypte. Car « quatre cent quatre-vingt » ressemble fort à un chiffre symbolique correspondant à la multiplication du nombre de tribus, à savoir douze,

Tempelbaus. T. 1. Der Tempel Salomos, Leiden, Brill, 1970. Voir aussi W. Zwickel, *Der salomonische Tempel* (Kulturgeschichte der antiken Welt 83), Mainz, Vlg. Ph. von Zabern, 1999.

par la durée supposée d'une génération, à savoir quarante. Ce qui donne à penser que la mise en rapport avec la sortie d'Égypte ne provient pas de la plume d'un historien mais qu'elle a essentiellement une fonction théologique, qu'elle semble destinée à souligner que la construction du Temple est le véritable point d'aboutissement de l'Exode. Autre élément qui conduit à mettre en doute la valeur historique de ce récit, le grand nombre de discours attribués aux principaux personnages : discours de Salomon à Hiram (1 R 5,16-20), réponse de Hiram (1 R 5,21-23), prière publique de Salomon à l'occasion de la dédicace du Temple (1 R 8,12-53), discours de Yhwh à Salomon (1 R 6,11-13 ; 9,3-9), en écho à celui qu'il lui avait adressé en 1 R 3,11-14. Tout cela donne à penser que le récit de l'édification du Temple et de sa dédicace est bien davantage une construction théologique tardive qu'une relation des événements par un témoin direct. La description hyperbolique que donne le narrateur est liée à sa conception du règne de Salomon comme d'un âge d'or. Dans cet âge exceptionnel, où l'argent est aussi commun que les pierres, il n'y a rien de surprenant à ce que cette richesse se déploie en abondance dans le Temple, que l'or y soit employé à profusion. Tout ce long récit se retrouve en 2 C 1,13-9,28. Il y a tout lieu de penser que telle était, pour une large part, sa place originelle et que, de là, il a été reporté dans le livre des Rois, livre auquel le Chroniste avait, par ailleurs, emprunté certains éléments. De loin, tout devient plus merveilleux.

Cela ne signifie pas pour autant qu'il faille douter de la réalité même de la construction d'un temple à l'époque de Salomon. La tradition peut enjoliver, corriger, censurer. Selon le principe qui veut qu'on ne prête qu'aux riches, elle peut attribuer à un personnage plus prestigieux des faits et gestes effectués par un autre qui l'est moins. Elle peut changer les époques et même les lieux. Mais, pour qu'elle soit reçue, elle ne saurait être simplement le pur produit de l'imagination d'un narrateur. Dès l'époque de Roboam, le successeur de Salomon sur le trône de Juda, le Temple fait tout naturellement partie du paysage urbain, à côté du palais (1 R 14,26). Et si, dans la suite de l'histoire, il est question d'un Temple purifié, réparé, incendié, détruit, reconstruit, jamais il n'est question, avant l'exil, d'une construction nouvelle, inédite. Par conséquent, même si la description du temple de Salomon ne correspond que très partiellement à la réalité, il reste qu'il a été suffisamment prestigieux pour que les Juifs revenant d'exil, et qui l'ont connu, se désolent en voyant celui qu'on venait de construire pour le remplacer (Ag 2,1-3). Des informations relatives à la construction du premier Temple, on retiendra qu'il l'a été avec la collaboration active des Tyriens qui en ont fourni le bois d'œuvre, qui ont envoyé des artisans – il est fait mention de tailleurs de pierre et de charpentiers (1 R 5,32), de fondeurs de bronze (1 R 7,13-14.45-46) –, apporté une assistance technique et donné une formation aux ouvrier de Salomon. Dans cette construction, la part de Salomon semble se limiter, pour l'essentiel, au financement – par le biais de livraisons de céréales et d'huile (1 R 5,24-25) et de cession de territoires (1 R 9,11) –, à la fourniture des pierres pour la maçonnerie et à la mise à disposition de manœuvres, les Tyriens étant probablement les véritables maitres d'œuvre. Cette construction du Temple a renforcé le statut de Jérusalem et assis son autorité sur l'ensemble du royaume. 1 R 12,26-31 raconte que Jéroboam, devenu roi de la partie septentrionale du royaume de Salomon, entreprit aussitôt de promouvoir au rang de sanctuaires royaux deux anciens sanctuaires situés sur son territoire, l'un tout au sud, à Béthel, l'autre, tout au nord, à Dan ; ce, expliquait-t-il, afin que le peuple ne se rende plus en pèlerinage à Jérusalem et que ne se développe pas un mouvement centrifuge qui pourrait miner son autorité. Il y a tout lieu de penser que les craintes qui sont attribuées à ce roi par le narrateur reflètent la situation effective et que le temple de Jérusalem, où désormais est déposée l'arche, est effectivement devenu un pôle d'attraction majeur pour l'ensemble des Israélites comme aussi pour les Judéens, et donc un facteur éminent de cohésion du royaume de Salomon.

L'ORGANISATION ADMINISTRATIVE DU ROYAUME

Autre mesure liée à la création d'un État : son organisation administrative. Une comparaison de la liste des membres du gouvernement de Salomon, en 1 R 4,1-6, avec celle des membres du gouvernement de David est tout à fait instructive car elle révèle les nouvelles orientations données par Salomon. On constate d'emblée que la liste des ministres de Salomon est beaucoup plus étoffée. Elle comporte onze noms, alors que celle des ministres de David n'en comportait qu'entre six ou huit. Les titulaires de certaines fonctions sont doublés ; ainsi, le nombre de scribes affectés à Salomon est de deux, au lieu d'un seul dans le gouvernement de David, ce qui révèle la place plus importante prise par l'administration du royaume ; celui des prêtres est de quatre, contre deux ou trois précédemment. La hiérarchie des ministères est bousculée : alors que dans le gouvernement de David, le chef de l'armée était cité en tête de liste, dans celui de Salomon il ne figure plus qu'en cinquième position ; ce qui donne à penser qu'il n'existe plus de véritable menace extérieure, que donc le royaume connaissait une période de paix ; à l'inverse, alors que, dans le gouvernement précédent, les ministères sacerdotaux n'apparaissaient qu'en troisième position ou même seulement en fin de liste, dans la liste correspondante des ministres de Salomon la première place revient à un prêtre qui exerce une fonction apparemment nouvelle, celle de grand prêtre – sans doute une conséquence de la construction du Temple. Surtout, apparaissent dans cette liste de nouvelles fonctions : celle de chef de la maison royale, qui traduit l'existence d'une Cour et, plus important, celle de ministre de l'Intérieur ou, pour reprendre la formulation du texte biblique, de chef des préfets.

Car la grande réforme entreprise par Salomon, qu'avait probablement préparée le recensement effectué sous le règne de David, est le découpage du territoire en douze circonscriptions administratives ayant chacune à sa tête un préfet (1 R 4,7-19). Il s'agit plus précisément du territoire d'Israël, car, fort curieusement, Juda est exclu de cette réorganisation. Ces circonscriptions ne correspondent qu'exceptionnellement aux anciens territoires tribaux. Tel en effet ne semble être le cas que pour les territoires d'Éphraïm, de Nephtali, d'Issachar et de Benjamin, en tout cas seules désignations tribales expressément utilisées. D'ailleurs déjà le recensement du temps de David ne tenait aucun compte, pour ce qui est de la partie septentrionale du royaume, des appartenances tribales. Comme déjà du temps de David, les titulaires de ces fonctions ne sont jamais identifiés par leur appartenance tribale. Ceux-ci, souvent désignés uniquement par le nom de leur père, semblent choisis parmi les proches de Salomon. Deux d'entre eux sont ses gendres, l'un étant sans doute le fils d'un des prêtres (v. 11, 15). Un autre pourrait être le frère de son « archiviste » (v. 12), un autre, le fils d'un conseiller de David (v. 16), un autre encore (v. 18), peut-être, l'un de ceux qui n'avaient pas participé à la tentative d'Adonias de s'emparer du pouvoir et qui s'était probablement rallié à Salomon (voir 1 R 1,8). Ces hommes de confiance, assistés, selon toute probabilité, d'un certain nombre d'agents, jouent le rôle de relais entre les territoires et le pouvoir central.

La mise en place de cette nouvelle organisation politique poursuit plusieurs objectifs qui, pour la plupart, concourent de fait à une meilleure intégration. Elle permet d'exercer un contrôle politique sur cette partie du royaume qui connaît à l'occasion des velléités sécessionnistes qui, comme l'a montré la révolte de Shèva (2 S 20), sont bien réelles. Le rattachement direct du territoire des tribus septentrionales à la Couronne vide en partie le rôle des instances tribales traditionnelles et contre l'influence du collège des anciens qui, jusque là, représentait l'ensemble des tribus d'Israël. Cette réforme facilite en outre le prélèvement des impôts. Pour le narrateur, telle est, en fait, la fonction principale de ce nouveau découpage. Il est destiné, selon lui, à pourvoir à l'approvisionnement de la Cour, à tour de rôle, par chacune des nouvelles circonscriptions. De là le chiffre de douze qui, ici, n'est pas un chiffre symbolique mais correspond au nombre des mois de l'année.

La suite du récit, qui donne la liste des produits consommés quotidiennement à la table du roi, nous permet, en dépit de son exagération, de savoir en quoi consiste plus précisément cet approvisionnement : trente kors de fleur de farine et soixante kors de farine ordinaire, dix bœufs gras et vingt bœufs de pâturage, cent pièces de petit bétail – qui sont les principaux produits de l'agriculture et de l'élevage –, sans compter cerfs et gazelles, daims, volailles engraissées (1 R 5,2-3) Tout ceci donne une idée du nombre de personnes supposées vivre à la Cour. L'énumération que le narrateur nous donne, n'est pas pour lui une critique du faste de la Cour et du gaspillage de ressources ; elle veut souligner, afin qu'on l'admire, la grandeur et la richesse de Salomon. Plus prosaïquement, que cette énumération corresponde ou non à la réalité, elle révèle une économie parasitaire où, pour reprendre une formule utilisée par Fernand Braudel à propos de la monarchie française de l'Ancien Régime, « tout aboutit [...] à la vie de la Cour, aux dépenses de prestige[25]... ». Bien des siècles plus tard, un autre auteur verra d'un œil plus critique l'institution monarchique. Dans un discours à l'adresse des Israélites mis dans la bouche de Samuel, le roi sera présenté comme celui qui « prendra vos fils et les affectera à ses chars et ses chevaux – ils courront devant son char – et on en fera des chefs de mille et des chefs de cinquante. Il les emploiera pour labourer son labour et moissonner sa moisson, pour

25 F. Braudel, *L'identité*, *op. cit.*, t. 4, p. 223.

fabriquer ses armes de guerre et l'équipement de ses chars. Il prendra vos filles comme parfumeuses, cuisinières, boulangères. Il prendra les meilleurs de vos champs, de vos vignes, de vos oliviers, et les donnera à ses serviteurs. Il prélèvera la dîme de vos semences et de vos vignes et la donnera à ses eunuques et à ses serviteurs. Il prendra les meilleurs de vos serviteurs, de vos servantes, de vos adolescents, et aussi vos ânes, et les affectera à ses travaux. Il prélèvera la dîme de votre petit bétail et vous deviendrez ses esclaves » (1 S 8,11-17). Tableau d'un système où la richesse du royaume est mise au service du roi, aspirée par la Cour et utilisée à son seul profit.

Que la production du pays serve aux fastes de la Cour est une chose. Que les redevances exigées soient perçues comme trop lourdes (voir 1 R 12,4) – mais les impôts sont toujours jugés trop lourds – en est une autre. Le plus grave n'est pas là. L'erreur de Salomon, ou plutôt sa faute, a été de faire porter tout le poids de l'« approvisionnement de la table royale » sur les seules tribus du nord et d'en dispenser celles de sud. Qui s'étonnera de ce que, à la mort de Salomon ces tribus israélites aient profité du changement de roi pour renégocier le contrat qui les liait à Salomon et, devant le refus du fils de celui-ci de prendre en compte leurs exigences, pour faire sécession et fonder leur propre royaume (1 R 12) ? Que, malgré la réforme territoriale engagée, les instances tribales traditionnelles aient pu subsister et conserver toute leur autorité montre que, sur ce point, Salomon a échoué à unir le pays et à créer cette cohésion autour de la dynastie de David que Salomon ambitionnait de réaliser par cette réforme.

De manière plus générale, les seuls dispositifs politiques – fondation d'une dynastie, création d'une capitale, construction d'un sanctuaire métropolitain, administration centralisée – ne suffisent pas à obtenir l'adhésion, à créer un sentiment d'appartenance à une même nation. Celui-ci ne se décrète pas. La cohésion d'une nation résulte surtout de la prise de conscience d'une identité commune qui, par delà les particularismes, relie entre eux l'ensemble de ses membres et les distingue des autres nations. De cette construction d'une identité nationale, les sources examinées jusqu'ici ne nous disent pas grand chose. Tout juste nous laissent-elles entendre que ce qui unissait Israélites et Judéens était le culte d'un même dieu national, Yhwh, ce qui n'est pas rien, un dieu suffisamment connu pour que la moitié des membres du gouvernement de Salomon portent des noms théophores construits avec « Yhwh ». Encore qu'il faille se méfier d'une image qui, propagée par les milieux proches de la Cour et du Temple qui promeuvent ce culte, risque fort d'être unilatérale. Les autres noms propres de cette liste ne contiennent pas cet élément théophore et parmi les préfets un seul le comporte.

LA FORMATION D'UN SENTIMENT IDENTITAIRE

Dans un territoire en forme de couloir, traversé par des armées, des commerçants, des éleveurs, des réfugiés et des idées, un territoire dont une grande partie de la population n'appartenait pas au groupe dominant, jouxté de royaumes où tous parlaient plus ou moins la même langue et vivaient de la même manière, seule une identité forte pouvait éviter que les tribus israélites – qualificatif que nous utiliserons désormais au sens large – ne se dissolvent dans leur environnement. La construction de cette identité était donc d'une importance fondamentale pour leur survie[26]. Elle interviendra très probablement sous le règne de Salomon en vue de consolider par l'idéologie ce qui avait été réalisé par les armes et l'organisation politique du royaume.

On sait, au moins depuis le XVIIIe s., que le Pentateuque n'est pas un livre homogène, mais qu'il est fait de plusieurs couches rédactionnelles[27]. Et, depuis la seconde partie du XIXe s., et jusqu'à il y a peu, on s'accordait généralement à dire que le Pentateuque était constitué de quatre documents indépendants que l'on a successivement combinés et que l'on désignait, pour les deux premiers, en référence à l'appellation de Dieu antérieurement à la révélation du Sinaï – soit, selon le cas, le nom propre Yhwh ou le terme générique Élohim –, pour les deux autres, en référence à leur milieu d'origine. En règle générale, on y distinguait en gros, dans l'ordre chronologique, un document Yahwiste rédigé par les

26 Sur le phénomène de construction identitaire, voir M. Rodinson, « Nation. C. Nation et idéologie », dans *Encyclopaedia universalis* 16 (2008), p. 908-912.

27 Voir par exemple A. de Pury, T. Römer (éd.), *Le Pentateuque en question*, Le Monde de la Bible 19, Genève, Labor et Fides, [3]2002, p. VII-XXXIX, 9-80 ou encore E. Zenger e.a. (éd.), *Einleitung in das Alte Testament* (Studienbücher Theologie), Stuttgart, W. Kohlhammer, [8]2012, p. 67-236.

milieux sapientiaux, un document élohiste issu des milieux prophétiques, un document deutéronomiste et un document sacerdotal, ces deux derniers datés respectivement de l'époque préexilique et postexilique, soit les VIIe-VIe s. avant notre ère, les deux premiers, du temps de la monarchie, le Yahwiste datant, quant à lui, de l'époque salomonienne[28]. Au cours de ces dernières décennies, cette théorie, à laquelle on avait donné le nom de « nouvelle théorie documentaire », a été très largement contestée, non pas pour ce qui est de l'existence de différentes couches rédactionnelles – celle-ci n'est pas discutée –, mais pour ce qui est du nombre de ces couches – l'idée d'un document élohiste a été largement abandonnée –, de la date de leur composition – que l'on situe généralement indifférement à l'époque exilique ou postexilique – et du processus de formation du Pentateuque. En particulier, la thèse, qui s'était imposée depuis la fin des années trente du siècle dernier, selon laquelle le Yahwiste aurait été composé du temps de Salomon, et plus généralement l'existence même du Yahwiste, n'a plus, de nos jours, que de très rares adeptes. Ce qui ne veut pas dire qu'elle soit pour autant erronée ! Il en est des thèses comme des modes : elles passent, disparaissent pour, quelques décennies plus tard, revenir sous une autre forme. Ce qui aujourd'hui est jugé faux ne le sera plus nécessairement demain. Or, de notre point de vue, c'est justement dans cet écrit que l'on retrouve les principaux éléments d'une construction identitaire qui rejoint les préoccupations de l'époque davidico-salomonienne et qui correspond à la situation d'Israël à cette époque, non à celle d'une époque ultérieure. Soutenir, comme on a pu le faire, que, du temps de David et Salomon, Israël était bien incapable de rédiger une œuvre littéraire de quelque envergure, alors même que de telles œuvres sont attestées ailleurs avant cette époque, relève d'un préjugé ethnique difficilement admissible. Qu'on ait pu composer de telles œuvres au Xe s. est, d'ailleurs, de moins en moins considéré comme une idée absurde[29].

Les auteurs du document yahwiste – que, pour cette raison, on désigne aussi sous le nom de « Yahwiste » – appartiennent, selon toute

---

28 Pour une revue détaillée des passages habituellement attribués à ces différentes couches, voir H. Cazelles, « Pentateuque », dans *Supplément au Dictionnaire de la Bible* 7, Paris, Letouzey et Ané, 1966, col. 687-858 (voir col. 770-855).

29 Voir M. Richelle, « Elusive Scrolls : Could Any Hebrew Literature Have Been Written Prior to the Eighth Century BCE ? », *Vetus Testamentum*, vol. 66, 2016, p. 556-594 qui souligne que les conditions d'une production d'œuvres littéraires sont parfaitement réalisées au Xe s. Voir aussi E. Blum, « Solomon », *loc. cit.*, p. 71-73.

vraisemblance, au milieu intellectuel de la Cour et du Temple. Ce sont des prêtres et des sages. Pour construire l'identité d'Israël, ils ne développent pas un enseignement théorique sur ce que sont les différents éléments d'une identité nationale. Ils racontent une histoire. Ils font du *story-telling* avant la lettre en vue de faire passer leur message. Ils se tournent vers le passé, non pour satisfaire la curiosité sur les origines, mais pour façonner le présent. Ils commencent par raconter l'histoire des origines de l'humanité. Se concentrant ensuite sur Abraham et ses descendants, ils racontent comment celui-ci est arrivé au pays de Canaan ; ils détaillent ses différentes pérégrinations, celles de son fils Isaac et de son petit fils Jacob, s'étendent longuement sur leur mariage et la naissance de leurs enfants. Puis, se focalisant désormais sur le seul Jacob et ses descendants, ils racontent comment celui-ci, poussé par la famine, est amené à se réfugier avec les siens en Égypte et à s'y installer, et comment, plus tard, les Israélites furent victimes de l'oppression de son pharaon mais réussirent à s'enfuir d'Égypte sous la conduite de Moïse ; comment, après un passage au Mt. Sinaï où Yhwh a conclu une alliance avec eux et après une longue traversée du désert, ils arrivèrent au seuil de la Terre promise. Nos auteurs ne décrivent pas une époque qui correspondrait, pour ce qui est des patriarches et de Moïse, au IIe millénaire avant notre ère. Ils racontent. Et on serait bien en peine, malgré de nombreuses tentatives, d'inscrire ce qu'ils racontent dans la grande histoire du Proche-Orient ancien. Mais était-ce bien là leur dessein ? Il me paraît tout à fait significatif à cet égard qu'ils ne nomment aucun des pharaons d'Égypte auxquels les patriarches ont eu affaire, ni celui chez lequel Abraham s'était rendu, ni celui qui avait accueilli Jacob et son clan, ni celui qui avait opprimé les Israélites. Ces noms – la liste des Pharaons et la date de leur règne étant bien connues – nous auraient permis de situer plus précisément dans le temps ces différents épisodes. Mais ils précisent, par ailleurs, que la nourrice de Rébecca s'appelait Débora (Gn 35,8), ce qui est sans intérêt aucun pour l'historien ! En réalité, s'ils racontent toutes ces histoires, ce n'est pas pour faire œuvre de chroniqueur. Leur but principal est de fédérer les différentes tribus d'Israël en montrant qu'elles ont toutes une origine et une histoire communes, de faire de Yhwh leur dieu national et de le promouvoir comme le dieu créateur, d'empêcher la fréquentation des Cananéens et de légitimer la domination que les Israelites exercent sur eux.

Cette construction identitaire s'articule autour des trois principes identifiés par le sociologue Alain Touraine, que Maxime Rodinson présente comme suit : « principe d'identité, principe d'opposition (à un adversaire donné), principe de totalité, c'est-à-dire référence à des valeurs supérieures, à de grands idéaux théoriquement admis par tous, à une philosophie ou théologie prétendant rendre compte de l'univers tout entier[30] ».

LA DIFFÉRENCIATION PAR RAPPORT AUX CANANÉENS

La forte présence des populations autochtones dans les royaumes de David et de Salomon constituait une réelle menace pour l'identité israélite. Non pas que l'on ait eu à craindre qu'elles prennent le dessus – cette crainte n'est d'ailleurs jamais évoquée dans nos textes – mais à cause du risque d'assimilation qu'elles faisaient courir à Israël, risque d'autant plus grand que rien dans leur mode de vie ne distinguait les Israélites des Cananéens[31]. Pour nos auteurs, cette menace concerne au premier chef l'identité religieuse. Car, tandis que le dieu national des Israélites était Yhwh, les Cananéens pratiquaient une religion dont la forme urbaine nous est bien connue depuis la découverte de l'ancienne cité d'Ougarit, en Syrie du Nord, que les archéologues ont fouillée depuis les années 1930, et la mise au jour de nombreuses tablettes mythologiques et cultuelles[32]. Dans la forme cananéenne de cette religion, du moins telle que la Bible hébraïque en rend compte, la divinité principale qu'adoraient les Cananéens était le dieu Baal, un dieu associé à la fertilité du sol et à la fécondité des troupeaux, auquel on rendait un culte sacrificiel dans des sanctuaires situés sur des hauteurs qui comprenaient, à côté de l'autel, des poteaux en bois figurant la déesse Ashéra et des stèles représentant les différentes divinités. Le risque était que les Israélites ne calquent leurs installations cultuelles sur celles des Cananéens, ce

30 M. Rodinson, « Nation », *loc. cit.*, p. 911.

31 Voir en particulier E. Bloch-Smith, « Israelite Ethnicity in Iron I : Archaeology preserves what is remembered and what is forgotten in Israel's history », *Journal of Biblical Literature*, vol. 122, 2003, p. 401-425, qui souligne, à l'inverse, la nette différenciation entre Israélites et Philistins.

32 On en trouvera une traduction française dans A. Caquot, M. Sznycer, A. Herder, *Textes ougaritiques. 1. Mythes et légendes* (Littératures anciennes du Proche-Orient 7), Paris, Cerf, 1974 et A. Caquot, J.-M. de Tarragon, *Textes ougaritiques. 2. Textes religieux et rituels* (Littératures anciennes du Proche-Orient 14), Paris, Cerf, 1989.

qui pouvait facilement engendrer la confusion entre les deux cultes : risque bien réel puisque, quelques siècles après les règnes de David et de Salomon, l'auteur du Deutéronome se sent encore obligé d'interdire de tels aménagements (Dt 16,21-22) et d'exiger le démantèlement des installations cananéennes (Dt 12,2-3). Le risque était surtout que, estimant que ces deux divinités étaient complémentaires, les Israélites n'adorent à la fois Yhwh, leur dieu national, celui qui les conduisait à la guerre, et Baal, considéré comme affecté plus spécialement aux activités agricoles et tenu pour le garant de la prospérité. Risque bien réel, encore une fois, puisque encore dans la seconde moitié du VIIIe s. Yhwh, par la bouche du prophète Osée, adresse à Israël les reproches suivants : « Et elle (= Israël décrit sous les traits d'une prostituée) ne savait donc pas que c'est moi qui lui avais donné le blé, le moût et l'huile, j'avais multiplié pour elle l'argent, ainsi que l'or : ils l'ont employé pour Baal » (Os 2,10). Yhwh revendiquait ainsi pour lui-même ce qui était considéré comme le domaine d'intervention spécifique de Baal. Et dans une scène fameuse, et sans doute fictive, que son narrateur situe au Mt. Carmel, du temps du roi Akhab, Élie interpelle les Israélites pour leur reprocher de « clocher des deux pieds » et les inviter à choisir celui qui, de Yhwh ou de Baal, est seul Dieu, à savoir Yhwh (1 R 18,20-40).

Au premier rang des mesures destinées à contrer tout risque de syncrétisme et, en même temps, à pallier le danger de l'assimilation, figurent des dispositions législatives. Attribuées comme il est de règle à la divinité, celles-ci, vu leur caractère essentiellement cultuel, ont selon toute probabilité été prises par les milieux yahwistes liés au Temple. Le texte de ces dispositions se trouve en Ex 34,10-27. Ce texte, qui se présente comme la liste des clauses de l'alliance que Yhwh conclut avec Israël, s'ouvre par une série de dispositions concernant les relations avec les Cananéens. Celles-ci sont, toutes, négatives. De manière générale, elles commencent par interdire toute forme d'alliance avec les Cananéens, ne serait-ce qu'un traité de vassalité qui enregistrerait leur soumission à Israël – car cela impliquerait qu'on les considérât comme des partenaires et qu'on leur accordât des droits –, mais aussi, puisque tel est l'usage dans les conclusions d'alliance, de faire mention de leurs dieux comme témoins. Cet ostracisme doit s'étendre à tous les niveaux, y compris au niveau local, et aller jusqu'à l'interdiction de toute relation de convivialité entre voisins. Car, explique le législateur, la commensalité non seulement supposerait le partage d'un repas dont une divinité cananéenne serait l'hôte de marque – à l'époque, tout repas dont la viande provient du troupeau prend nécessairement la forme d'un sacrifice –, ce qui reviendrait à la reconnaître et à l'adorer, mais elle conduirait à créer des liens de communion résultant du partage d'un même repas. Ces liens, à leur tour, pourraient conduire à ce que les Israélites et les Cananéens s'unissent par le mariage, ce qui conduirait, à terme, à la dissolution de l'identité israélite sous sa double forme ethnique et religieuse. Car c'est là que se situe, en définitive, le véritable danger. Cet interdit strict du mariage avec les Cananéens, nos auteurs l'avaient déjà inculqué à travers les narrations patriarcales, citant en exemple Abraham, qui avait fait jurer à son serviteur de ne pas prendre pour son fils Isaac une femme cananéenne (Gn 24), et Jacob, qui avait épousé les filles de son beau-père (Gn 29). Conséquence aussi du rejet des Cananéens, le rejet de leur divinité et l'injonction de détruire leurs lieux de culte, ce qui revient à leur enlever la possibilité d'adorer leur divinité : les Cananéens ne sont pas éradiqués, mais ils ne doivent même plus avoir la possibilité d'exercer leur propre religion. Ainsi, non seulement la séparation entre Israélites et Cananéens doit être radicale, ceci afin de préserver l'identité d'Israël ; non seulement tout ce qui rappelle leur religion doit être effacé, pour éviter aux Israélites toute tentation d'adorer les divinités cananéennes ou, pour employer les mots du traité d'alliance, pour éviter que leur religion soit un piège pour les Israélites, mais les Cananéens doivent être privés de ce qui fait leur identité, de ce qui leur permet d'exister ; ce qui revient, selon la conception de l'époque, à les réduire à n'être plus que des non-humains.

Ces éléments de la stratégie identitaire d'Israël sont, avec les préceptes cultuels qui suivent, les seuls à faire l'objet de dispositions législatives et à être gravés, au sens propre du terme, dans le marbre. Ils constituent, de fait, le fondement même de cette stratégie identitaire. Sans cette ségrégation radicale, toutes les autres dispositions identitaires seraient vouées à l'échec.

Mais il y a plus. La mise à distance des Cananéens conduit à les mettre au service des Israélites. Le narrateur du livre des Rois rapporte ainsi que Salomon avait employé pour ses grands travaux une main d'œuvre cananéenne qu'il avait soumise à la corvée, corvée dont, par contre, les Israélites avaient été expressément dispensés (1 R 9,15.20-22).

Un ministère particulier avait même été créé à cet effet (1 R 4,6). La condition faite par Salomon aux Cananéens s'apparentait ainsi, étrangement, à celle que Pharaon avait autrefois imposée aux Israélites (Ex 1,11) ; ce qui d'ailleurs fait de Salomon un tyran, à l'instar de Pharaon. Or, rien dans ce récit ne vient justifier cette décision.

Pour légitimer l'oppression des Cananéens par Salomon, nos auteurs vont recourir au mythe. Dans un bien curieux récit (Gn 9,20-27), ils racontent qu'après le déluge, Noé avait planté une vigne et, ayant bu de son vin, avait roulé ivre mort, complètement nu, dans sa tente. Cham, son fils cadet, le voyant dans cet état, en avait informé ses deux frères Sem et Japhet ; lesquels, marchant en arrière pour ne pas voir leur père, l'avaient alors recouvert pudiquement d'un manteau – l'expression « manteau de Noé » est ainsi entrée dans le langage courant. Ayant appris à son réveil ce qui s'était passé, mot-à-mot « ce qu'avait fait » son fils, Noé avait maudit Canaan, le fils de Cham, et béni Sem et Japhet. Les exégètes ont longuement discuté pour savoir quel avait été le crime de Cham : simple regard impudique, relations homosexuelles avec le père, ou relations sexuelles avec son épouse ? Peu importe pour notre propos. Toujours est-il que Noé prononcera contre le coupable cette malédiction fameuse : « Maudit soit Canaan ! Il sera pour ses frères l'esclave des esclaves ». Malédiction qu'il reprendra en conclusion de la bénédiction accordée à chacun de ses deux autres fils : « Que Canaan lui soit esclave ! ». Malédiction fameuse, parce qu'on en fera une malédiction de Cham, laquelle servira à justifier la mise en esclavage des noirs, ce qui est une imposture totale[33]. Car, nulle part, ni dans le texte hébreu, ni dans aucune des traductions anciennes, araméennes, syriaques, grecques, latines, il n'est question d'une malédiction de Cham ; sans compter que la liste des descendants de Cham donnée dans la Genèse (Gn 10,6-20) comprend aussi bien des « noirs » que des « blancs ». Celui qui est maudit, ce n'est pas Cham mais, à travers lui, l'un de ses fils, Canaan, dont d'ailleurs nul n'a jamais prétendu qu'il était « noir ».

Pour le Yahwiste, les Cananéens font ainsi partie des peuples premiers : ils appartiennent à la deuxième génération de l'humanité postdiluvienne. Et dès l'origine, le sort de toutes les générations cananéennes

---

33 Pour l'usage qui a été fait de cette soi-disant malédiction de Cham, voir D. M. Whitford, *The Curse of Ham in the Early Modern Era : The Bible and the Justifications for Slavery*, Farnham-Burlington, Ashgate, 2009.

successives est scellé par cette malédiction inéluctable : parmi tous les autres descendants de Cham ils sont destinés, et eux seuls, à être pour toute éternité esclaves des peuples qui descendent de Sem et de Japhet, et singulièrement, par implication, des Israélites. En les soumettant à la corvée, Salomon ne ferait donc pas preuve à leur égard d'une attitude révoltante. Il agirait, bien au contraire, de manière parfaitement légitime car, depuis les origines de l'humanité, les Cananéens sont destinés à être esclaves. La référence au mythe, dont il est inutile de préciser qu'on n'en trouve nulle trace ailleurs dans les textes du Proche-Orient ancien, permet également à nos auteurs d'ajouter un argument supplémentaire pour interdire des relations conviviales avec les Cananéens : ils ne sont pas un peuple comme les autres; ils ne sont pas sur un plan d'égalité avec les Israélites; il y a entre eux toute la distance qui sépare le maître de l'esclave; il faut préserver cette distance du maitre face à l'esclave car celle-ci est inscrite dès les origines!

Pour que cette distance par rapport aux Cananéens soit pleinement acceptée, il restait à légitimer le fait qu'Israël a pris le contrôle de ce territoire étranger, dont les Cananéens étaient jusque-là les seuls occupants et propriétaires. Sans doute, cette légitimation était déjà impliquée par le mythe : pour que les Cananéens puissent être esclaves des Israélites, il fallait nécessairement que les deux populations vivent dans une étroite proximité, et donc que les premiers vivent sur le même territoire que leurs maitres. Encore convenait-il d'expliquer pourquoi ce sont justement les Israélites, et non d'autres fils de Sem ou de Japhet, qui exercent cette domination et pourquoi, en conséquence, ils se sont emparés de leur territoire.

Un récit du livre des Juges nous permet de connaître les arguments généralement utilisés pour justifier la possession d'un territoire (Jg 11). Il y est question d'un conflit territorial qui oppose les Israélites de la région de Galaad aux Ammonites, lesquels sont entrés en guerre pour récupérer un territoire dont ils estimaient qu'il leur appartenait. Au cours de l'échange d'ambassades qui avait préludé au combat, les deux partis avaient eu recours à divers arguments. Les Ammonites avaient invoqué les droits du premier occupant et rappelé que leur territoire leur avait été pris par les Israélites lors de leur marche vers la Terre promise. Ils en demandaient, en conséquence, la restitution (v. 13). Les Israélites, de leur côté, faisaient valoir un triple argument : le territoire contesté avait été conquis par leurs ancêtres, suite à une attaque dont ils avaient été l'objet, alors même que leur intention était au départ pacifique (v. 15-22) ; ce territoire leur avait été donné par leur dieu Yhwh (v. 23-24) ; ils l'occupaient depuis trois siècles, sans que les Ammonites aient contesté cette occupation et aient cherché à le reprendre (v. 26). Droit du premier occupant, légitimité militaire, légitimité que confère une longue occupation, légitimité divine : ces arguments, sauf peut-être le dernier – et encore ! –, ont été largement utilisés au cours de l'histoire. Le Yahwiste, quant à lui, met principalement en avant l'argument théologique. Dès l'époque d'Abraham, au moment même où il arrivait dans le pays de Canaan, Yhwh lui avait promis de donner ce territoire à ses descendants (Gn 12,7), une promesse qu'il réitérera par la suite (Gn 13,14-17), que rappellera plus tard Abraham (Gn 24,7), que Yhwh réitérera à Jacob, l'ancêtre du peuple d'Israël (Gn 28,13). L'argument théologique utilisé par les Israélites dans le conflit qui les oppose aux Ammonites peut s'appliquer, *mutatis mutandis*, au pays de Canaan tout entier : « Ce que Kamosh, ton dieu, te fait posséder, ne le possèdes-tu pas ? Et tout ce que Yhwh, notre Dieu, a mis comme possession devant nous, ne le posséderions-nous pas ? » (Jg 11,24). Si donc les Israélites se sont emparés du pays de Canaan, c'est uniquement suite à la décision de Yhwh de leur attribuer ce territoire. Et parce qu'il s'agit d'une décision divine, cette occupation est parfaitement légitime, et irrévocable. Selon nos auteurs, cette prise de possession avait déjà été anticipée par Abraham. Il avait parcouru le pays en long et en large et l'avait ainsi marqué de sa présence ; il y avait en outre construit, au nord, au centre et au sud, des autels où il avait proclamé le nom de Yhwh (Gn 12,6-8 ; 13,4.18). Des autels qui ne servaient pas à offrir des sacrifices, mais dont l'unique fonction était, à l'instar de la statue divine placée dans le territoire soumis, de représenter Yhwh, au sens diplomatique du terme, et de signifier de la sorte son autorité sur ce territoire. Bien avant qu'Israël n'y pénètre, il n'appartient déjà plus vraiment aux Cananéens : Abraham y a pris pied et Yhwh y est installé.

Ségrégation des Cananéens, asservissement aux Israélites, dépossession de leur territoire. Viennent spontanément à l'esprit les mots : apartheid, oppression, colonialisme. L'attitude désignée par ces termes était probablement très éloignée de ce qui se passait dans la pratique, et les relations que les Israélites entretenaient avec les Cananéens étaient très vraisemblablement celles que l'on avait coutume d'entretenir avec son voisinage. Il n'y avait sans doute aucune répulsion spontanée à leur égard. C'est bien parce que les relations avec les Cananéens étaient en réalité beaucoup plus conviviales – si tel n'avait été le cas il n'y aurait eu nul besoin de les interdire – qu'il fallait impérativement justifier cet ostracisme si peu naturel. Car celui-ci ne résultait pas d'un simple préjugé ethnique, d'un rejet fondé sur des mœurs supposées obscènes : si les habitants de Sodome et de ses environs – la ville est située en Transjordanie, non au cœur du pays de Canaan – sont condamnés pour leur perversité (Gn 18,20-21 ; 19,4-11), les habitants de Guivéa, une ville benjaminite, et donc israélite, le sont tout autant (Jg 19,22-28). Ce n'est que bien plus tard, à l'époque perse, que les Cananéens seront accusés d'avoir souillé le pays par leur impudicité (Lv 18,27). Les vraies raisons sont données par le Yahwiste, et elles se situent principalement sur un plan théologique. Si les Israélites ont colonisé le territoire des Cananéens, c'est parce que Yhwh le leur a donné. S'ils doivent éviter tout contact avec les Cananéens, et même éradiquer leur culte, c'est parce que cela a été exigé par leur Dieu Yhwh. Et si Salomon les a asservis, c'est que telle était leur destinée, fixée dès l'origine même de l'humanité. Parce que, dans les faits, les Israélites ne se comportaient pas spontanément de la sorte avec les Cananéens, il fallait, pour les convaincre de modifier radicalement leur comportement, convoquer l'autorité de Yhwh et le déterminisme du mythe. Mais, derrière ces justifications, apparaît ce qui est la raison véritable. Le caractère radical du rejet des Cananéens témoigne surtout de l'ampleur de la peur qu'avaient les autorités politiques et religieuses de l'assimilation, de leur conscience extrême du danger que représentaient, à leurs yeux, les Cananéens pour l'identité d'Israël. En cela, ils n'avaient certainement pas tort. De fait, dans la suite de l'histoire, les Cananéens se verront accusés de tous les maux qui s'abattront sur Israël. Plus tard, les auteurs du Deutéronome estimeront qu'il aurait fallu les exterminer tous, comme Yhwh l'avait commandé (Dt 20,17) !

LA CONSTRUCTION D'UNE IDENTITÉ COMMUNE

La ségrégation des Cananéens n'est que la phase négative de la stratégie identitaire mise en œuvre à l'époque de David et de Salomon. Car il ne suffisait pas d'établir une séparation entre Israélites et Cananéens, il fallait aussi mettre en œuvre une stratégie visant à renforcer le sentiment d'appartenance à une même communauté[34]. Cette stratégie, à laquelle s'attelleront également les milieux intellectuels de la Cour et du Temple, se développe en quatre temps : insistance sur les liens de sang qui unissent les différentes parties non-cananéennes de l'« empire », promotion d'un dieu national, élaboration d'un mythe fondateur et rédaction d'un mythe des origines.

L'invention de liens de sang

La seule pression du pouvoir politique ne suffit pas à garantir l'identité. Pour que l'identité soit intériorisée, pour que soit inscrit dans les cœurs et pas seulement dans les têtes le sentiment d'appartenir à une même communauté, encore faut-il que l'identité soit étayée par des éléments objectifs tels que la résidence sur un même territoire, l'appartenance à un même lignage, ou encore le partage d'une histoire commune. Dans le cas d'Israël, le premier de ces facteurs ne peut jouer qu'un rôle secondaire car, nous l'avons vu, son territoire est trop mal délimité, trop fractionné, géographiquement trop divers, trop étiré en longueur pour que puisse se développer facilement un sentiment national. Sans compter qu'il était encore occupé par une autre population, dont on voulait se distinguer clairement. Au demeurant, une communauté fondée sur le seul sol resterait liée aux aléas d'une histoire mouvante et serait condamnée à éclater dès la partition du territoire. Beaucoup plus puissants et plus pérennes que les liens du sol sont, par contre, les liens créés par le sang. Or, il n'est pas sûr du tout que ces liens aient existé avant l'époque de David et de Salomon. On était membre de telle ou telle tribu, on appartenait à tel ou tel clan, on se définissait par rapport au village que l'on habitait, on était à la rigueur israélite ou judéen, bien avant de se sentir membre de la grande communauté formée par l'ensemble des tribus. L'insistance du Yahwiste à démontrer que tous les Israélites descendent d'un même ancêtre donne à penser que les différentes tribus ne se sentaient pas vraiment liées entre elles par des liens du sang ou pour le moins qu'il

---

34 Pour d'autres mises en scène des identités nationales voir, pour ce qui est de l'Europe, A.-M. Thiesse, *La création des identités nationales. Europe* XVIIIe –XXe *siècle* (L'univers historique), Paris, Seuil, 1999.

était nécessaire de revigorer la conviction qu'elles sont toutes unies par de tels liens.

Lorsqu'on lit le livre de la Genèse, on ne peut manquer d'être frappé par sa manière très particulière de raconter le passé. Toute l'histoire, depuis les origines même de l'humanité jusqu'à l'installation du dernier patriarche en Égypte, est en effet présentée comme une histoire de famille. Il y a d'abord Adam et Ève, puis, quelques générations plus tard, descendant de leur dernier fils Seth, Noé et ses trois fils, d'où seront issues, après le déluge, les trois grandes branches de l'humanité, les Sémites, les Japhétites et les Chamites. Ce sera ensuite l'histoire d'Abraham et de Sara, la naissance d'Ismaël, dont la mère est une servante de Sara, puis celle d'Isaac, le chef de la lignée, qui aura lui-même deux fils, des jumeaux, Ésaü et Jacob. C'est ce dernier qui donnera naissance aux ancêtres des douze tribus d'Israël et qui, sous la pression de la famine, descendra en Égypte avec onze de ses fils et leur famille. Histoire de famille, donc, avec ses joies et ses problèmes. Joies des mariages et des naissances. Mais aussi rivalités : rivalités entre époux, à cause de la préférence donnée par les parents à l'un de leurs fils, rivalités entre épouse et servantes, ou entre les différentes épouses, rivalités entre frères, qui peuvent conduire jusqu'à envisager le meurtre. Conflits avec le beau-père. Problèmes de stérilité. Le tout accompagné d'anecdotes telles que celles sur l'ivresse de Noé (Gn 9) et de Lot, le neveu d'Abraham (Gn 19), et leurs conséquences, sur les dangers encourus par Abraham en Égypte du fait de la beauté de sa femme (Gn 12), sur les circonstances dans lesquelles Isaac et Jacob ont trouvé leurs épouses, ou encore sur la ruse utilisée par Jacob pour augmenter son troupeau au détriment de celui de son beau-père (Gn 30).

On aurait tort, cependant, d'en rester à une lecture superficielle qui ne verrait dans ces récits qu'une chronique familiale, dont le seul intérêt proviendrait de ce que la famille en question est celle des ancêtres d'Israël, laquelle pourrait éventuellement servir à illustrer les heurs et malheurs du mariage. L'accent mis sur les promesses faites par Yhwh aux patriarches – en particulier la promesse d'une nombreuse descendance et la promesse d'un territoire – pouvait aussi être utile pour montrer aux destinataires de ce récit la puissance du dieu national, dont ils pouvaient personnellement constater qu'il était capable de réaliser ce qu'il avait promis, même lorsque ces promesses avaient été faites il y a fort longtemps, bien des siècles plus tôt. Mais en donnant à son récit la forme d'une histoire d'une famille, le Yahwiste indique quel est son objectif premier : montrer que les différents groupes constitutifs du royaume d'Israël, de l'empire de David-Salomon, plus généralement, descendent tous d'un même ancêtre.

Tel est d'abord le cas des différentes composantes d'Israël, toutes issues de Jacob. Laissons de côté la description romantique des conditions dans lesquelles Jacob a trouvé ses épouses, le hasard qui lui a fait rencontrer au bord d'un puits la fille cadette du neveu d'Abraham, les conditions qui lui ont été imposées par son beau-père et la manière dont ce dernier l'a grossièrement trompé en substituant à la cadette, au cours de la nuit de noces, sa fille aînée (Gn 29,1-30). Intéressons-nous plutôt aux enfants issus de ces mariages. Cette liste des enfants de Jacob est inscrite par nos auteurs dans une narration (Gn 29,31-30,24). Les premiers de ces enfants sont nés de Léa, la fille aînée que son beau-père avait substituée à Rachel, son autre fille, celle que Jacob avait rencontrée près du puits et dont il était tombé amoureux. Ce sont Ruben, puis Siméon, puis Lévi et enfin Juda. Rachel, ne pouvant pas donner d'enfants à Jacob parce qu'elle était stérile, lui remet Bilha, sa servante, laquelle lui donne deux fils, Dan et Nephtali. À son tour, Léa, qui avait cessé d'avoir des enfants, remet à Jacob sa servante Zilpa. Celle-ci donnera également naissance à deux fils, Gad et Asher. Léa, ayant racheté à Rachel, pour le prix de mandragores, la faveur de passer la nuit avec Jacob, devient de nouveau enceinte et accouche d'Issakar, puis de Zabulon, ainsi que d'une fille, Dina. Celle-ci sera l'héroïne d'un épisode raconté quelques chapitres plus loin, en Gn 34, qui mettra en scène le conflit de deux des fils de Jacob, Siméon et Lévi, avec les habitants de la ville de Sichem. La liste des naissances ne s'arrête pas là, car Rachel, devenue féconde, donne naissance à un fils, Joseph, lequel aura lui-même deux fils avec sa femme égyptienne, Manassé et Éphraïm, qui naîtront en Égypte (Gn 41,50-52). De retour au pays de Canaan, sur le chemin d'Éphrata, Rachel accouchera, avant de mourir, d'un second fils, Benjamin (Gn 35,16-20).

Nos auteurs ne se contentent pas de nommer les différents enfants. Ils accompagnent cette mention de l'explication qu'en donnent les deux épouses, qu'elles soient ou non leur mère. Léa avait donné à son premier fils le nom de Ruben et avait donné cette explication : « Parce que Yhwh a vu, *ra'ah*, mon humiliation, maintenant mon mari m'aimera ». Son deuxième fils sera appelé Siméon parce que, avait-elle dit, « Yhwh a entendu, *šama'*, que j'étais détestée et qu'il m'a encore donné celui-ci ». Lévi s'appellera ainsi parce que Léa avait dit « cette fois-ci, mon mari sera lié, *yillawèh*, à moi, car je lui ai enfanté trois fils », et Juda, parce qu'elle s'était écriée : « Cette fois, je louerai, *'ôdèh*, Yhwh ». De son côté, Rachel donne au premier fils que Jacob a eu de sa servante Bilha le nom de Dan, car, avait-elle dit, « Dieu m'a fait justice, *danannî*, et il a écouté en plus ma voix, il m'a donné un fils », et au second le nom de Nephtali car, avait-elle dit : « J'ai lutté, *niphtaltî*, avec ma sœur et je l'ai emporté ». Aux fils issus de sa servante, Léa donnera les noms de Gad, qui retranscrit son cri : « c'est une chance, *bagad* ! », et Asher, qu'elle explique ainsi : « c'est mon heur, *be'ašrî*, car les filles me proclameront heureuse ». Puis, aux deux fils qu'elle aura encore elle-même, elle donnera les noms d'Issachar, commentant « Dieu m'a donné mon salaire, *śekarî*, parce que j'ai donné ma servante à mon mari », et de Zabulon, qu'elle justifie par ces mots : « Dieu m'a accordé un beau cadeau : cette fois-ci, mon mari cohabitera avec moi (ou : me considérera véritablement comme sa femme), *yizbelénî*, car je lui ai enfanté six fils ». Le nom de sa fille, Dina, par contre n'est pas expliqué. Le nom de Joseph, que donne Rachel à son premier fils, est rattaché à ce vœu : « que Yhwh m'ajoute, *yôséph*, un autre fils ». Le cas du dernier fils est particulier, car cette fois-ci c'est le père qui nomme l'enfant et lui donne le nom de Benjamin (litt. « fils de la droite ») afin de conjurer le malheur attaché au nom de Ben-oni (litt. « fils de ma douleur ») que lui avait donné sa mère avant qu'elle ne meure. Pour ce qui est de Manassé et d'Éphraïm, c'est aussi leur père qui leur attribuera leur nom, motivant ainsi le nom de Manassé « car Dieu m'a fait oublier, *naššanî*, toute ma peine et toute la maison de mon père », et celui d'Éphraïm : « car Dieu m'a fait fructifier, *hiphranî*, au pays de mon humiliation ». Ces explications n'ont aucune valeur scientifique : ce ne sont pas des étymologies mais, comme on peut le constater en comparant le nom des fils au terme hébreu utilisé pour l'expliquer, plutôt des jeux de mot. Lorsque ce ne sont pas des prières, ces explications servent surtout à mettre le nom des fils de Jacob en relation avec l'histoire telle que la raconte le narrateur : les noms donnés par Léa à ses fils expriment quasiment tous la frustration de ne pas être l'épouse aimée ; ceux donnés par Rachel, la souffrance que lui cause sa stérilité et son désir d'enfants.

On soupçonne que nos auteurs ne visent pas simplement à établir une sorte de fiche d'état civil où seraient énumérés, dans l'ordre de leur naissance, les différents enfants de Jacob. Leur répartition entre épouse aînée et épouse aimée, entre épouses et servantes, entre une première série d'enfants nés de Léa et une seconde, entre les fils nés en Mésopotamie et le fils né au pays de Canaan, entre tous ces fils et ceux nés en Égypte d'une femme égyptienne, tout cela donne à penser qu'ils poursuivent un autre objectif; d'autant plus qu'il se trouve qu'aux fils des servantes correspondent les tribus qui sont, politiquement et géographiquement, marginales (*cf.* Gn 16), qu'à la première série des fils de Léa – l'aînée des épouses ! – correspond le territoire sur lequel David a commencé à régner, qu'aux fils de Rachel correspond la partie centrale du pays de Canaan occupé, en allant du sud au nord, par les deux grandes tribus d'Éphraïm et de Manassé. Sans doute, bien des éléments restent pour nous énigmatiques. Que nos auteurs fassent naître les fils de Jacob en Mésopotamie est cohérent avec leur insistance à présenter les Israélites comme un peuple n'ayant rien à voir avec les Cananéens. Mais pourquoi Benjamin est-il le seul à être présenté comme étant né en Canaan ? Serait-ce parce que cette tribu est une tribu autochtone, ou du moins installée avant les autres en Canaan – le récit de la mort de Rachel servant à expliquer pourquoi elle se serait fixée à cet endroit ? De même, pourquoi les fils de Léa ont-ils été répartis en deux groupes, dont le second correspond à celles des tribus du nord qui se situent juste dans le prolongement du territoire de Manassé ? Serait-ce pour relier plus étroitement ces tribus à la partie méridionale du royaume ? Pourquoi les territoires attribués aux fils de Zilpa sont-ils les seuls à ne pas être contigus ? Y aurait-il là les traces d'un lien ancien que les circonstances historiques – on pense à la migration d'une des deux tribus – auraient rompu ? Comment comprendre le fait que le Yahwiste fasse descendre les tribus d'Éphraïm et de Manassé d'une femme égyptienne ? Et comment expliquer le fait que seuls les noms des quatre premiers fils de Léa et du premier fils de Rachel soient mis en relation avec Yhwh ? Il reste bien des questions non résolues. C'est que nous en savons trop peu sur l'histoire de chacune de ces tribus pour comprendre toutes les allusions qui y sont éventuellement faites. Les points qui, pour nous, restent mystérieux ne l'étaient pas nécessairement pour ceux auxquels nos auteurs s'adressaient.

Il semble en tout cas évident qu'à travers cette liste des enfants de Jacob, nos auteurs poursuivent d'abord un objectif politique : démontrer que toutes les tribus qui forment le royaume de David-Salomon sont liées entre elles par des liens de sang, tout en respectant les hiérarchies, de manière à ne pas heurter les susceptibilités des tribus les plus puissantes, que donc leur union sous un même roi n'est pas quelque chose d'artificiel mais ne fait que traduire dans les faits ce qui était génétiquement prédéterminé. Ce qui est bien improbable, car si tel avait effectivement été le cas il n'aurait guère été nécessaire de l'exposer en détail. Par ailleurs, les auteurs de ce document semblent avoir un double souci : relier plus étroitement les deux entités d'Israël et de Juda, quitte à flatter Israël en montrant que ses deux principales composantes se rattachent à la lignée issue de la femme aimée de Jacob, et justifier le fait que la royauté soit exercée par un Judéen, ceci en rattachant la tribu de Juda à la lignée de la femme aînée de Jacob. Ont-ils aussi voulu justifier le fait que la royauté ait été exercée par un roi issu du fils cadet de la première série des fils de Léa, à savoir Juda, par des récits qui délégitiment ses aînés (voir Gn 34 ; 35,22) ? En réunissant Israël et Juda sous son autorité, telle est leur thèse, David n'aura fait que reconstituer une unité à proprement parler congénitale qui avait été artificiellement disjointe. Pour réaliser ces différents objectifs, ils ont, selon toute probabilité, procédé à ce que Nicole Loraux a appelé un « bricolage généalogique[35] ». Partant non pas de Jacob mais du cadastre des tribus tel qu'il se présentait à l'époque de David-Salomon, intégrant outre des données géographiques des données historiques et politiques, ils les ont rattachées toutes à la lignée de Jacob. En limitant le nombre des fils de Jacob à douze – chiffre qui correspond au nombre de mois d'une année – ils auront voulu insister sur la complétude de cet ensemble, auquel aucune nouvelle tribu ne pourra dorénavant s'ajouter. De tels « bricolages généalogiques » n'ont rien d'exceptionnel. Comme l'écrit Georges Balandier, « afin de légitimer (une) situation nouvelle, les généalogies sont souvent rectifiées et l'identité clanique est conférée à des membres du nouveau groupe qui ne la possèdent pas en fait[36] ».

35 N. Loraux, *Les enfants d'athéna. Idées athéniennes sur la citoyenneté et la division des sexes*, Paris, Maspéro, 1981, p. 214.

36 G. Balandier, *Anthropologie politique*, Paris, Presses Universitaires de France, ^{2}1969, p. 82. Sur la fonction des généalogies, voir aussi I. Goldman, « Genealogy », dans *The Encyclopedia of Religion* 5, 1987, p. 502-506.

C'est de cette manière qu'a été notamment intégré un clan Qénite en faisant d'un de leurs ancêtres le beau-père de Moïse (Jg 1,16). Nous ignorons comment cette conviction d'appartenir à une lignée commune a pu être transmise aux différentes tribus constitutives d'Israël. Peut-être l'aura-t-elle été à l'occasion des pèlerinages au Temple, mais selon des modalités qui nous restent inconnues.

Ce « bricolage généalogique » a été étendu aux royaumes voisins soumis par David, à savoir Aram, Moab, Ammon et Édom[37]. Pas plus en effet que le seul pouvoir royal ni même le décret divin ne suffisaient à assurer la cohésion des douze tribus, pas davantage la force seule ne permettait de garantir la soumission de ces royaumes. Afin de prévenir toute velléité de rébellion et de resserrer leurs liens avec Israël, nos auteurs montreront qu'ils lui sont tous plus ou moins étroitement apparentés.

Les liens les plus anciens, puisqu'ils remontent à Abraham, sont, à en croire nos auteurs, ceux qui sont censés unir *Araméens* et Israélites. Ils situent en effet la patrie d'Abraham en Aram-Naharaïm (Gn 24,10) et, plus précisément, à Harrân, une cité au nord-est d'Israël établie sur un affluent de l'Euphrate (Gn 27,43). Ils insistent tout particulièrement sur la force de ces liens, qui imposent à son fils, Isaac, de prendre exclusivement pour épouse une femme originaire de ce même lieu (Gn 24,2-9) et qui, plus tard, conduiront Jacob, son petit-fils, à y chercher refuge (Gn 27,41-45), à s'y marier (Gn 29,1-30) et à s'y établir. Ces différents récits permettent à nos auteurs, non seulement de montrer, une fois de plus, que les Israélites sont d'une autre origine que les Cananéens, mais encore de souligner leur relation familiale avec les Araméens, ou du moins avec un de leur groupe : les ancêtres des douze tribus d'Israël sont doublement liés aux Araméens, d'abord par leur père, qui est le petit-fils d'un Araméen, ensuite par leurs mères, qui sont Araméennes. Ce souvenir de liens étroits avec les Araméens va d'ailleurs perdurer. Une confession citée en Dt 26,5-9 fera de Jacob lui-même un Araméen : « Mon père était un Araméen sur le point de dépérir… ». Reste, mais cela n'est nullement essentiel à sa démonstration, qu'il est difficile de dire si le Yahwiste se fonde sur une tradition historique relative à une origine

37 Sur ces différents royaumes, voir notamment B. Halpern, A. Lemaire (éd.), *The Book of Kings : Sources, Composition, Historiography and Reception* (Supplements to Vetus Testamentum 129), Leiden-Boston, Brill, 2010, p. 205-364.

araméenne d'Israël, ou si cette reconstitution traduit uniquement un sentiment de proximité, tout à fait réel par ailleurs, avec la Mésopotamie et une volonté de renforcer les liens entre les deux royaumes.

Les *Moabites* et les *Ammonites* sont présentés par le Yahwiste comme étant les petits-neveux d'Abraham. Nos auteurs s'étendent longuement sur les circonstances de la naissance de leurs ancêtres. Ils racontent comment leur grand père, Lot, avait accompagné Abraham, son oncle, lorsque celui-ci avait quitté sa patrie pour se rendre en Canaan (Gn 12,4) puis s'était séparé de lui et installé dans la plaine du Jourdain, laissant à Abraham le pays de Canaan (Gn 13,10-12). Ils mettent plus précisément la naissance des ancêtres de Moab et d'Ammon en relation avec un épisode censé s'être déroulé à Sodome, où Lot s'était établi (Gn 19). Alors qu'il est assis, un soir, à la porte de la ville, Lot voit arriver deux étrangers, qui s'avèrent être des anges envoyés par Yhwh pour constater la perversité des habitants de Sodome ; il leur donne l'hospitalité, une hospitalité telle qu'il envisage d'offrir ses propres filles aux hommes de Sodome pour tenter de les dissuader de violer, comme ils en avaient l'intention, ses deux hôtes – de là le mot « sodomite ». La perversité des habitants de Sodome ne faisant ainsi plus aucun doute, la destruction de Sodome et de sa région est désormais arrêtée. Mais, au préalable, les deux anges exfiltrent Lot, sa femme et ses deux filles avant que le feu du ciel ne se déverse sur la ville, lesquels, à l'exception de la femme de Lot changée en statue de sel pour avoir regardé en arrière, trouveront refuge dans la caverne d'une montagne avoisinante. Ne restent donc plus que Lot et ses deux filles. Or, celles-ci, qui pensaient être, avec leur père, les uniques survivants d'un cataclysme, soucieuses de lui donner une descendance, le font boire jusqu'à le soûler afin de pouvoir coucher avec lui. De cette relation naitront successivement Moab, fils de l'aînée des filles, et Ben-Ammi, fils de la cadette, respectivement ancêtres des Moabites et des Ammonites. Même si, de fait, les fils ainsi nés sont issus d'une relation incestueuse, il est à noter que celle-ci n'est nullement condamnée mais excusée par les circonstances exceptionnelles, proprement diluviennes – mais d'un déluge de feu – qui ont pu faire croire à un cataclysme universel. Pour écrire l'histoire de l'origine des Moabites et des Ammonites, nos auteurs étaient, selon toute vraisemblance, partis d'une étymologie fantaisiste de leur nom – Moab étant compris comme « hors du père », Ben-Ammi, comme « fils de ma parenté ». S'appuyant sur des légendes étiologiques locales, ils avaient composé un récit qu'ils avaient calqué sur celui de l'ivresse de Noé (Gn 9,18-27), autre survivant (mais là, avec femme, fils et leurs épouses) d'un cataclysme et ancêtre d'une nouvelle humanité, et dont l'ivresse (mais de son propre fait) avait eu, de même, des conséquences pour sa descendance. L'impulsion leur en aura probablement été donnée par la proximité géographique de Moab et d'Ammon avec Israël, situés de part et d'autre de la vallée du Jourdain, qu'ils auront ainsi traduite sous forme de proximité familiale de leurs ancêtres.

Parmi tous ces royaumes, c'est *Edom* qui est considéré comme le plus proche d'Israël. Nos auteurs font de son ancêtre, Ésaü, le frère de Jacob, l'ancêtre d'Israël, et même son frère jumeau, Ésaü étant l'aîné des deux. Mais, racontent-t-ils, Jacob avait réussi à soustraire à son frère le droit d'ainesse en profitant de ce que, affamé et ayant pris, à cause de sa couleur rousse, *'adom*, pour de la venaison ce qui n'était qu'un vulgaire plat de lentille, celui-ci le lui avait cédé. Ce qui vaudra à Ésaü le nom de *'èdom* (Gn 25,21-34). Néanmoins, plus tard, lorsque Jacob reviendra de Mésopotamie, les deux frères se réconcilieront (Gn 33,1-17). Ici encore, la proximité géographique des deux royaumes aura sans doute amené le Yahwiste à les imaginer comme frères, et même, du fait de l'absence de frontière nette et de l'interpénétration des populations qui en résultait, comme frères jumeaux. Qu'il ait fait d'Ésaü l'aîné résulte peut-être de ce qu'il connaît une tradition à propos d'une installation édomite plus ancienne que celle d'Israël, ou d'une domination autrefois exercée par les Édomites sur les Israélites ou l'une de ses composantes.

Pour nos auteurs, tous ces peuples que David a intégrés à son empire forment ainsi, avec Israël, une grande famille. Ils sont frères, cousins, arrière-cousins. Par ailleurs, Israélites, Moabites, Ammonites et Édomites ont tous, par le biais des épouses de leurs ancêtres, des attaches avec les Araméens. Et ils ont en commun de constituer une population différente de celles du lieu où ils sont établis : ce ne sont pas des Cananéens. Comme les Israélites, ils sont fils d'Abraham. Autant d'éléments qui unissent ces différents peuples entre eux et les distinguent des anciennes populations autochtones. En soumettant tous ces peuples, David ne fait donc, du point de vue de nos auteurs, que réunir les membres dispersés de la même famille. Ils justifient également la domination qu'Israël exerce sur les Moabites, les Ammonites et les Édomites : celle d'Israël sur Moab et Ammon dérive, selon eux, de l'autorité qu'Abraham, l'oncle paternel, avait exercée autrefois sur Lot, son neveu ; celle sur Édom résulte d'une bénédiction de Yhwh qui, avant leur naissance et avant même qu'Ésaü ne cède son droit d'ainesse à Jacob, avait annoncé à Rébecca, leur mère, que « le (plus) grand servira le (plus) petit » (Gn 25,23). Dans cette perspective, David ne fait que réaliser ce qui, dès l'origine, avait été fixé.

À travers cette argumentation, les auteurs du document yahwiste espéraient à la fois favoriser la cohésion de l'empire en la faisant reposer non pas tant sur la force que sur les liens sacrés du sang, et encourager la soumission de ces royaumes à Israël en expliquant que celle-ci soit résultait des codes familiaux – le neveu est soumis à l'oncle paternel – soit avait été décidée par Yhwh lui-même. Comme ils l'avaient fait pour justifier l'oppression des Cananéens et la dépossession de leur terre, ils utilisent de même un argument « historique » : ce qui est, la situation actuelle, a été fixé dans un lointain passé ; et parce qu'il en est ainsi, surtout lorsque cela a été décidé par la divinité, cela est dans l'ordre des choses, cela est immuable. Toute velléité de rébellion serait de ce fait contraire à la volonté divine ; elle serait donc vouée à l'échec. Leur argument implicite, celui qu'ils considèrent comme irrécusable, est que les actes des ancêtres, les paroles qu'ils ont prononcées, les relations qu'ils ont établies, déterminent à jamais le destin des peuples qui en sont issus.

On aura noté que nos auteurs ne disent rien d'éventuels liens de famille avec les Tyriens et les Philistins. Ce silence n'est pas fortuit : les Tyriens sont considérés comme un peuple ami d'Israël, et les Philistins, quoique vaincus par David, n'ont pas été intégrés dans l'empire de David-Salomon. Ce qui seul les intéresse est la pérennité de cet empire, dont, par une habile propagande, il leur importait de consolider la cohésion en obtenant par l'adhésion des esprits ce que David avait imposé par la force. Quelle forme a pris cette propagande, nous n'en savons trop rien, même si on peut imaginer que ces liens de parenté ont été « rappelés » aux délégations de ces nations venus périodiquement à Jérusalem pour rendre au roi d'Israël l'hommage vassalique.

Le choix de Yhwh comme unique dieu national

Le premier et principal facteur identitaire expressément revendiqué est religieux : ce qui caractérise les Cananéens, c'est l'adoration du dieu Baal ; ce qui doit caractériser les Israélites, c'est celle du dieu Yhwh. Selon nos auteurs, cette identité est fixée aussitôt après la sortie d'Égypte, au Mt. Sinaï – le troisième mois, selon une couche plus récente (Ex 19,1) – dans le cadre d'un traité d'alliance que Yhwh impose aux Israélites qu'il vient de libérer (Ex 34,17-26). Après une première partie où est exigée la séparation tant cultuelle que sociale d'avec les Cananéens, la seconde partie du traité porte sur les exigences de Yhwh en matière de culte. Toutes dérivent de ce qui est sa revendication majeure, à savoir être considéré par les Israélites comme leur unique Dieu. Pas simplement le dieu national à côté duquel il serait possible d'adorer d'autres divinités encore, mais le seul Dieu auquel ils doivent exclusivement rendre un culte. Il ne s'agit pas encore ici de monothéisme : l'idée selon laquelle il n'existe qu'un seul Dieu, tous les autres qui se revendiquent comme tels n'étant que des idoles, n'apparaît qu'à partir du VIe s., pendant l'Exil. De fait, notre texte ne nie pas l'existence d'autres divinités, mais interdit seulement de se prosterner devant elles (v. 14) et en particulier de « se prostituer » aux dieux cananéens (v. 15, 16). Ce qu'exige Yhwh de la part des Israélites, c'est d'être reconnu comme leur seul suzerain, c'est donc, très concrètement, qu'ils se présentent à lui trois fois par an et qu'à cette occasion ils lui rendent hommage et témoignent de leur soumission en lui apportant un présent. Il exige également qu'ils lui remettent, en tant que propriétaire du territoire comme de ce qui s'y produit, les premiers-nés des hommes (qui seront rachetés par un animal) et des troupeaux et les prémices de la récolte. Tous les fils de la vie économique et politique d'Israël remontent ainsi à Yhwh. Il est le point vers lequel tous les Israélites convergent. Là où le polythéisme fractionne, la monolâtrie unit.

Dans la perspective du Yahwiste, ces prescriptions sont énoncées pour la première fois au Sinaï. S'agit-il de pratiques anciennes simplement mises en forme et reprises dans un cadre particulièrement solennel, ou bien de pratiques nouvelles que nos auteurs tentent d'imposer ? Il est impossible de trancher. Tout au plus peut-on penser que la construction du Temple a dû s'accompagner d'une organisation du culte, et donc conduire à fixer des règles et à harmoniser des pratiques. La monolâtrie qu'exige cette charte constitue-t-elle une innovation issue des milieux sacerdotaux en vue de renforcer la cohésion des Israélites, ou bien Yhwh a-t-il déjà été auparavant l'unique Dieu qu'adoraient leurs ancêtres ? Nous n'en savons rien, car, de la religion pratiquée antérieurement par les Israélites, nous ne connaissons que ce que nos auteurs veulent bien nous en dire[38]. Or, selon eux, Yhwh est adoré quasiment dès la création du monde (Gn 4,26) et les ancêtres d'Israël l'ont tout naturellement invoqué. Ce qui, par contre, est sûr, c'est le rôle essentiel que jouent ces exigences cultuelles dans la stratégie identitaire. À travers l'exigence d'une adoration exclusive de Yhwh, tous les Israélites se trouvent liés à un seul Dieu. Yhwh est de la sorte celui qui, à travers le culte qui lui est rendu, détermine leur identité et les fédère autour de lui. La pratique de son culte constitue leur dénominateur commun, et sans doute le seul. Et, dans le même temps, elle est ce qui les distingue véritablement des Cananéens. Car si leur mode de vie est tout à fait analogue, sinon identique, leur religion, elle, marque clairement les frontières. C'est elle qui véritablement trace la ligne de démarcation qui sépare Israélites et Cananéens : au polythéisme des Cananéens s'oppose la monolâtrie des Israélites, à Baal s'oppose Yhwh, aux représentations des divinités s'oppose un culte qui ne tolère aucune représentation divine. Le culte de Yhwh n'est donc pas un élément extérieur, surajouté, d'une stratégie identitaire. Il en est le fondement même, il est véritablement le garant de l'identité d'Israël. On comprend ainsi mieux la place centrale du culte et la lutte constante, tout au long de l'histoire d'Israël, contre toute déviation. Il ne s'agit pas là d'une simple réaction de prophètes fermés à toute nouveauté et enfermés dans quelque conservatisme religieux, ou de celle d'une caste soucieuse avant tout de maintenir ses privilèges : il en va de rien moins que de la sauvegarde de l'identité d'Israël.

Il convient ici de souligner que nos auteurs non seulement ont fait tout naturellement de Yhwh l'auteur de cette charte, mais qu'ils ont situé la promulgation de celle-ci en un lieu extérieur au territoire d'Israël et à une époque présentée comme bien antérieure à la création du royaume de David. Cela n'est pas anodin. Les remarques faites par

---

38 Pour une tentative de description de la religion des Israélites aux premiers temps de la monarchie, voir T. Römer, *L'invention de Dieu* (Les livres du nouveau monde), Paris, Seuil, 2014, p. 115-228.

Jacques Godbout sur ce point, à propos de la Loi, dans ce qu'il appelle « la société sauvage », valent pleinement pour l'Israël antique : « ...ce qui permet à la société sauvage de préserver son indivision réelle, de prévenir l'émergence d'un pouvoir séparé...c'est le fait qu'elle place l'origine symbolique de la Loi à distance d'elle-même. Elle postule que celle-ci a été donnée une fois pour toutes de l'extérieur, par les héros culturels ou par les ancêtres. Les hommes ne se reconnaissent pas comme les inventeurs de la Loi ...Le chef sauvage ne fait pas la loi, il se borne à dire une loi que tout le monde connaît et considère comme radicalement transcendante et externe au rapport social concret. C'est en affirmant leur absolue hétéronomie symbolique que les sociétés archaïques se pensent unifiées et sauvegardent leur autonomie réelle...D'où l'importance du travail rituel et du temps consacré à la seule exigence de la reproduction symbolique de la société[39]... ».

L'élaboration d'un mythe fondateur

L'histoire récente d'Israël n'offrait guère à nos auteurs de matière pour l'élaboration d'un roman national susceptible d'exalter le sentiment national par le récit des exploits héroïques des ancêtres. Les victoires éclatantes dont parle le livre des Juges sont le fait de l'une ou l'autre tribu et sont, de toute manière, sans lendemain. Et l'histoire individuelle de chacune de ses tribus a sans doute été trop peu illustre pour que le Yahwiste puisse véritablement y puiser de quoi servir à la rédaction d'une glorieuse histoire des douze tribus et faire ainsi la synthèse de ces histoires particulières. Plutôt que sur un roman national, son choix s'est donc porté sur l'élaboration d'un « mythe fondateur » relatant les événements d'un très lointain passé, dont la mémoire a pu garder quelque vague souvenir mais suffisamment éloignés pour lui permettre de donner libre cours à son imagination et de développer son idéologie. Le mythe fondateur qu'il va rédiger répond aux principales exigences du genre : il porte sur un événement singulier, spécifique à Israël, et qui a déterminé de manière décisive son histoire future ; il est source de fierté, mais aussi porteur d'espérance et, pour toutes ces raisons, il permet de fédérer ses différentes composantes. De cette histoire, toutefois, les héros ne sont pas de grands ancêtres aux qualités guerrières exceptionnelles : Yhwh est

39 J. T. Godbout, *L'esprit du don*, Paris, La Découverte, 1992, p. 204-205.

l'unique acteur. Ce mythe fondateur permettra aussi, en conséquence, d'expliquer le fait que Yhwh, le dieu familial de leurs ancêtres, soit devenu le dieu national des Israélites et ait pu être accepté comme tel. Partant de ce que le territoire occupé par Israël n'est pas son territoire d'origine mais qu'il est le point d'arrivée d'une longue migration qui a débuté avec Abraham et s'est étalée sur plusieurs siècles, il cherchera à expliquer pourquoi, alors que ses descendants étaient installés en Égypte, ceux-ci ont quitté ce territoire, et il décrira le parcours qui les a conduits jusqu'à leur territoire actuel. L'histoire qu'il écrira prendra ainsi la forme d'un récit de migration.

Le récit que compose le Yahwiste se trouve dans les livres de l'Exode et des Nombres, entrelacé avec d'autres couches rédactionnelles, ce qui rend parfois difficile l'identification du récit yahwiste. S'agissant d'un mythe fondateur, il n'est guère surprenant, en effet, que celui-ci ait été largement commenté et complété au fil des temps pour l'adapter à de nouvelles situations et, ainsi, l'enrichir. Ce qui s'est traduit, si on excepte le cas du livre du Deutéronome, non par la rédaction de nouvelles versions qui auraient abouti à des récits parallèles distincts, mais par des additions successives, parfois fort importantes – on pense en particulier aux volumineuses additions effectuées après l'Exil par les auteurs du code sacerdotal –, greffées sur l'ancien récit même.

Il serait fastidieux de présenter ce mythe dans tous ses détails[40]. De toute manière, pour en comprendre la fonction, il est préférable de s'en tenir aux grandes lignes sans se perdre dans les fioritures et les détails de la légende dorée de Moïse. Au récit mythique, nos auteurs ont donné la forme d'un long rite de passage où l'on peut retrouver les trois phases que distinguera Arnold van Gennep, la phase de la séparation, celle de la transition et celle de l'agrégation[41].

La *première phase* est, pour reprendre la terminologie de Van Gennep, celle de la séparation. Les auteurs du document yahwiste font de l'oppression des Israélites en Égypte, où leurs ancêtres avaient été autrefois accueillis et où ils se sont multipliés, le point de départ du mythe fondateur. Cette oppression se traduit, concrètement, par l'imposition de travaux pénibles dont la finalité ne répond pas à des considérations

40 Sur ce récit, voir T. Römer, *Moïse en version originale. Enquête sur le récit de la sortie d'Égypte (Exode 1–15)*, Montrouge-Genève, Bayard-Labor et Fides, 2015.

41 A. Van Gennep, *Les rites de passage*, Paris, A. & J. Picard, ²1981 (1re éd. 1909).

économiques mais vise uniquement à affaiblir les Israélites. S'y ajoute une mesure qui montre quel est en réalité l'objectif du Pharaon, à savoir l'obligation faite aux sages femmes israélites de tuer tous les enfants mâles de manière à aboutir, à terme, à l'annihilation d'Israël (Ex 1). Nos auteurs n'ont pas indiqué le motif de cette persécution, qui apparaît ainsi comme totalement arbitraire ; par contre un rédacteur le fera en la rapportant à la crainte du Pharaon que ce peuple, devenu trop puissant, ne joue, en cas de conflit, le rôle d'ennemi intérieur et ne se mette du côté des éventuels envahisseurs. La situation du peuple d'Israël apparaît ainsi comme sans issue. Ou, plutôt, la seule issue prévisible est sa totale disparition. Face à un rapport de force qui le livre entièrement entre les mains de Pharaon, son unique espoir réside en une intervention divine qui, seule, peut déboucher sur un retournement de la situation. De cette intervention, Moïse sera l'instrument.

La scène est connue. Aux confins de l'Égypte, où il s'était réfugié, Yhwh apparaît à Moïse près d'un buisson, *senèh* – étiologie implicite de *Sinaï* – pour lui confier la mission de libérer Israël : « J'ai bien vu l'humiliation de mon peuple qui est en Égypte et j'ai entendu son cri face à ses exacteurs, car je connais ses douleurs. Je suis descendu pour le libérer de la main de l'Égypte et pour le faire monter de ce pays vers un pays beau et large, vers un pays ruisselant de lait et de miel, vers le lieu où se trouvent le Cananéen, le Hittite, l'Amorite, le Perizzite, le Hivvite et le Jébusite…À présent, va ! Je t'envoie vers Pharaon, fais sortir d'Égypte mon peuple » (Ex 3,7-8.10). La mission de Moïse est manifestement double. Il doit libérer Israël, non pas en mettant fin, d'une manière ou d'une autre, à l'oppression dont il est victime, mais en le conduisant hors d'Égypte. Et il doit le conduire vers un nouveau pays où habitent les « Cananéens ». Libération radicale et définitive, qui met Israël hors de portée du Pharaon, mais dont l'ampleur même souligne d'emblée les difficultés, de prime abord insurmontables : Moïse a à faire face non seulement au pouvoir discrétionnaire d'un Pharaon tout puissant, mais également aux « Cananéens » qui occupent le territoire destiné à Israël. Il est ainsi clair que, à vues humaines, l'entreprise ne peut qu'être vouée à l'échec. Sa réussite, de toute évidence, ne saurait dépendre des capacités diplomatiques et militaires de Moïse. Elle ne peut résulter que de la seule intervention de Yhwh : c'est donc lui, et non Moïse, qui fait sortir Israël d'Égypte et le fait monter vers le pays qu'il lui assigne. Moïse n'est que l'instrument, ce que souligne le Yahwiste en énumérant tous les handicaps et les objections que Moïse fait valoir (Ex 4). L'impuissance de Moïse à obtenir de Pharaon la libération d'Israël n'en fait que mieux ressortir que celle-ci est exclusivement l'œuvre de Yhwh.

Pour souligner ce point, en effet, le Yahwiste insiste sur la difficulté des négociations que Moïse engage avec Pharaon. À sa demande de laisser partir Israël au désert pour y célébrer une fête en l'honneur de Yhwh, Pharaon ne lui répond pas seulement par un refus brutal, mais il alourdit la tâche qu'il avait imposée aux Israélites, entrainant par là même l'hostilité du peuple contre Moïse (Ex 5). Cette demande, qui est en contradiction avec l'objectif d'une libération définitive de l'oppression égyptienne, n'est en fait qu'un prétexte pour mettre Israël à distance de l'Égypte, c'est l'une de ces ruses que nos auteurs se plaisent à attribuer aux patriarches, qui leur permet de tourner une situation à leur avantage. Il n'en sera d'ailleurs plus question une fois qu'Israël aura quitté l'Égypte. Quoi qu'il en soit, l'attitude de Pharaon prouve que ce type de démarche, dans laquelle Yhwh n'intervient pas, ne peut être que voué à l'échec et que donc, au vu du rapport de forces, la mission assignée à Moïse apparaît totalement impossible à accomplir.

C'est donc désormais Yhwh qui va entrer en scène, comme ultime recours. Le long récit qui va suivre est connu sous le nom de « récit des dix plaies ». En fait, nos auteurs ne parlent pas de « plaies », mais utilisent de préférence l'expression « signes et prodiges », de manière à mettre l'accent, non sur les conséquences pour les Égyptiens, mais sur celui qui en est à l'origine, celui auquel ces signes et prodiges renvoient. Par ailleurs, si, dans le texte actuel, il est question de dix « plaies », ils n'en connaissent, quant à eux, que sept, chiffre que l'on retrouve d'ailleurs dans le récit qu'en fait le Ps 78,44-51[42]. Ce sont, dans l'ordre de leur apparition : l'eau du Nil changée en sang, l'irruption de grenouilles, la prolifération de vermine, la peste du bétail, la précipitation de la grêle, l'invasion de criquets pèlerins et, enfin, la mort des premiers-nés égyptiens.

Les différentes « plaies » sont destinées à peser sur les négociations menées par Moïse, négociations qui s'étalent sur plusieurs jours. À chacune de ses entrevues avec Pharaon, Moïse lui adresse invariablement, au nom de Yhwh, la même demande : « laisse aller mon peuple pour qu'il me serve ». À chaque fois, Moïse se heurte à un refus, que

42 Ce nombre sera complété au fil du temps pour aboutir, à l'époque perse, au total de dix.

ce refus soit sans appel, ou que Pharaon réponde par des promesses dilatoires, ou qu'il assortisse son accord de conditions inacceptables pour Moïse. Dans cette longue confrontation, les « plaies » envoyées par Moïse constituent autant de réponses graduées destinées à renverser le rapport de force et à contraindre Pharaon à céder inconditionnellement, sans contrepartie aucune, à la demande qui lui est adressée. Mais, en définitive, en dépit de la gravité croissante des six premières plaies, Pharaon continue à opposer à Moïse une fin de non-recevoir. Et, une fois de plus, malgré l'intervention de Yhwh, la situation semble bloquée, de sorte que l'on se retrouve au point de départ. C'est alors, lorsque tout a échoué, lorsque Yhwh lui-même semble avoir échoué, qu'intervient la dernière plaie, celle qui va frapper tous les premiers-nés égyptiens. À la différence des plaies précédentes, aucune entrevue avec Pharaon ne l'annonce. Elle surgit brutalement, sans que Pharaon n'en ait été prévenu, en pleine nuit. Yhwh, cette fois-ci, intervient directement. Accompagné de l'Exterminateur – l'ange de la mort – Yhwh traverse tout le pays d'Égypte, lui ordonnant de pénétrer dans toutes les maisons égyptiennes et d'y tuer tous les premiers-nés. Cette fois-ci, enfin, Pharaon cède et, au cours de cette même nuit, autorise les Israélites à quitter l'Égypte, plus même, il les contraint à partir (Ex 7-12).

La libération d'Israël n'est pas pour autant acquise, car on assiste à un nouveau rebondissement. Tandis que, guidés par Yhwh, le jour, sous la forme d'une colonne de nuée, la nuit, sous celle d'une colonne de feu, les Israélites se sont mis en route, le pharaon se repent de les avoir laissé partir et se lance, avec son armée, à leur poursuite. Mais alors qu'ils sont acculés et que se dresse devant eux l'obstacle infranchissable que constitue la Mer des Joncs – et non la Mer Rouge, comme le veut la traduction grecque de la Septante – celle-ci s'ouvre miraculeusement devant eux pour les laisser passer, avant de se refermer sur l'armée égyptienne, qu'elle engloutit. Un cantique, attribué à Moïse, célèbre cet événement (Ex 14-15). Désormais, Israël est définitivement sorti de l'orbite égyptienne. La Mer des Joncs marque la frontière symbolique entre le passé, définitivement révolu, et le futur, entre la phase de la séparation et la nouvelle phase qui, maintenant, commence réellement : celle de la transition, qui conduira Israël du seuil de l'Égypte au seuil du pays de Canaan.

On peut passer plus rapidement sur cette *deuxième phase* qui, comme nous le verrons, joue un rôle moindre – ce qui ne veut pas dire négligeable – dans le mythe fondateur car il n'y a de véritable libération que si celle-ci débouche sur de nouvelles perspectives. Comme pour la phase précédente, nos auteurs soulignent à l'envi les multiples obstacles qui se dressent sur la route du peuple d'Israël : le manque d'eau potable, l'absence de nourriture, les agressions qu'il subit en chemin, l'interminable traversée du désert – quarante années ! –, mais aussi le découragement du peuple, qui n'épargne pas Moïse, et même sa rébellion contre Moïse et contre Yhwh lui-même, qui est tenté maintes fois, de ce fait, de le détruire. Autant d'obstacles qui entravent la marche vers la Terre promise sans pour autant l'arrêter. Mais il y a un élément nouveau, qui est fondamental, dans cette deuxième phase : la révélation de Yhwh au Sinaï, où se rendent les Israélites après la traversée de la Mer des Joncs. Pour nos auteurs, c'est là véritablement l'événement central, non seulement de cette deuxième phase, mais de l'ensemble du processus de libération, car il en donne la clé. Si Yhwh s'est ainsi préoccupé du sort d'Israël, c'est afin d'en devenir le seigneur, au sens féodal du terme. Et c'est après l'avoir libéré de l'oppression égyptienne qu'il se présente comme tel à lui, en vue de lui dicter ses conditions, en contrepartie desquelles il s'engage à chasser les populations du pays qu'il lui destine. Nous avons déjà présenté plus haut ces exigences qui, toutes, découlent de sa qualité de seigneur d'Israël : d'un côté, l'interdiction d'avoir quelque autre seigneur que lui-même et donc, corrélativement, l'obligation d'une monolâtrie stricte ; de l'autre, la soumission d'Israël à son autorité, manifestée par des gestes concrets qui expriment sa sujétion (Ex 34,10-26). À la différence des rédacteurs successifs, nos auteurs ne font pas état d'un code de lois civiles qui aurait été donné à cette occasion. Sans doute parce qu'il s'agissait surtout d'énoncer des principes. L'insertion de ce récit à ce moment précis, peu après le récit de la traversée de la Mer des Joncs, a aussi pour fonction de manifester la continuité de l'action salvatrice de Yhwh : capable, dans le passé, de venir à bout de la puissance égyptienne, il le sera, dans le futur, lorsqu'il s'agira de chasser les Cananéens et, plus généralement, d'assurer la sécurité de son peuple.

Les auteurs de notre document, curieusement, ne décrivent pas la *troisième phase*, celle de l'agrégation, celle où Israël s'installe dans son nouveau territoire, présenté comme le pays où ruisselle le lait, symbole de la graisse, et le miel, symbole du sucré, là où la nourriture est riche et agréable[43]. Est-ce parce que cette partie de son œuvre a disparu au cours du processus de tradition, ou qu'elle n'était plus connue, ou qu'elle a été délibérément remplacée par un autre récit d'installation ? Ou bien – mais le récit leur est-il dû – ont-il voulu conclure sur cette superbe scène où Moïse, à la veille de sa mort, couvre du regard ce territoire dans lequel il ne pourra entrer (Dt 34,1-6) ? Plus vraisemblablement, est-ce parce que pour eux l'essentiel du mythe fondateur consiste en la libération de l'oppression égyptienne ? Sur ce point, ils seront suivis par les confessions qui rappellent le mythe fondateur : celle de Dt 26, où les deux dernières phases sont évoquées en un unique verset, ou encore celles des psaumes 78 et 105, où un seul verset porte sur la dernière phase. De fait, parmi les trois fêtes à pèlerinage que Yhwh prescrit à Israël, seule la première, selon le Yahwiste, rappelle le mythe fondateur – les deux autres sont des fêtes agricoles qui célèbrent les récoltes –, et seule y est commémorée la sortie d'Égypte.

Le mythe fondateur d'Israël présente ainsi toutes les caractéristiques d'un mythe fondateur national : une situation initiale bloquée, un rapport de force tout à fait disproportionné, un renversement inespéré de ce rapport de force qui fait éclater les obstacles et qui donne, à ceux qui en sont les bénéficiaires, fierté et confiance en l'avenir.

Mais il ne suffit pas de relater l'événement fondateur. Pour qu'il possède la valeur dynamique d'un mythe, il faut qu'il soit connu par l'ensemble de ceux qui s'en réclament ; qu'il soit, en conséquence, régulièrement remémoré aux dates anniversaires, au cours de cérémonies publiques à l'occasion desquelles ses grandes lignes sont solennellement rappelées, ainsi que par le biais de rites et de pratiques qui permettent de l'actualiser. Ce n'est qu'à cette condition qu'il peut servir, à travers les générations, de fédérateur et d'instrument pour façonner l'identité nationale. Autrement ce ne serait qu'un objet littéraire.

De fait, trois types de rites sont prescrits aux Israélites pour commémorer ces événements fondateurs, et ce à l'occasion de la fête des « Pains sans levain » ou, si l'on préfère, « des Azymes ». Cette fête

---

43 Sur le sens de cette expression, voir R. Hunziker-Rodewald, « 'Ruisselant de lait et de miel'. Une expression reconsidérée », *Revue d'histoire et de philosophie religieuses*, vol. 93, 2013, p. 135-144.

doit être célébrée au mois d'Abîb, le mois des Épis, autrement dit, au printemps, en mars/avril, dont il est précisé que c'est au cours de ce mois que Yhwh avait fait sortir les Israélites d'Égypte (Ex 34,18). Cette fête est la première des trois fêtes à pèlerinage à l'occasion desquelles les Israélites ont obligation de se présenter devant Yhwh et de lui apporter une offrande en signe d'hommage (Ex 34, 23-24).

Le premier de ces rites est d'ordre alimentaire. Pendant les sept jours de la fête, les Israélites ne doivent consommer que des pains non levés (Ex 34,18) ; de là le nom qui lui est donné. Cette obligation n'est pas ici motivée. Mais elle fait clairement référence à un détail mentionné dans le récit de la sortie d'Égypte, à savoir que les ancêtres d'Israël avaient dû quitter l'Égypte en toute hâte – ils avaient même été chassés –, une hâte telle que la pâte qu'ils préparaient n'avait pas eu le temps de lever (Ex 12,39). L'obligation renoue, par ailleurs, avec une prescription énoncée peu après cet épisode (Ex 13,4-6).

Le deuxième rite prescrit est l'obligation d'offrir à Yhwh tous les premiers-nés de l'année écoulée, ceux du troupeau, qui vont lui être offerts en sacrifice, de même que les fils premiers-nés, qui devront être rachetés par le sacrifice d'un animal (Ex 34,19-20). Sacrifices qui prennent la forme d'un repas convivial joyeux, qui regroupe autour de l'offrant sa famille, et dont Yhwh est l'hôte de marque. Cette obligation n'est pas expressément mise en rapport avec la sortie d'Égypte. Mais il est assez vraisemblable qu'elle est destinée à rappeler l'intervention décisive de Yhwh, celle où, afin de contraindre le Pharaon à céder, il a, à en croire le mythe, fait tuer par son ange exterminateur tous les premiers-nés égyptiens (Ex 12,29-30).

Le dernier rite spécifique à cette fête n'est qu'évoqué en Ex 34. Il s'agit du rite pascal. Le passage qui y fait référence, en Ex 34,25, est sans doute en partie secondaire car, dans la tradition yahwiste, le rite pascal n'est jamais présenté comme un sacrifice et la pâque n'est jamais qualifiée de *hag*, de fête à pèlerinage – ceci à la différence, notamment, de la tradition du Deutéronome (voir Dt 16). Mais il est hautement vraisemblable que si, dans le cadre du récit des plaies, le Yahwiste a pris soin de décrire ce rite, c'est que celui-ci était censé devoir être reproduit plus tard.

Ce rite est décrit en Ex 12,21-23. Il devait être effectué en prévision de la dernière des plaies, celle qui allait entraîner la mort de tous les premiers-nés. Afin de se protéger, Moïse avait prescrit aux anciens d'Israël de prendre une pièce de petit bétail par clan – et non par famille, comme il est dit dans certaines traductions – et de l'abattre en vue d'en prélever le sang. Avec ce sang, on devra faire une marque sur le linteau et les montants de la porte d'entrée de chacune des maisons ; des marques destinées à Yhwh afin que, lorsqu'accompagné de l'Exterminateur il traversera au cours de la nuit qui suit le pays d'Égypte, les voyant, il saute par-dessus ces maisons et épargne les habitants réfugiés à l'intérieur. Le verbe *pasah*, que nous avons traduit par « sauter », fait implicitement référence au nom de *pèsah*, donné à ce rite.

Nous retrouvons dans ce rite toute une série d'éléments qui renvoient à un passage : le rite est effectué avant la nuit ; il l'est préalablement à un départ ; le sang est appliqué là où s'effectue le passage de l'intérieur vers l'extérieur de la maison, tout passage étant considéré comme dangereux, exposé aux puissances maléfiques auxquelles le pays est livré pour un temps. Il y a tout lieu de penser que nous sommes ici en présence d'un rite effectué traditionnellement aux principales articulations de l'année et où, en raison des dangers encourus, on, évitait de sortir de sa maison la nuit pendant quelques jours[44]. Pour se préserver de la mort qui rode, on se servait sans doute du sang qui, parce qu'il contient la vie, pouvait servir d'antidote à la mort.

Par le biais de ces rites, les Israélites rejoueront, au sens théâtral de ce terme, les différentes étapes du drame originel qui avait permis la libération de leurs ancêtres et ouvert la voie vers un nouvel avenir. Ils en reprendront les principaux éléments. Comme leurs lointains ancêtres, auxquels ils s'identifient, ils feront des marques de sang sur les portes d'entrée des maisons, ne mangeront pas de pains levés mais seulement des pains azymes. Par ailleurs, ils offriront leurs premiers-nés à Yhwh, en souvenir du fait que Yhwh, lorsqu'il avait frappé les premiers-nés égyptiens, n'était pas entré dans les maisons des Israélites et avait ainsi préservé leurs premiers-nés de la mort. En mettant l'accent, non sur le rite du sang et l'offrande des premiers-nés, mais sur la consommation de pains azymes – ce qui, significativement, donne le nom à cette fête – le Yahwiste aura voulu mettre en avant la dimension de rupture, la fuite

---

44 Plus tard, à l'époque maccabéenne, soit au IIe s. avant notre ère, pendant la fête des Huttes, à la période de l'équinoxe d'automne, on quittait pour la même raison son lieu d'habitation et l'on demeurait dans les montagnes, dans des grottes (2 M 10,6) !

qui avait permis la libération de l'oppression. De ce « théâtre », nous ne connaissons, et encore ! que la mise en scène ; nous en ignorons les paroles. Tout au plus peut-on imaginer qu'à l'instar du paysan de Dt 26 qui, à la fin de l'année, apportait à Yhwh les prémices de sa récolte, ces différents gestes étaient accompagnés de paroles qui rappelaient le motif originel et le sens de ces rites.

Fixée au printemps, cette fête, parce qu'elle marquait un passage, parce qu'aussi y étaient traditionnellement associés des rites de passage, constituait un moment privilégié pour la célébration du mythe fondateur. Les rites qui accompagnaient ce moment existaient sans doute déjà[45] : il suffisait de les réinterpréter et de les réorienter en les appliquant à ce passage originel de la sortie d'Égypte, qui marque véritablement le début de l'histoire d'Israël. Ramené à l'essentiel, à cette libération dont dépendait toute la suite, le mythe fondateur, à travers les rites qui l'évoquaient, était remémoré année après année, revécu, inculqué à force de répétition, transmis de génération en génération. Ajoutés aux hommages vassaliques à Yhwh périodiquement exigés, ces rites, pratiqués pour partie sur le lieu d'habitation et qui s'inscrivent ainsi dans le quotidien, sont les supports majeurs de l'identité d'Israël. Accomplis par l'ensemble des Israélites, ils contribuent à forger la conviction que tous, quelle que soit leur appartenance tribale et leur histoire particulière, appartiennent à un même peuple et partagent une histoire commune. Le récit que fait le Yahwiste du mythe fondateur est, quant à lui, probablement destiné à rester dans les archives du Temple, où seuls les milieux sacerdotaux, et éventuellement ceux de la Cour, pourront le consulter.

L'historien ne peut manquer de se poser la question de la réalité des faits rapportés. En fait, il est sans doute vain de chercher à reconstruire les éléments proprement historiques qui sont à la base de ce récit. Les indications que l'on peut y trouver sont bien trop ténues. Tout au plus peut-on citer le nom égyptien de Moïse et celui des deux villes, Pitôm et Ramsès, que les Israélites auraient contribué à construire, selon Ex 1,11 : mais on ne sait trop s'il s'agit là d'un fait historique ou d'une fiction destinée à célébrer les ancêtres en leur attribuant la participation à ces prestigieuses constructions. Ce à quoi on pourrait peut-être ajouter les liens de Moïse avec le pays de Madian. Utiliser l'histoire légendaire

45 Voir J. Henninger, *Les fêtes de printemps chez les sémites et la pâque israélite* (Études bibliques), Paris, Gabalda, 1975.

de Joseph devenu vizir d'un pharaon, est d'autant plus problématique que son auteur l'a largement calquée sur un conte égyptien, le conte des deux frères. Rechercher dans l'histoire de l'Égypte ancienne les traces d'une expulsion d'esclave à grande échelle est une entreprise illusoire. Le Yahwiste, en s'abstenant de donner le nom du Pharaon de l'exode, ne contribue en rien à nous éclairer. De sorte que toute tentative de datation est chimérique[46]. Et ce, d'autant plus qu'à l'arrière-plan de ce récit se trouve vraisemblablement un récit archétypal qui peut être appliqué à bien des migrations, récit qui raconte comment, à la suite d'une situation dramatique, une ethnie, sous la conduite d'un meneur, a dû quitter son habitat premier, a traversé pour ce faire un fleuve, marque symbolique de la frontière, et s'est établie dans son territoire actuel, le tout en triomphant de multiples obstacles.

Ce qui intéresse nos auteurs, ce ne sont pas les faits historiques. En s'abstenant de dénommer le pharaon de l'exode, ils auront peut-être voulu indiquer que le récit qu'ils écrivent a principalement une fonction paradigmatique. Il serait faux en effet de les considérer comme des historiens préoccupés de rendre fidèlement compte des faits dont ils auront soigneusement vérifié l'exactitude. Ce qui ne veut pas dire que tout, dans leur récit, est dépourvu de fondement historique. Il est probable que Moïse soit une figure historique : affirmer qu'il n'a jamais existé est tout aussi peu scientifique que prétendre qu'il a existé, car les multiples tentatives dans un sens ou dans l'autre montrent qu'aucune des deux thèses ne peut être démontrée. Il est également vraisemblable que l'une des composantes d'Israël ait séjourné un temps en Égypte avant de migrer vers le pays de Canaan. Selon toute probabilité, les tribus concernées sont celles d'Éphraïm et de Manassé, dont il est dit que leur ancêtre est né en Égypte : on ne voit pas quelle autre raison, sinon la tradition même de ces tribus, aurait pu conduire à les singulariser de la sorte. Reprenant ces éléments historiques, les inscrivant dans le cadre du récit archétypal, nos auteurs auront étendu à l'ensemble des Israélites ce qui ne concernait que ces deux tribus, enrichi le récit de cette migration d'éléments dramatiques destinés à souligner les obstacles quasi infranchissables auxquels elle s'est heurtée, et sans doute

46 Il est tout aussi vain de tenter de donner une explication rationnelle aux « plaies » d'Égypte et à leur ordre de succession, une telle tentative méconnaissant la fonction de ce récit qui n'est pas d'ordre historique mais d'ordre théologique.

intégré, dans le récit de la traversée du désert, l'une ou l'autre légende étiologique. Il est même assez probable qu'ils soient partis de rites déjà traditionnellement pratiqués et que, tout en leur donnant une nouvelle signification, ils aient construit, à partir d'eux leur récit. Que, d'un point de vue purement historique, leur récit, même débarrassé de ses fioritures et des éléments merveilleux, ne soit pas « vrai », importe peu. Le récit n'a pas besoin d'être vrai pour être cru. Il est même d'autant plus cru, qu'enrichi de cette « légende dorée », il flatte et nourrit l'orgueil national. À force d'être répété, année après année, génération après génération, le mythe fondateur finit par devenir l'histoire « vraie » des ancêtres d'Israël, une histoire que l'on continuera à enrichir au fil des siècles, jusqu'à l'époque perse.

Le mythe, de toute manière, dépasse l'histoire, même si celle-ci en forme, parfois, le point de départ. À l'événement qui lui sert de base, il donne une portée symbolique qui va bien au-delà des faits réels. Il rassemble autour des valeurs communes qu'il construit. Le poids réel de l'événement, son rôle historique du moment, importent relativement peu. Ce qui importe, c'est l'onde de choc effective que le mythe provoque. Plus celle-ci s'éloigne du passé – une glose insérée en 1 R 6,1 situe la sortie d'Égypte 480 années avant le règne de Salomon ! –, plus ce mythe est accepté et plus il est considéré comme reflétant l'histoire réelle. Le mythe fondateur donne à Israël son identité, une identité qui lui est propre, que ne partagent pas les peuples apparentés et qui le distingue de tous les autres peuples. Par ailleurs, il renforce la cohésion d'Israël qui, par delà l'histoire particulière de ses différentes tribus, rattache tous les Israélites à ce passé commun, qu'ils adoptent d'autant mieux qu'il nourrit leur sentiment de fierté : leurs ancêtres n'ont-ils pas réussi à se libérer des chaînes de la puissante Égypte ? Parce que, en dépit d'une situation qui, d'un point de vue purement rationnel, était sans issue, un avenir s'était ouvert devant eux, le rappel du mythe fondateur nourrit un sentiment de confiance et l'espérance, la foi en l'avenir. Et ce, d'autant plus que cette confiance et cette foi en l'avenir se fondent, non sur les capacités militaires d'Israël ou sur les qualités de négociateur de ses leaders, mais sur Yhwh exclusivement, sur le dieu national. Raisons suffisantes pour adopter Yhwh comme dieu national. À travers le mythe fondateur, celui-ci se révèle comme capable de triompher des nations même les plus puissantes, comme pouvant subvenir aux besoins de son peuple même lorsqu'il souffre de famine, ainsi qu'il l'avait fait autrefois lors de la traversée du désert, comme le dieu fidèle à ses promesses, même si celles-ci tardent à s'accomplir. Cette certitude de pouvoir compter sur l'intervention de Yhwh, et non sur leur seule force, permet aux Israélites de relativiser les aléas politiques et économiques et de surmonter le découragement. C'est le dieu victorieux que célébrera le Yahwiste et non le dieu législateur : ce n'est que dans les couches les plus tardives de la Bible hébraïque que seront expressément attribuées à Yhwh des lois régissant la société civile.

Les visées politiques et théologiques du Yahwiste se rejoignent, car sa construction identitaire le conduit ipso facto à glorifier Yhwh et à promouvoir son culte.

La construction d'un mythe des origines

Nos théologiens vont également doter Israël d'un mythe des origines tel qu'en possèdent les grandes civilisations du Proche-Orient. Mythe, et non histoire naïve d'auteurs prétendant connaître les origines, dont la fonction n'est pas de dire ce qui a été autrefois, mais de répondre à des questions existentielles auxquelles sont confrontés ceux auxquels ils s'adressent. Même si, pour nos auteurs, le mythe est le début d'une histoire dans le prolongement de laquelle ils se situent. La glorification du dieu national atteint ici son point culminant. Reprenant largement les mythes mésopotamiens et les adaptant en conséquence, ils vont reporter sur Yhwh ce qui était attribué à leurs différentes divinités, mythes qu'ils vont enfiler de manière à en faire le point de départ d'une histoire qui, des origines de l'humanité, se poursuit jusqu'à l'époque de Moïse.

Le mythe yahwiste des origines se développe en deux phases.

La première phase est celle de la *création de la vie sur terre*. Le mythe yahwiste commence en Genèse 2,4b[47] par le constat de l'absence de toute vie sur la terre, qu'il s'agisse de la vie animale ou de la vie végétale. La terre existe déjà, mais elle n'est encore qu'un immense désert. Le premier acte de Yhwh – désigné ici comme Yhwh Dieu – va être de créer un homme. Comme dans de nombreux autres mythes, cette

47 Le premier récit de la création se termine, en effet, en Gn 2,4a qui reprend, en séquence inverse, les éléments de Gn 1, 1, à savoir le couple « cieux et terre » et le verbe « créer », en sorte de doter ce récit d'un cadre et de l'isoler du second récit de la création.

création se fait en prenant de la terre pour façonner à partir d'elle une statuette ; Yhwh va lui conférer la vie en insufflant dans ses narines un souffle de vie. Ce qui, par contre, est propre au mythe yahwiste, c'est que la matière qu'utilise Yhwh n'est pas, comme le voudrait la logique, de l'argile, mais de la poussière ; ceci, parce que la poussière évoque à la fois l'inconsistance et le séjour des morts ; ainsi est soulignée l'extrême fragilité de cette créature. Puis Yhwh plante un jardin aux portes d'Éden, sa résidence, dont il charge ce premier homme d'assurer l'entretien et la garde. Afin de le seconder dans cette tâche, il crée les animaux, qu'il façonne cette fois-ci avec de la terre, et non plus avec de la poussière. Enfin, il crée une femme.

La création de la femme se fait d'une manière tout à fait singulière, qui ne se retrouve dans aucun autre mythe du Proche-Orient ancien. Puisqu'elle doit à la fois pouvoir venir en aide à l'homme – ce qui implique qu'elle lui soit supérieure – et en même temps lui servir de vis-à-vis, Yhwh change radicalement son mode de création. Au lieu de poussière ou de terre, il se sert cette fois-ci d'une côte qu'il retire à l'homme pour construire, à partir de cette côte, une femme. L'usage du verbe « construire » est tout à fait significatif : alors que le verbe « façonner », précédemment employé, appartient au langage du potier et renvoie à la fragilité, le verbe « construire », emprunté au langage du bâtisseur, met d'emblée en évidence la solidité de l'œuvre. L'emploi d'une côte comme matière première a fortement intrigué les commentateurs et donné libre cours à leur imagination. Les uns soulignent sa proximité par rapport au cœur, les autres le fait que c'était là une partie de son corps dont l'homme pouvait être privé sans dommage, d'autres encore y voient une étiologie du nombril, par lequel cette côte aurait été extraite, d'autres encore, une explication de l'absence de côtes dans la partie inférieure du tronc ! En fait, la référence à la côte permet de souligner à la fois la proximité de la femme – parce que prise de l'homme elle est liée à lui – et sa force. Car, comme l'a laissé entendre jadis Bonkamp[48], le Yahwiste joue sur le double sens du sumérogramme *TI* qui désigne la côte et qui, en même temps, sert habituellement à exprimer l'accadien *balâṭu*, vie (Gn 2) : la femme est vie ; elle deviendra source de vie.

Tout est désormais en place pour un drame en trois actes.

---

48 B. Bonkamp, *Die Bibel im Lichte der Keilschriftforschung*, Recklinghausen, G. W. Visarius, 1939, p. 99.

En plaçant l'homme dans le jardin, Yhwh l'avait autorisé à consommer de tous ses fruits, à l'exception d'un seul, celui qui provient de l'arbre de la connaissance du bien et du mal. Car, comme l'expliquera par la suite le serpent – à l'origine, les animaux sont dotés de parole –, présenté comme le plus avisé des animaux, son fruit permet d'accéder à un privilège réservé à Dieu, de devenir semblable à Dieu. Désireuse de pouvoir ainsi devenir l'égale de Dieu, la femme, incitée à le faire par le serpent, mange du fruit de l'arbre de la connaissance et en donne à l'homme, qui en mange lui-aussi. Mais cette connaissance qu'ils acquièrent provoque aussitôt la colère de Yhwh : Yhwh maudit le serpent, inflige à la femme la souffrance de l'enfantement, maudit la terre, et expulse le couple originel du jardin, afin qu'il ne puisse plus accéder à l'arbre de vie, dont la consommation leur permettait d'entretenir leur vie. Désormais ils deviennent mortels. Destinés à l'origine à être immortels grâce à l'arbre de vie, ils ne le seront plus qu'à travers leur descendance. Significativement, c'est à ce moment là que la femme recevra le nom d'Ève, ce qui veut dire « Vie », une vie qu'elle transmettra à ses enfants (Gn 3).

Le deuxième acte se situe à l'extérieur du jardin. Adam et Ève vont donner naissance à deux fils, Caïn puis Abel. Le premier sera agriculteur, le second, éleveur. Une scène va déclencher une nouvelle rupture. À la fin de l'année, au moment où les deux frères apportent à Yhwh la part des produits de leur activité qui lui revient en sa qualité de seigneur, Caïn dépose devant lui les prémices de sa récolte et Abel, les premiers-nés de son troupeau. Mais tandis que Yhwh se tourne vers l'offrande d'Abel, il n'a aucun regard sur celle de Caïn, ce qui provoque sa jalousie. Invité par Yhwh à surmonter ce sentiment, Caïn, bien au contraire, se jette sur Abel et le tue. Désormais la violence est introduite dans le monde, une violence qui ira en augmentant, la vengeance appelant la vengeance en un cycle sans fin. Abel mort, Caïn banni par Yhwh à la suite de son crime, Adam et Ève donneront naissance à un autre fils, Seth, dont seront issus les patriarches antédiluviens (Gn 4).

Au troisième acte interviennent les fils de Dieu, qui forment l'entourage de Yhwh. Ceux-ci, convoitant les filles des hommes, s'en emparent, couchent avec elles, donnant ainsi naissance à des êtres mixtes, mi-dieux, mi-hommes. Afin que de pareils actes ne puissent plus se reproduire à l'avenir, Yhwh quitte la terre où il demeurait jusqu'alors pour s'établir désormais au ciel (Gn 6,1-4)[49].

Ainsi résumé dans ses grandes lignes, le mythe yahwiste des origines permet de répondre à de multiples questions : pourquoi les êtres humains sont-ils mortels, pourquoi les accouchements sont-ils douloureux, pourquoi le travail de la terre est-il si dur, pourquoi les relations humaines sont-elles régies par la violence et non par l'harmonie, pourquoi les dieux n'habitent-ils plus sur terre avec les humains, comme au début, mais au ciel[50] ; en somme, pourquoi la vie sur terre est-elle si pénible et si difficile au lieu d'être agréable et sereine ? À toutes ces questions, le mythe apporte une seule et même réponse : à cause de ce que René Girard a appelé le désir mimétique[51]. C'est parce que le couple originel voulait être comme Dieu, au lieu de se satisfaire de la condition humaine qu'il lui avait assignée, que Yhwh renforce les barrières qui le séparent des humains et leur impose une vie dure. C'est parce que Caïn avait voulu être comme Abel, au lieu d'accepter la différence, et qu'il n'a pas pu supporter que celui-ci bénéficie d'un privilège dont il était exclu, que les relations humaines sont perverties. En somme, c'est parce que les premiers humains ont échoué au test auquel Yhwh les avait soumis, qu'eux et toute leur descendance se sont trouvés ainsi affligés. Et c'est parce que les fils de Dieu voulaient être comme des humains et partager avec eux les attraits d'une vie sexuelle que Yhwh, pour les en empêcher, a mis un espace infranchissable entre le monde des dieux et celui des humains. Tous ces désirs mimétiques conditionnent l'existence humaine. Le premier et le troisième désir mimétique aboutissent, l'un à différencier la nature humaine de la nature divine, l'autre à délimiter l'espace propre aux dieux et celui propre aux humains, fixant ainsi une fois pour toutes le cadre dans lequel se déroule l'activité humaine. Le deuxième détermine la nature des relations entre humains, marquées

---

49 Sur ce dernier passage, voir A. Marx, « Pourquoi sacrifie-t-on ? Sur les traces d'un mythe fondateur », dans *L'Écrit et l'Esprit. Études d'histoire du texte et de théologie biblique en hommage à ADRIAN SCHENKER*, éd. Dieter Böhler e.a. (Orbis Biblicus et Orientalis 214), Fribourg, Academic Press, Göttingen, Vandenhoeck & Ruprecht, 2005, p. 215-228. Pour cette première série de mythes, voir aussi C. Grappe, A. Marx, *Sacrifices scandaleux ? Sacrifices humains, martyre et mort du Christ* (Essais bibliques 42), Genève, Labor et Fides, 2008, p. 13-27.

50 Et aussi, entre autres : pourquoi sont-ce les femmes qui donnent naissance aux enfants et non les hommes. Réponse : parce qu'elles contiennent la vie.

51 Voir notamment *La violence et le sacré*, Paris, Grasset, 1972.

par les ravages d'une violence inhérente à la nature humaine et qui mène inévitablement à l'autodestruction de toute société. Ce qu'ont fait les premiers humains, ce ne sont pas de simples actes individuels. Le mythe donne à leurs actes une portée universelle. Leurs actions déterminent à tout jamais l'histoire de l'humanité.

Si la première phase du mythe des origines n'a pas de parallèle immédiat dans les mythes mésopotamiens, bien qu'il leur emprunte de nombreux motifs, il n'en va pas de même pour la seconde phase, celle qui s'ouvre avec *le récit du déluge.*

Dans la forme actuelle du texte de la Genèse, le récit yahwiste du déluge est étroitement entremêlé au récit qu'en font, à l'époque perse, les auteurs sacerdotaux qui le suivent pas à pas en vue de lui donner une nouvelle orientation (Gn 6-8). Toutefois, ce qui appartient au yahwiste peut, à quelques détails près, être facilement isolé. Son récit suit étroitement le canevas du mythe mésopotamien, dont la forme la plus complète est reproduite dans la tablette XI de l'épopée de Gilgamesh[52]. Yhwh, constatant la méchanceté des humains, décide d'éradiquer toute vie sur la terre ; seul Noé trouve grâce à ses yeux. En conséquence, il lui fait part de son intention de noyer la terre par un déluge et lui demande, en vue de l'épargner, de construire une arche, d'y monter avec sa famille et d'emmener avec lui sept paires d'animaux purs et une paire d'animaux impurs ainsi que les provisions nécessaires. Puis, après avoir fermé la porte de l'arche, il fait pleuvoir pendant quarante jours, jusqu'à ce que l'eau recouvre les plus hauts sommets des montagnes et que la terre et ceux qui y vivent se trouvent entièrement engloutis. Dès que la pluie eut cessé, Noé ouvre la fenêtre de l'arche. Afin de se rendre compte du retrait des eaux et de l'état de la terre, il commence, comme le faisaient les marins pour savoir si la terre est proche, par lâcher un oiseau. Il lâche d'abord un corbeau, qui revient aussitôt et tournoie autour de lui. Puis il lâche une colombe, qui revient elle aussi. Après avoir attendu sept jours, il la lâche de nouveau. Elle revient de même, mais en tenant dans son bec une branche d'olivier. Sept jours après, il la lâche une nouvelle fois. Cette fois-ci, la colombe ne revient pas. Alors, sachant que désormais l'eau s'est retirée de la terre, Noé sort enfin de l'arche, construit

52 Pour les différentes versions mésopotamiennes de ce mythe, voir J. Bottéro, S. N. Kramer, *Lorsque les dieux faisaient l'homme. Mythologie mésopotamienne* (Bibliothèque des histoires), Paris, Gallimard, 1989, p. 526-601.

aussitôt un autel et offre à Yhwh un gigantesque holocauste de manière à établir un lien entre la terre et le ciel. Ayant senti la bonne odeur du sacrifice, Yhwh lui annonce alors que, malgré la méchanceté inhérente à la nature humaine, il renonce désormais à maudire la terre – levant ainsi la malédiction qu'il avait prononcée autrefois (Gn 3,17) – et à la détruire par un déluge. Il s'engage, en conséquence, à ce qu'à l'avenir les saisons se succèdent normalement, ce qui est la condition même d'une agriculture productive.

Bien des détails de ce récit sont repris du récit mésopotamien. Il serait fastidieux, et ce serait hors de notre propos, d'en faire l'inventaire. On y retrouve, outre la construction d'une arche par le héros, l'envoi d'oiseaux, là sept jours après la fin du déluge, d'abord une colombe, puis une hirondelle et ensuite un corbeau. De même, l'offrande d'un sacrifice dont les dieux hument la bonne odeur. Ou encore la décision prise par les dieux de ne plus envoyer de déluge sur la terre pour châtier les humains. Mais tandis que le héros mésopotamien deviendra « semblable aux dieux » et sera installé à l'embouchure des fleuves, à l'entrée du séjour des morts, Noé, lui, avec sa famille, deviendra l'ancêtre de la nouvelle humanité[53]. Une nouvelle humanité, mais sur laquelle n'en pèsent pas moins les actes malheureux des premiers hommes. Sur ce point, le déluge n'a rien changé. La nature humaine reste la même.

Le mythe du déluge sert de préalable à deux autres mythes.

Le premier d'entre eux, que nous avons déjà évoqué, décrit Noé se mettant à cultiver la terre et, plus précisément, à planter une vigne dont le produit, le vin, est symbole de joie – il réjouit le cœur de l'homme, est-il dit en Ps 104,15 –, et donc de vie, et l'ivresse qu'il provoque, symbole de vie surabondante. Mais l'ivresse de Noé va déterminer le destin des différents peuples issus de lui, et en particulier celui de Canaan pour lequel les conséquences seront funestes. Indépendamment même de l'anathème implicite qu'il jette sur certains types de relations sexuelles censées être pratiquées par les Chamites, et singulièrement les Cananéens, ce récit anticipe surtout la relation future entre les Israélites,

53 Ceci, comme dans les mythes grecs du déluge. Voir G. Darshan « The Biblical Account of the Post-Diluvian Generation (Gen. 9 :20-10 :32) in the Light of Greek Genealogical Literature », *Vetus Testamentum*, vol. 63, 2013, p. 515-535 où d'autres parallèles sont également signalés.

descendants de Sem, et les Cananéens, qu'ils déposséderont de leur territoire et soumettront, et la légitime par avance.

Le second mythe se rapporte à une situation qui intervient au bout de quelques générations. Nos auteurs s'inspirent cette fois-ci du plan des villes mésopotamiennes construites autour d'une ziggurat, ces tours faites de terrasses successives dont la dernière sert de lieu d'accueil pour les dieux. Il imagine les descendants des fils de Noé comme formant une sorte de horde primitive nomade à la recherche d'un territoire où se fixer. L'ayant trouvé au pays de Shinéar, en Mésopotamie, le groupe met fin à sa migration, s'y installe, y construit une ville et projette d'y édifier une tour qui lui serve de point de ralliement. Mais cette tour exprime aussi la démesure, puisque son sommet doit toucher le ciel, ce qui permettrait d'accéder au domaine réservé à la divinité. Afin de faire échouer cette entreprise, Yhwh brouille la langue commune, en sorte que les gens ne peuvent plus se comprendre, et il les disperse, entraînant une nouvelle migration, sur la surface de la terre. Simple fiction nostalgique d'un état imaginaire ou lointain souvenir d'une époque où effectivement tous les peuples parlaient la même langue[54] ? Pour le Yahwiste, tous les peuples de la terre n'ont trouvé leur territoire qu'au terme d'une longue migration, comme aussi, plus tard, Abraham et ses descendants, et singulièrement les Israélites : conception qui n'est pas tellement étrangère à ce que l'on sait de l'histoire du peuplement de l'Asie et de l'Europe[55]. Accessoirement, le récit sert à expliquer le nom de Babel : la ville s'appelle *babèl* parce que Yhwh y aurait brouillé, *balal*, la langue originelle du groupe qui s'y était installé (Gn 11,1-9)[56]. Ce mythe fait pendant au mythe de la tentation de Gn 3. Là, le désir d'être semblable à Dieu avait entraîné la perte de l'immortalité et l'expulsion du premier couple du jardin. Ici, il en est résulté la perte de l'unité primitive par la multiplication de langues – qui entrave la communication entre les humains –, et la dissémination géographique – qui met fin

54 Voir G. Sokoloff, *Nos ancêtres les nomades. L'épopée indo-européenne*, Paris, Fayard, 2011, p. 99-117.

55 Sur ces mouvements de populations, voir Sokoloff, *op. cit.* Voir aussi p. 258-259 : « L'existence même de grandes migrations humaines n'est plus à démontrer [...] Il n'y a tout simplement pas d'autre explication au peuplement de la planète par notre espèce ! ».

56 En réalité, « Babel », en accadien, signifie « porte, *bab*, du dieu, *ilu* », une étymologie que connaît sans doute aussi le Yahwiste et qui a pu lui servir à introduire le motif de la tour qui touche au ciel, autrement dit qui permet aux humains d'y pénétrer.

à la cohésion qu'avaient créée les liens familiaux. Le mythe de la tour de Babel fait également pendant à celui des fils de Dieu descendus sur terre (Gn 6,1-4). Il souligne l'impossibilité pour les humaines de franchir l'espace qui les sépare du monde des dieux. Seul Dieu peut le faire et descendre sur terre. Depuis que les dieux ont quitté la terre, la communication entre les humains et Yhwh ne peut plus être une communication immédiate, comme elle l'était aux origines, lorsque les dieux et les humains vivaient ensemble. Ceux-ci ne pouvant monter jusqu'à Dieu, il en résulte que le seul moyen d'entrer en relation avec Yhwh est de le faire par le biais d'un sacrifice, comme l'avait fait Noé.

Le mythe, ici encore, se propose de répondre à plusieurs questions qui, cette fois-ci, ne concernent plus l'individu, mais l'humanité dans son ensemble : pourquoi, seuls parmi tous les peuples, les Cananéens sont-ils maudits ? Pourquoi, alors que tous les peuples de la terre descendent d'un même ancêtre, ne parlent-ils pas la même langue – qui, selon le livre des *Jubilés* 12,25-26, était l'hébreu ! – mais une pluralité de langues ? Pourquoi ne sont-ils plus rassemblés en un même lieu où ils formeraient une grande famille ? Et, comme dans les mythes précédents, la réponse est identique : toutes ces situations ont en définitive leur origine dans la perversion des relations résultant du fait que les humains ont voulu sortir de la place qui était la leur, relations au sein de la famille entre enfants et parents, relations entre les humains et Dieu. Du mythe du déluge, le Yahwiste semble avoir tiré une autre conclusion : éradiquer toute vie humaine dans l'espoir de construire une humanité différente et parfaite est tout à fait illusoire.

De ces différents mythes, nous n'avons tracé que les grandes lignes, en mettant surtout en lumière ce qui pouvait être mis en rapport avec la stratégie identitaire du Yahwiste. Tous, ils traduisent la nostalgie d'un paradis perdu, où les relations entre individus, entre humains et Dieu, entre peuples étaient des relations harmonieuses. Ils tracent en même temps l'horizon visé. Ils énoncent, en creux, les valeurs qui rendent possible une existence apaisée où chacun reste à la place qui lui revient. Probablement transmis dans les écoles de scribes, ils constituent le fondement de cette sagesse israélite qui, plus tard, se déploiera dans des livres tels que les Proverbes et, à l'époque hellénistique, le Siracide.

Tous ces mythes manifestent aussi la toute-puissance de Yhwh, puissance destructrice capable d'anéantir toute vie sur terre et de réprimer la démesure des peuples, mais aussi puissance bienfaitrice, celle qui l'a conduit à créer la vie sur la terre et à renoncer, à la suite de l'holocauste de Noé, à l'arme du déluge pour châtier l'humanité, afin de lui garantir les conditions de son existence. Ils montrent aussi la supériorité de Yhwh sur les autres dieux. Ils apportent ainsi un argument supplémentaire pour faire de Yhwh le dieu national, reconnaître sa seigneurie, se soumettre à lui comme unique Dieu et bannir toute autre divinité : pour le Yahwiste, le dieu d'Israël, et lui seul, a créé les humains et les animaux, ainsi que les conditions de leur existence, en faisant surgir la végétation et en garantissant l'alternance régulière des saisons.

Le mythe des origines constitue le porche de l'œuvre du Yahwiste. Il est le socle sur lequel il construit le mythe fondateur d'Israël.

CONCLUSION

La stratégie mise en place par le pouvoir politique et par les autorités religieuses pour renforcer la cohésion du royaume d'Israël et établir son autorité sur un certain nombre de royaumes environnants était fort habile et parfaitement appropriée à son objectif. Car aux mesures coercitives, qu'elles soient militaires ou administratives, elle associait un programme idéologique qui, d'un côté, démontrait la parenté qui reliait entre elles les différentes tribus constitutives d'Israël ainsi que les populations des royaumes soumis et les différenciait des Cananéens et, de l'autre, soulignait clairement la place à part d'Israël en tant que peuple auquel Yhwh, son dieu national et le créateur du monde, s'était lié par alliance après l'avoir délivré de l'oppression.

Pourtant, sur bien des points, cette stratégie identitaire a échoué. Force est de constater qu'elle n'a pas réussi à cimenter véritablement la cohésion d'Israël, et encore moins celle de l'ensemble des peuples rassemblés dans l'empire de David et de Salomon. Du vivant même de Salomon, cet empire avait commencé à se fissurer (1 R 11). Le royaume araméen retrouvait son indépendance. Le retour en Édom d'un membre de la famille royale, dont le pharaon avait fait son protégé, annonçait la menace d'une rébellion. Et déjà apparaissaient les signes avant-coureurs de la sécession des tribus septentrionales, sous la forme de la rébellion d'un des superviseurs du travail obligatoire, Jéroboam, que Salomon avait établi sur les deux principales tribus septentrionales et qui ira se réfugier en Égypte. Les tribus du nord en feront plus tard leur roi. À la mort de Salomon, cette rébellion deviendra patente (1 R 12). Sur les douze tribus, dix se rallieront à Jéroboam pour former le royaume d'Israël, et seules deux resteront fidèles à la dynastie de David : il s'agit d'une rupture qui jamais ne sera réparée, mais qui durera tant que dureront ces deux royaumes.

Si cette stratégie a en partie échoué, c'est d'abord, selon toute probabilité, parce qu'elle n'a pas eu le temps de faire véritablement la preuve de son efficacité. Outre que l'identité commune reposait aussi sur la coercition exercée par le pouvoir royal et sur le charisme du roi, le temps était sans doute trop court, à peine une génération, pour pouvoir convaincre les tribus israélites qu'elles étaient effectivement liées par des liens de sang et qu'elles partageaient une même histoire, et en particulier le même événement fondateur. Trop court pour que la nouvelle histoire se substitue aux traditions tribales et les supplante. Trop court pour que la nouvelle identité puisse être vraiment intériorisée et fasse oublier l'identité première. Ce n'est au mieux qu'au bout de plusieurs générations, à force d'être inculqué à toute occasion, fête après fête, que se développe durablement un véritable sentiment national. Nombreux sont les exemples, y compris de nos jours, qui témoignent de la difficulté à agréger des groupes ethniques hétérogènes et à fondre les identités tribales ou régionales traditionnelles dans une identité nationale qui les transcende. Sans compter que les périodes de prospérité et de paix, comme celle qu'a connue l'époque de Salomon, sont moins propices à fédérer que les temps de crise qui poussent davantage à serrer les rangs pour faire face à l'adversité.

Néanmoins, cette stratégie identitaire finira par s'imposer au fil du temps. Elle façonnera durablement le Judaïsme. Bien des siècles après, lorsque le petit royaume de Juda, dernier débris de l'empire de Salomon, aura disparu, la foi en Yhwh comme unique Dieu (et plus seulement comme dieu national), l'unité (virtuelle) des douze tribus, la possession en propre d'un territoire, le rôle fédérateur de Jérusalem et de son Temple, devenus centre de gravité de sa diaspora, la remémoration périodique du mythe fondateur, la célébration des autres fêtes instituées par le Yahwiste, tous ces éléments feront définitivement partie de l'identité juive. Ce que le Yahwiste avait semé, du temps de David et de Salomon, ne produira la plénitude de ses fruits qu'après la disparition du royaume qu'ils avaient fondé. D'autres, après lui, construiront sur les fondements qu'il avait posés. Son mythe des origines, son histoire des patriarches et son mythe fondateur seront repris, complétés, actualisés au fil des générations. Ils détermineront à tout jamais l'identité juive. Ils entretiendront son espérance.

SURMONTER L'ÉCHEC

La force d'une idéologie, d'une foi, d'une croyance, se mesure à sa capacité à intégrer l'échec. Si échec il y a, il ne doit en aucun cas mettre en cause la vérité de ce qui est cru, sous peine de voir s'effondrer ses fondements. À tout échec il faut des coupables qui puissent servir en quelque sorte de fusibles et dont les erreurs ou les fautes doivent être publiquement dénoncées et, si possible, sanctionnées. Si le chasseur de pluie n'arrive pas à empêcher la pluie de tomber, ce n'est pas parce qu'il est impossible d'agir sur les nuages mais, expliquent ceux qui croient en ses capacités, parce qu'il n'a pas accompli strictement les rites ou qu'il a transgressé un tabou. La croyance dans les pouvoirs du chasseur de pluie est plus importante pour la société que la personne du chasseur de pluie. Pour ses adeptes, l'idéologie a forcément raison. S'il y a échec, c'est parce que les principes ont été mal appliqués, ce dont ils s'efforceront d'apporter la démonstration. Confrontés à l'échec, les théologiens de l'Israël antique n'auront pas d'autre choix que d'en exempter le dieu national, de réfléchir sur les raisons qui ont entraîné la disparition du royaume fondé par David et Salomon et de désigner expressément les coupables. C'est la condition même de la pérennité de leur religion.

DE LA MORT DE SALOMON À LA DISPARITION DU ROYAUME DE JUDA

L'histoire d'Israël est l'histoire de la déliquescence, étape par étape, du royaume de Salomon. Dès la mort de ce roi, son royaume se disloque, et chacune des deux entités que David avait autrefois réunies sous son autorité, Israël, au nord, Juda, au sud, retrouve son autonomie. Deux siècles plus tard, le royaume d'Israël est rayé de la carte. Et moins d'un siècle et demi après, le royaume de Juda subit le même sort. Jamais ces deux royaumes ne connaîtront une paix et une prospérité comme celles attribuées au royaume de Salomon. Maintes fois, ils se feront la guerre. À de nombreuses reprises, ils seront envahis par les armées égyptiennes – et ce, à peine cinq ans après la mort de Salomon –, araméennes, assyriennes et babyloniennes. Plus d'une fois ils perdront leur indépendance et ne seront plus que les vassaux d'une puissance étrangère à laquelle ils seront contraints de verser un tribut en signe de soumission. En dépit de quelques périodes fastes, que connaît surtout le royaume d'Israël, leur situation économique est, dans l'ensemble, loin d'être enviable[1].

Le récit de ce lent déclin se trouve dans le livre des Rois[2]. À la différence de la période précédente, l'historien se trouve cette fois-ci sur un terrain plus solide. D'abord parce que les noms des principaux acteurs – pharaons d'Égypte, rois d'Assyrie et de Babylone – sont expressément désignés, et connus par ailleurs, ce qui permet de dater, ne serait-ce qu'approximativement, les événements décrits et d'inscrire ainsi l'histoire particulière d'Israël et de Juda dans celle du Proche-Orient ancien. Mais aussi parce que, en plus des données archéologiques, on dispose de sources extérieures – annales royales, inscriptions, ou encore documents iconographiques – qui permettent, selon le cas, de corroborer le récit biblique, de le compléter ou de le corriger[3]. L'exemple le plus remarquable est celui de la campagne de Sennakérib pour laquelle, outre les différentes versions réunies dans le livre des Rois (2 R 18-19),

1 En plus des ouvrages déjà cités (voir notes bibliographiques p. 20 n. 1), on pourra consulter, pour plus de précisions, pour ce qui est du VIII[e]VIIe s. A. Schoors, *Die Königreiche Israel und Juda im 8. und 7. Jahrhundert v. Chr. Die assyrische Krise.*, Stuttgart, 1998 et, pour ce qui est du VIe s., R. Albertz, *Die Exilszeit. 6. Jahrhundert v. Chr.*, Stuttgart, 2001, tous deux dans la collection « Biblische Enzyklopädie ».

2 Sur ce livre, voir B. Halpern, A. Lemaire (éd.), *The Book of Kings : Sources, Composition, Historiography and Reception* (Supplements to Vetus Testamentum 129), Leiden-Boston, Brill, 2010.

3 Pour ces différentes sources voir J. Briend, M. J. Seux (éd.), *Textes du Proche-Orient ancien et histoire d'Israël*, Paris, Cerf, 1977 ; W. W. Hallo (ed.), *The Context of Scripture. 2. Monumental Inscriptions from the Biblical World*, Leiden-Boston-Köln, Brill, 2000 ; M. Weippert, *Historisches Textbuch zum Alten Testament* (Grundrisse zum Alten Testament 10), Göttingen, Vandenhoeck & Ruprecht, 2010 et, pour les documents iconographiques, J. B. Pritchard, *The Ancient Near East in Pictures Relating to the Old Testment*, Princeton, University Press, 1954, principalement p. 118-132.

on dispose du récit assyrien correspondant, et même, pour un détail, du témoignage d'Hérodote.

LA DISLOCATION DU ROYAUME DE SALOMON

Le premier coup porté à l'intégrité du royaume de Salomon l'a été immédiatement après sa mort. En 933 son fils, Roboam, mentionné ici pour la première fois, lui succède. Si le principe d'une succession dynastique semble être allé de soi, s'agissant d'un membre de la dynastie de David, et accepté de ce fait sans difficulté par les tribus méridionales de Juda, il n'en est pas allé de même pour les tribus septentrionales d'Israël avec lesquelles Roboam se voit contraint de négocier un contrat de gouvernement, ce qui est tout à fait révélateur de la précarité des liens qui unissaient ces tribus à la dynastie davidique.

Dans cette affaire, l'attitude de Roboam est particulièrement maladroite (1 R 12). D'abord, parce qu'il fait preuve de faiblesse en acceptant de se rendre à Sichem, centre politique des tribus septentrionales, pour y rencontrer leurs représentants, écouter leurs exigences – autre signe de faiblesse – et s'y faire couronner. Elle l'est surtout dans la conduite même de ces négociations, qui portaient essentiellement sur l'allègement des charges que Salomon avait fait peser sur ces tribus, charges à la fois financières et physiques, par l'imposition du travail obligatoire. Au lieu de suivre l'avis du collège des anciens qui lui avait recommandé de répondre favorablement à des demandes qu'il jugeait légitimes, ce qui eut été la sagesse même, Roboam se range à l'avis de son proche entourage – les jeunes gens qui avaient grandi avec lui, dit le texte –, qui non seulement l'incite à la fermeté mais encore le pousse à la provocation, ajoutant au refus brutal l'annonce de charges encore plus lourdes, provocation qu'accentue l'image qui complète cette annonce : « mon père vous a corrigés avec des fouets, et moi, je vous corrigerai avec des scorpions ». Que cette attitude bravache ait provoqué la révolte des tribus septentrionales n'est guère surprenant. Bien loin de se soumettre, celles-ci décident de faire sécession et proclament aussitôt leur indépendance. La réaction butée de Roboam qui, au lieu de s'adresser directement à elles et de rechercher un compromis, leur envoie son chef des travaux obligatoires, sans doute dans l'espoir de les intimider, n'est qu'une maladresse supplémentaire qui n'aboutit qu'au meurtre de celui-ci et contraint Roboam à une fuite honteuse. L'attitude de ce dernier incitera ces tribus à sceller définitivement cette rupture en intronisant Jéroboam, autrefois affecté par Salomon à la supervision du travail obligatoire des Éphraïmites et des Manassites mais qui, menacé ensuite par lui de mort, avait été contraint de se réfugier en Égypte. La rupture est désormais irrémédiablement consommée. Dorénavant, les deux royaumes d'Israël et de Juda vivront côte à côte, tantôt en bonne harmonie, tantôt alliés contre un ennemi commun, tantôt se faisant la guerre, sans que jamais plus ils ne se réunissent pour former un seul royaume. Amputé de la majeure partie de son territoire, celle qui est aussi de loin la plus peuplée et la plus riche, l'ancien royaume de Salomon n'est plus que l'ombre de lui-même, il est réduit à la portion congrue.

LA DISPARITION DU ROYAUME D'ISRAËL

La deuxième étape de la dislocation du royaume de Salomon se conclura par la disparition du royaume d'Israël, victime à la fois de l'impérialisme de la puissance assyrienne et de l'impéritie de ses derniers rois.

Ce qui caractérise l'histoire du royaume d'Israël est sa très grande instabilité. Pendant plusieurs décennies, le royaume n'aura pas de capitale fixe – Jéroboam choisira successivement Sichem, puis Pénuel, en Transjordanie, et enfin Tirtsa, au nord de Sichem. Ce n'est qu'autour de l'an 880 qu'Omri fera de Samarie, une ville nouvelle, sa capitale définitive, Mais ce qui fragilise surtout ce royaume, c'est son instabilité politique. Sur les vingt rois qui occuperont le trône, seuls deux, Omri et Jéhu, réussiront à installer une dynastie[4]. Près de la moitié d'entre eux ne règneront pas plus de trois ans. Seuls cinq auront un règne de plus de vingt ans (Jéroboam I, Baesha, Akhab, Jéhu et Jéroboam II). Et dans la plupart des cas, l'accès au pouvoir interviendra au terme d'un coup d'État militaire, parfois particulièrement sanglant, comme celui conduit par Jéhu (voir 2 R 9) : mis à part les descendants d'Omri et de Jéhu, seuls le fils de Jéroboam I, celui de Baesha et celui de Menahem succèderont à leur père. Alors que sous les longs règnes de Joas (803-787) et de Jéroboam II (787-747), avant dernier membre de la dynastie de Jéhu, Israël connaissait ce qui était sans doute sa plus grande période de prospérité depuis le règne d'Omri (886-875), et arrivait même à agrandir son territoire et à imposer son empire sur le royaume de

4 La dynastie d'Omri règnera de 886 à 841, celle de Jéhu, de 841 à 747.

Damas auquel leurs ancêtres étaient soumis (2 R 14,23-29), à peine une vingtaine d'année plus tard ce royaume allait être définitivement rayé de la carte. Au cours de ces quelques années, pas moins de six rois se succéderont sur le trône d'Israël (2 R 15-17). D'abord Zacharie, le fils de Jéroboam II, qui sera assassiné au bout de six mois. Puis Shalloum, son assassin, qui sera à son tour assassiné après seulement un mois de règne. Puis Menahem, l'auteur du coup d'État, qui règnera dix ans, auquel succédera son fils Péqahya, renversé et assassiné après deux ans de règne par Péqah, lequel ne règnera qu'une demi-douzaine d'années avant d'être, lui aussi, assassiné. Et enfin Osée, le bénéficiaire et peut-être l'initiateur de ce coup d'État.

Le livre des Rois ne nous dit rien des raisons de ces multiples coups d'État. Mais on peut penser que la politique expansionniste menée par le roi assyrien Tiglath-Pilésèr III (747-727), arrivé au pouvoir peu après la mort de Jéroboam, et les débats sur l'attitude à prendre vis-à-vis des Assyriens – soumission ou résistance – n'y sont pas totalement étrangers. Parmi ces coups d'État, deux ont des conséquences particulièrement dramatiques.

Le premier est le coup d'État mené par Péqah contre le fils de Menahem. Il est assez vraisemblable que ce coup d'État ait été motivé par la volonté de Péqah de secouer le joug assyrien auquel Menahem s'était soumis dans le but d'éviter l'invasion de son royaume – ce qui s'était concrétisé par le paiement d'un tribut –, et de restaurer ainsi l'indépendance d'Israël. Toujours est-il qu'en rupture avec la politique de soumission qui était celle de Menahem, profitant sans doute de ce que Tiglath-Pilésèr était occupé, à l'est, à mettre fin aux troubles consécutifs à la mort du roi de Babylone, Péqah se coalise avec le roi araméen, une coalition dans laquelle il veut entraîner le roi Juda, Akhaz[5]. Or celui-ci, fort sagement – d'ailleurs il n'était pas directement concerné – s'y refuse. Ne pouvant obtenir l'adhésion d'Akhaz, doublement nécessaire à la fois pour renforcer la coalition et pour se prémunir contre les incertitudes de la politique assyrienne de leur voisin méridional, les deux alliés marchent contre le royaume de Juda en vue de remplacer Akhaz par un homme de paille favorable à leur projet. Pris de panique – Ésaïe 7,2 dit de lui que « son cœur et le cœur du peuple vacillèrent comme vacillent les

5 Les données du livre des Rois sont, sur ce point, complétées par celles du livre d'Ésaïe, voir en particulier Es 7-8.

arbres de la forêt sous le vent » – et malgré les recommandations avisées du prophète Ésaïe, Akhaz appelle à son secours le roi d'Assyrie, auquel il fait acte d'allégeance – il se déclare son serviteur et son fils – en lui envoyant un important tribut. L'appel ne restera pas vain. L'entrée en guerre de l'Assyrie obligea les deux armées coalisées à faire remonter leurs troupes vers le nord, mais elles furent incapables d'arrêter la puissante armée assyrienne. Celle-ci s'empara de Damas, la capitale du royaume araméen, mit à mort son roi, transforma son territoire en une province assyrienne, enleva à Israël toute la Galilée, au nord de son territoire, et en déporta la population. C'est probablement le coup d'État d'Osée, et l'assassinat du roi Péqah, qui amenèrent Tiglath-Pilésèr à ne pas poursuivre la conquête du territoire d'Israël.

L'autre coup d'État qui a déterminé le destin du royaume d'Israël est celui qui mettra fin au règne de Péqah. Les auteurs du livre des Rois ne nous en donnent pas les raisons. Selon les annales de Tiglath-Pilésèr, Péqah aurait été tué par son peuple[6], sans doute dans le but de mettre ainsi fin à la guerre, et le roi d'Assyrie l'aurait remplacé par Osée, dont il aurait fait son vassal. Il est peu probable qu'Osée ait été un proassyrien convaincu. Comme le montre la suite de son règne, il paraît plutôt être un nationaliste soucieux de préserver les intérêts d'Israël, se montrant fidèle vassal pendant tout le règne de Tiglath-Pilésèr, mais essayant, dès sa mort, de rétablir l'indépendance d'Israël. Toujours est-il qu'après la mort de Tiglath-Pilésèr, au début du règne de son successeur, Salmanasar V (726-722), Osée va se rebeller, entrainant aussitôt la réaction de celui-ci. Au lieu de tirer la leçon de ce premier échec, il se rebellera une seconde fois, interrompant le versement du tribut annuel auquel il avait été assujetti et cherchant à se rapprocher de l'Égypte. Cette politique allait lui être fatale. La réaction assyrienne, cette fois-ci, fut radicale. Salmanasar fait prisonnier Osée, envahit le territoire d'Israël et, en 722, à l'issue d'un siège de trois ans, s'empare de Samarie, puis il déporte une partie des Israélites et les remplace par une population venue de l'autre extrémité de son empire. Dans une inscription sur un prisme d'argile, son successeur Sargon II (722-705) se présente comme l'auteur de la prise de Samarie et des déportations croisées qui, selon lui, concerneraient 27 280 Israélites. Le royaume d'Israël sera désormais réduit

6 Ou par le roi d'Assyrie. Cette indication figurant dans une lacune, il n'est pas possible de trancher avec certitude.

au rang de province assyrienne et dirigé par un gouverneur nommé par le roi d'Assyrie. Il ne retrouvera plus jamais son indépendance. Du sort de ceux qui n'avaient pas été déportés, nous ne savons pas grand-chose. Les plus proches de la frontière judéenne ont certainement cherché à s'y réfugier. La plupart ont sans doute fini par se fondre dans les autres populations de la province. Ce que dira, quelques siècles plus tard, le livre des Chroniques de la réaction de ces populations à l'appel des « missionnaires » envoyés par Ézékias, à savoir qu'ils « se riaient d'eux et se moquaient d'eux » (2 C 30,10), donne probablement une image assez proche de la réalité et correspond très certainement à celle que s'en faisaient les Judéens, à savoir celle d'une population qui, faute de pôle central et de marqueurs identitaires forts, a perdu son identité israélite.

Pour l'historien, la disparition du royaume d'Israël n'est, en définitive, que le résultat de l'aveuglement de ses derniers rois, de la surestimation de leur capacité à s'opposer à l'empire assyrien, de leur incapacité à mesurer la réalité des rapports de forces, en somme d'une certaine naïveté politique. Car, face à Israël, se dressait la puissante armée assyrienne, une armée de métier, avec ses fantassins et ses cavaliers, bien organisée et bien équipée[7]. Si Péqah pouvait éventuellement croire encore qu'il était possible de résister à l'Assyrie, la violence de la répression assyrienne aurait dû suffire à convaincre Osée de l'inanité de toute tentative de rébellion. Qu'il ait recherché l'appui de l'Égypte, qui traversait alors une période chaotique – plus tard, un envoyé du roi d'Assyrie Sennakérib en parlera comme d'un « roseau brisé qui, si quelqu'un s'appuie sur lui, pénètre en sa main et la transperce » (2 R 18,21) –, témoigne de sa totale méconnaissance de la situation politique. Car, pas plus que les autres nations qui avaient tenté de se révolter, celle-ci n'était alors en mesure de résister au rouleau compresseur assyrien. Malgré la charge que représentait pour son pays le paiement d'un tribut, Osée aurait dû, à défaut d'alternative, se contenter de son statut de vassal. Son nationalisme obstiné n'aura fait qu'accélérer la fin de son royaume.

LA FIN DU ROYAUME DE JUDA

Des douze tribus réunies par David et Salomon ne resteront donc plus que les deux tribus de Juda et de Benjamin, qui avait rejoint Juda

7 Voir F. M. Fales, *Guerre et paix en Assyrie. Religion et impérialisme*, Paris, Cerf, 2010.

au moment du schisme (voir 1 R 12,23). Contrairement à son puissant voisin, le royaume de Juda connaîtra une extraordinaire stabilité. Tout au long de son existence, mis à part le bref intermède d'Athalie, fille du roi d'Israël Akhab et épouse du roi de Juda Yoram (2 R 11), des rois appartenant à la dynastie de David se succéderont sans interruption, et ce alors même que deux d'entre eux seront assassinés (2 R 12,21 ; 14,19). Jérusalem restera toujours la capitale du royaume et deviendra un foyer intellectuel, ce dont la tradition qui fait de Salomon un sage renommé (1 R 5,9-14) a sans doute conservé la trace, transférant au roi ce qui revenait aux fonctionnaires du temple et du palais. Toujours sous la menace de son puissant voisin, qu'il combattra ou auquel il s'alliera, selon les circonstances, Juda se développera surtout après la disparition du royaume d'Israël. Jérusalem connaîtra alors un développement spectaculaire : on estime que sa superficie est multipliée par trois !

L'histoire des dernières années du royaume de Juda est rapportée en 2 R 18-25. Ézékias (716-687), qui avait succédé à Akhaz, sans doute après une période de corégence, commit l'imprudence de rompre avec la politique proassyrienne, et même assyriophile, de son père et, semble-t-il, de prendre la tête d'une coalition antiassyrienne. Les représailles furent terribles. En 701, le roi Sennakérib (704-681) battit un à un les rois des différentes villes côtières rebelles, repoussa les forces égyptiennes qui avaient été appelées à l'aide, s'empara de la plupart des villes de Juda et en déporta les habitants[8] et, malgré un tribut tardif versé par Ézékias, assiégea Jérusalem. Mais celle-ci ne put être prise, et l'armée assyrienne dut brusquement lever le siège, un revers que, dans une inscription composée peu après les événements, Sennakérib masquera derrière un langage grandiloquent, affirmant avoir emprisonné Ézékias dans sa capitale « comme un oiseau en cage ». Décision à ce point surprenante que les auteurs du livre des Rois l'interpréteront comme un miracle qu'ils imputeront à l'intervention de l'ange de Yhwh lequel, suite à la prière d'Ésaïe, aurait frappé le camp assyrien. Une variante de cette légende est rapportée par Hérodote qui, lui, la situe à Péluse, aux portes de l'Égypte – en réalité, Sennakérib ne s'est pas avancé jusque là – et attribue le départ précipité des Assyriens au fait que des rats

---

8 Dans une inscription qui relate cette campagne, Sennakérib revendique la conquête de pas moins de quarante-six villes fortifiées et prétend avoir déporté 200150 personnes ainsi que le bétail. Voir W. W. Hallo, *The Context of Scripture*, *op. cit.*, p. 303.

avaient envahi leur camp et rongé les carquois, les cordes de leurs arcs et de leurs boucliers, les laissant ainsi désarmés[9]. Quoi qu'il en soit des véritables raisons du départ des troupes assyriennes, l'idée s'installa désormais dans les esprits que Jérusalem était inviolable et bénéficiait de la toute-puissante protection de Yhwh, que contre elle même le plus grand des empires ne pouvait rien. Il n'en restait pas moins qu'à l'issue de cette campagne le royaume de Juda était en ruine, que le territoire que son roi contrôlait effectivement s'était réduit comme peau de chagrin, nombre des ses villes ayant été données par Sennakérib aux rois qui lui avaient été fidèles, et qu'Ézékias devint le vassal de Sennakérib.

Le fils d'Ézékias, Manassé (687-642), se distingue par un règne de cinquante-cinq ans, le plus long de toute l'histoire d'Israël et de Juda. Il semble avoir, fort sagement, suivi la politique proassyrienne de son grand père Akhaz, se comportant en fidèle vassal, ce qui probablement explique l'exceptionnelle longévité de son règne et la prospérité du royaume qui, par ailleurs, a bénéficié de cette période de paix. La longueur du règne de ce roi, que l'auteur du livre des Rois considère pourtant comme le plus impie de tous les rois de Juda, fera problème plus tard, lorsque se sera installée l'idée d'une rétribution individuelle. De sorte que, dans la version que donne de son règne le Chroniste, celui-ci imaginera un scénario en accord avec cette conception. Selon ce scénario, Manassé aurait été emmené en captivité à Babylone et, là, se serait converti à Yhwh qui, à la suite de son intercession[10], aurait provoqué sa libération et son retour à Jérusalem (2 C 33,11-17).

Le fils de Manassé, Amôn, semble avoir suivi la politique proassyrienne de son père. Mais il fut assassiné par son entourage au bout de deux ans de règne et remplacé, à l'initiative des représentants du monde rural, porteurs des valeurs traditionnelles, par son fils Josias, alors âgé seulement de huit ans. Au moment où Josias règne (640-609), le royaume assyrien est sur son déclin, ce qui permettra au royaume de Juda de se développer considérablement et de reprendre le contrôle de quelques uns des territoires qu'il avait perdus, et peut-être même de certaines parties de l'ancien royaume d'Israël. L'erreur de Josias fut de croire qu'il

9 Hérodote, *Histoire*, II, 141.

10 On imaginera, par la suite, plusieurs versions de cette prière, ainsi la *Prière de Manassé* (sans doute composée au IIe ou Ier s. avant notre ère) et les fragments trouvés dans la grotte 4 à Qumrân (4Q381, fg. 33+35, 8-11).

avait les moyens de participer à la chute de l'Assyrie – dont la capitale, Ninive, avait été conquise dès 612 par une coalition de Babyloniens et de Mèdes – en tentant de s'opposer aux troupes égyptiennes venues au secours des Assyriens ; erreur de jugement qui lui fut fatale.

Les toutes dernières années du royaume de Juda ne sont pas sans rappeler les dernières années du royaume d'Israël et se caractérisent, comme elles, par une grande instabilité. Au cours de ses vingt dernières années, pas moins de quatre rois se succéderont sur le trône – certains ne règneront que quelques mois –, la plupart furent mis en place par des puissances extérieures et tous furent réduits à l'état de simples vassaux.

Nous sommes assez bien informés sur les événements marquants de cette période. En plus des documents babyloniens, nous disposons en effet de la correspondance échangée vers 589 par les chefs militaires d'un certain nombre de places fortes judéennes – les ostraca de Lakish[11] – et, surtout, du témoignage du prophète Jérémie, un témoin direct de cette période.

À la mort de Josias, l'aristocratie rurale intronisa son fils Yoakhaz. Celui-ci voulut sans doute poursuivre la politique antiégyptienne de son père. Toujours est-il qu'au bout de trois mois de règne le pharaon d'Égypte Néko II (609-594) le fit prisonnier, imposa un lourd tribut à Juda, et le remplaça par un autre fils de Josias, Éliaqim, dont il changea le nom en Yoyaqim (608-598). D'abord soumis à l'Égypte, il le fut ensuite, à partir de 605, après la bataille de Karkémish et la défaite de l'Égypte, au roi de Babylone, Nebukadnetsar, se révolta contre lui au bout de trois ans, après que le Pharaon eut de nouveau envahi Juda, avant de subir les représailles des Babyloniens qui envahirent à leur tour Juda et assiégèrent Jérusalem. Son fils, Yoyakîn, n'eut guère le temps de régner. Au bout de trois mois de siège, il se rendit au roi de Babylone qui le fit prisonnier, le déporta à Babylone avec sa cour, ses soldats d'élite, les notables et les principaux corps de métier susceptibles de participer à la fabrication d'armes (voir aussi Jr 24,1 ; 29,2), en tout, une dizaine de milliers de personnes, à en croire le livre des Rois. À sa

11 Voir A. Lemaire, *Inscriptions hébraïques. 1. Les ostraca* (Littératures anciennes du Proche-Orient 9), Paris, Cerf, 1977, p. 85-143. Sur les dernières années du royaume de Juda et la domination babylonienne, voir plus particulièrement O. Lipschits, *The Fall and Rise of Jerusalem : Judah under Babylonian Rule*, Winona Lake, Eisenbraus, 2005.

place, Nebukadnetsar établit comme roi son oncle Mattaniah, dont il changea le nom en Sédécias. Le livre des Rois ne dit pas grand-chose de son règne (597-587), s'intéressant surtout aux événements qui ont conduit à la chute de Jérusalem. Le livre de Jérémie, par contre, nous permet de mieux cerner la personnalité de ce roi, qu'il présente comme faible et influençable, et de comprendre le déroulement des événements. Dans un premier temps, Sédécias semble s'être tenu tranquille. La quatrième année de son règne, il s'était encore rendu à Babylone, selon toute vraisemblance en vue de faire acte d'allégeance à Nebukadnetsar (Jr 51,59). Mais très vite, en 594/93, sans doute encouragé par la montée en puissance de l'Égypte, il regroupa autour de lui les rois d'Édom, de Moab, d'Ammon, de Tyr et de Sidon pour former une coalition antibabylonienne. Apparemment, celle-ci n'eut pas de suite, du moins dans l'immédiat (Jr 27-28). Quelques années plus tard, sans doute, ici encore, avec l'appui en sous-main de l'Égypte, une nouvelle tentative de révolte fut tentée. Cette fois celle-ci fut violemment réprimée par Nebukadnetsar dont l'armée envahit le pays de Juda, mit le siège devant Jérusalem, le leva un temps à l'annonce de l'entrée en guerre des Égyptiens, le reprit et, en juillet 587, le sept du cinquième mois, après un peu moins de deux ans de siège, s'empara de la ville que Sédécias et les siens avaient déjà lâchement abandonnée. Jérusalem et son Temple furent pillés et incendiés, ses fortifications, détruites, son élite, déportée à Babylone, d'autres notables, tués, et un gouverneur, judéen mais non davidique, installé. Seules échappèrent à la déportation les catégories sociales les plus faibles, les « indigents qui ne possédaient rien », auxquelles Nebukadnetsar distribua des terres (Jr 39,10)[12]. Quant à Sédécias, il fut emmené comme prisonnier et on l'obligea à assister au meurtre de ses fils, puis on lui creva les yeux. Événements dont le livre des Lamentations a conservé l'écho (voir notamment Lm 2).

Balloté entre un parti proégyptien et un parti probabylonien, écoutant tantôt ceux qui l'incitaient à faire appel à l'Égypte, tantôt ceux qui prônaient la soumission aux Babyloniens, constamment hésitant, sensible aux sirènes nationalistes et égaré par les discours de ceux qui, contre toute logique, invoquaient l'inviolabilité de Jérusalem – alors même que peu d'années auparavant la ville avait été prise et pillée – Sédécias, en

---

12 Les estimations faites par les archéologues concernant la population restante vont de 20 à 60 %.

dépit des avertissements de Jérémie, prit la posture du résistant. Posture certes plus glorieuse que celle de la collaboration à laquelle l'incitait le prophète mais, au vu du rapport des forces, parfaitement irréaliste. Le manque de clairvoyance de Sédécias précipita le pays dans la catastrophe. Du royaume fondé quatre siècles auparavant par David et de ses institutions politiques et religieuses il ne restait désormais plus rien.

RENDRE COMPTE DU DÉSASTRE

Pour l'historien qui regarde les choses avec détachement, sans parti pris, les raisons de ce fiasco ne sont pas très mystérieuses. Qu'il s'agisse du schisme, de la fin du royaume d'Israël, ou encore de la fin du royaume de Juda, elles sont pour une très large part imputables à la maladresse des rois qui ont dirigé le pays, à leur incapacité à évaluer le véritable rapport de forces, à leur manque de vision d'avenir. Même si dans ce jeu des grandes puissances qui cherchaient à contrôler ce couloir stratégique reliant l'Asie et l'Afrique, ces deux petits royaumes ne comptaient pas pour grand-chose, on peut penser qu'une politique plus réaliste, menée par des rois de plus grande stature, aurait très probablement pu permettre à de tels rois de tirer leur épingle du jeu et d'éviter la ruine du royaume de David et de Salomon.

UNE QUESTION EN DÉBAT

Pour les anciens Israélites, les explications rationnelles du type de celles que donnent les historiens modernes sont insuffisantes : elles ne rendent compte que d'une partie de la réalité[13]. Car, pour eux, derrière les rois, il y a les dieux, dont les rois ne sont que des instruments. Ce qui pour nous est la réalité n'est, pour les anciens, qu'apparence. Derrière l'apparence d'un affrontement entre rois, il y a le combat que se livrent entre eux les dieux des différentes nations. Ce sont eux qui, véritablement, tirent les ficelles dans ce qui n'est qu'un théâtre d'ombres. Le discours

13 Sur ces questions, voir en particulier A. Berlejung (éd.), *Disaster and Relief Management – Katastrophen und ihre Bewältigung* (Forschungen zum Alten Testament 81), Tübingen, Mohr Siebeck, 2012.

que l'envoyé du roi d'Assyrie est censé avoir adressé aux habitants de Jérusalem assiégés par son armée est tout à fait significatif à cet égard : « Est-ce que les dieux des nations ont pu sauver chacun son pays de la main du roi d'Assur ? Où sont les dieux de Hamath et d'Arpad ? Où sont les dieux de Sepharwaïm, de Héna, de Awwah ? Où sont les dieux de Samarie ? Ont-ils pu sauver Samarie de ma main ? Parmi tous les dieux des pays, quels sont ceux qui ont pu sauver leur pays de ma main, pour que Yhwh sauve Jérusalem de ma main ? » (2 R 18,33-35). Dans cette perspective, l'issue n'est pas simplement liée à la capacité des rois, à leur sens stratégique, à la force des armées en présence. L'issue, dès le départ, est exclusivement déterminée par les dieux. Et donc, pour les Israélites et, plus tard, pour les Judéens, la catastrophe qui les a frappés ne peut qu'être imputée, directement ou indirectement, à Yhwh, leur dieu national et tutélaire, soit qu'il en ait été l'auteur, soit qu'il ait été incapable de protéger son peuple.

C'est cette implication personnelle de Yhwh qui rend cette catastrophe particulièrement dramatique, car elle touche aux fondements mêmes de la foi d'Israël qui voit s'effondrer tous les piliers sur lesquels cette foi repose. Yhwh n'avait-il pas promis aux ancêtres de donner à leurs descendants un territoire qui fut à eux, un riche pays où coulent le lait et le miel, comme l'enseignait le mythe fondateur (par ex. Ex 3,8.17) ? Or, ce territoire était maintenant dévasté et ruiné, et il ne leur appartenait plus. Yhwh n'avait-il pas promis aux ancêtres que leurs descendants formeraient un peuple fort et nombreux[14], comme le rappelle Os 2,1 ? Or, celui-ci, pour une large part, était maintenant éparpillé dans tout le Proche-Orient, soit, pour les uns, qu'ils aient été déportés, soit, pour les autres, qu'ils aient été contraints de se réfugier dans les pays alentours. Yhwh n'avait-il pas promis à David que sa descendance règnerait pour toujours (2 S 7,16 ; 1 R 2,4b[15] ; voir aussi Ps 89,20-38) ? Or, ses derniers descendants se trouvaient prisonniers à Babylone et la monarchie avait disparu. Le Temple lui-même, la résidence de Yhwh, le dieu national, avait été détruit, les sacrifices que les prêtres offraient quotidiennement n'étaient plus offerts, la relation qu'ils entretenaient ainsi en permanence avec leur dieu était interrompue, et avec elle était brisé l'axe autour duquel tournait toute l'existence d'Israël, dont

14 Ainsi Gn 12,2 ; 13,16 ; 15,18 ; 18,18 etc.

15 Promesse qu'un rédacteur a eu la prudence de compléter par des conditions en 2a !

dépendaient aussi bien la fécondité des personnes et du bétail que la fertilité du sol ; et ce, alors même que Yhwh avait déclaré qu'il voulait à tout jamais faire du Temple de Jérusalem sa résidence (1 R 9,3 ; 2 R 21,7) ! Mais, aurait-on pu objecter, le culte sacrificiel à Yhwh n'était de toute manière plus nécessaire ! Les événements n'avaient-ils pas démontré son inutilité, puisque Yhwh n'avait rien fait ? En somme, qu'était donc devenue cette toute-puissance de Yhwh dont parlait le mythe fondateur, qui avait permis, autrefois, de venir à bout de la puissante Égypte, de libérer son peuple et de lui donner son propre territoire ? Autant de faits qui pouvaient faire douter de la capacité de Yhwh à accomplir ses promesses et à protéger son peuple.

De telles questions, évidemment étrangères à l'historien moderne, sont par contre parfaitement normales dans le monde antique.

Un épisode rapporté dans le livre de Jérémie, épisode dans lequel le prophète est personnellement impliqué, montre clairement que ce type d'interrogation n'est pas purement imaginaire. À peine deux mois après son installation comme gouverneur, Guedalias fut assassiné (Jr 40,7-41,18). Craignant non sans raisons la réaction des autorités babyloniennes, ceux des chefs de l'armée qui n'avaient pas été déportés s'enfuirent aussitôt pour aller se réfugier en Égypte, emmenant avec eux, malgré ses protestations, le prophète Jérémie (Jr 42-43). Là s'engagea un bien curieux débat sur les causes du désastre (Jr 44). Dans un long discours qu'il adresse à ses compagnons et, au-delà, à tous les Juifs réfugiés en Égypte, discours qu'il met dans la bouche de Yhwh, Jérémie explique que c'est Yhwh lui-même qui est à l'origine des événements qui ont entrainé la fin du royaume de Juda. Il précise ce qui a provoqué sa colère : (c'est Yhwh qui est censé parler) « c'est à cause du mal qu'ils (les habitants de Juda) ont commis, pour m'irriter, en allant offrir des sacrifices et en servant des dieux étrangers, qu'ils ne connaissaient point, ni eux, ni vous, ni vos pères ». Or, à cette explication, ses interlocuteurs opposent une autre explication. Rappelant que tant qu'ils offraient des sacrifices à la Reine du Ciel ils étaient heureux, rassasiés, et ne connaissaient pas le malheur, ils poursuivent : « Dès lors que nous avons cessé de faire des sacrifices à la Reine du Ciel et de répandre pour elle des libations, nous avons manqué de tout et nous avons péri par le glaive et par la famine ». Cette explication faisait ainsi de la Reine du Ciel *la* divinité dont dépendait le sort d'Israël et ravalait Yhwh au rang d'un dieu inutile. Il ne s'agit pas là de la réaction de quelques personnes isolées, c'est celle de la foule des Judéens qui demeuraient à Patros, en Haute Égypte. Ce débat montre clairement quelles sont les questions que l'on se posait. D'abord, qui était à l'origine de la catastrophe : Yhwh ou la Reine du Ciel ? Ensuite, quelles sont les raisons qui ont conduit ces divinités à frapper ainsi Juda : l'adoration d'autres divinités que Yhwh ou l'interruption du culte à la Reine du Ciel ? Ce type de questions, sans doute tous se les posaient.

On voit bien qu'il ne s'agit pas là d'un simple débat théorique, distancié, comme pourrait l'être une controverse entre intellectuels. S'il ne s'était agi que d'une discussion entre Jérémie et quelques théologiens égyptiens ou babyloniens, les différences d'interprétation ne seraient pas trop graves. Mais les interlocuteurs de Jérémie sont des Judéens, et la position qu'ils défendent, loin d'être isolée, est bien au contraire largement partagée. Il était donc proprement vital, car il en allait de la foi en Yhwh, et donc de la pérennité même de la religion et du peuple d'Israël, à la fois de démontrer que c'est bien Yhwh, et non quelque autre divinité, qui était à l'origine de ces événements tragiques, et d'inscrire ces événements dans une perspective logique porteuse d'explication. La démonstration ne pouvait plus, comme dans le récit fictif de 1 R 18, faire appel à l'irrécusable preuve du miracle, quand le feu du ciel envoyé par Yhwh sur l'holocauste préparé à cet effet démontrait d'une manière éclatante que Yhwh, seul, est Dieu et que le dieu Baal, dont les prêtres n'avaient pu obtenir aucune réaction, n'est qu'une chimère. Il n'est sans doute pas exagéré de penser qu'une grande partie de la Bible hébraïque et, plus particulièrement, les livres que la tradition a qualifiés de « prophétiques » – à savoir Josué, Juges, Samuel, Rois et la plupart des livres attribués à des prophètes – résulte de cet effort opiniâtre pour démontrer que tous les événements tragiques de l'histoire des royaumes d'Israël et de Juda sont entièrement sous le contrôle de Yhwh. Pour une large part, selon l'heureuse formule de Thomas Römer, il s'agit d'une littérature de crise[16]. Cette formidable démonstration est tout à fait à la hauteur de l'enjeu, et elle manifeste la prise de conscience, dans

16 T. Römer, « The Hebrew Bible as Crisis Literature », dans Berlejung, *Disaster, op. cit.*, p. 159-177 (voir aussi *id.* « L'Ancien Testament : une littérature de crise », *Revue de Théologie et de Philosophie*, vol. 127, 1995, p. 321-338).

les milieux intellectuels, de l'importance vitale qu'il y avait à rendre compte de l'échec.

Certes, à l'époque où se déroulaient ces événements, des prophètes étaient présents qui, déjà, en donnaient une interprétation et affirmaient que Yhwh en était l'auteur[17]. Se disant inspirés par Yhwh, dont ils se présentaient comme les porte-parole, les prophètes sont aussi des observateurs critiques de la société, particulièrement perspicaces parce que prenant suffisamment de recul par rapport aux événements contingents, et même se tenant le plus souvent à contre-courant. Réfléchissant au sens de l'histoire, ils étaient, mieux que d'autres, plus à même de mesurer les conséquences des décisions prises par les politiques. Le prophète Ahiya, de Silo, avait ainsi été un acteur majeur du schisme. Amos et Osée vivaient au cours des dernières décennies précédant la ruine du royaume d'Israël. Ésaïe avait tenté d'influer sur les événements, lors de la campagne syro-ephraïmite, en déconseillant au roi de Juda Akhaz de faire appel à une aide extérieure. Plus tard, sous le règne d'Ézékias, il sera présent au moment du siège de Jérusalem par les troupes assyriennes. Le ministère de Sophonie se déroulait sous le règne de Josias, de même celui de la prophétesse Hulda, que le roi consulte. Ézéchiel avait fait partie, avec le roi Yoyakîn, du premier groupe de déportés et exerçait son ministère auprès d'eux. Jérémie, quant à lui, était actif tout au long des dernières années du royaume de Juda. Tous avaient annoncé les événements tragiques qui ont rythmé l'histoire des deux royaumes. Quelques uns de leurs oracles avaient, certes, déjà été recueillis par écrit. Es 8,16 et 30,8 rapportent que le prophète avait été invité par Yhwh à mettre par écrit certains de ses oracles et à les sceller, afin de les conserver en témoignage pour les générations futures. Jérémie, de son côté, avait reçu, à l'époque de Yoyaqim, l'ordre de Yhwh d'inscrire sur un rouleau l'ensemble des oracles qu'il avait prononcés depuis le temps de Josias jusqu'à ce jour (Jr 36,2 ; voir aussi 36,27-28). Il est probable, par ailleurs, qu'à la suite de ces catastrophes majeures leurs disciples, se souvenant des paroles de ces prophètes, en aient rassemblé les oracles les plus topiques afin

17 Sur les prophètes voir notamment J. Blenkinsopp, *Une histoire de la prophétie en Israël. Depuis le temps de l'installation en Canaan jusqu'à la période hellénistique* (Lectio divina 152), Paris, Cerf, 1993 et, avec une présentation des différents livres prophétiques, T. Römer e.a., *Introduction*, *op. cit.*, p. 394-550. Voir aussi J.-D. Macchi e.a., *Les recueils prophétiques de la Bible. Origines, milieux, et contexte proche-oriental* (Le Monde de la Bible 64), Genève, Labor et Fides, 2012.

de démontrer qu'elles avaient été annoncées bien auparavant. Mais ce n'est sans doute qu'à la suite du choc de l'anéantissement du royaume de Juda qu'on s'est soucié de réunir les oracles en livres, prophète par prophète, et, pour les plus anciens de ces oracles, de les actualiser en les complétant par d'autres prophéties mises dans leur bouche. Ceci, non dans un pieux souci de conserver des paroles vénérables, mais dans une intention clairement apologétique, en vue d'apporter la preuve que Yhwh, et non une divinité étrangère, était à la manœuvre.

YHWH, L'UNIQUE AUTEUR DES ÉVÉNEMENTS

Tous les écrivains bibliques qui ont parlé de ces catastrophes ont proclamé, sans relâche, que c'est Yhwh qui en était l'auteur. Ils ont affirmé avec force que les événements qui avaient provoqué le schisme avaient été suscités par Yhwh (1 R 12,15), que c'est Yhwh qui avait rejeté le royaume d'Israël, l'avait livré aux ennemis et en avait chassé la population (2 R 17,18-20.23), et qu'il avait mis, également, fin au royaume de Juda (Jr 44,6). Comme l'écrivait l'auteur du livre d'Amos, « est-ce qu'il y a un malheur dans une ville sans que Yhwh l'ait causé ? » (Am 3,6). Peu importe qu'il s'agisse de famine, de sécheresse, de maladies qui frappent la végétation, d'invasions de chenilles, de peste ou de destructions provoquées par les armées ennemies (Am 4,6-11) : tout dépend de Yhwh. Les auteurs du livre des Rois expliquent ainsi, pour leur part, que c'est Yhwh qui était à l'origine de la rébellion, sous Salomon, de certains des royaumes soumis par David (1 R 11,14.23) ; lui qui, du temps de Jéhu, avait arraché des territoires à Israël (2 R 10,32) ; lui encore qui, sous le règne de son successeur, avait livré Israël au roi d'Aram (2 R 13,3) ; qui, du temps d'Akhaz, avait fait marcher les troupes coalisées de Damas et d'Israël contre Juda (2 R 15,37) et qui, sous le règne de Yoyaqim, avait envoyé contre lui l'armée de Nebukadnetsar et de ses alliés (2 R 24,2-3). Inversement, c'est Yhwh qui avait permis à Jéroboam II de récupérer des territoires perdus (2 R 14,25-26) et avait délivré Jérusalem lorsque Sennakérib l'assiégeait (2 R 19,7). Il avait même, autrefois, chargé le prophète Élie d'oindre Hazaël comme roi d'Aram, pour que celui-ci frappe Israël (1 R 19,15-18 ; voir 2 R 8,7-15 ; 13,3). Et, lors du siège de Jérusalem, du temps d'Ézéchias, l'envoyé de Sennakérib avait lui-même prétendu, à en croire les auteurs du livre des Rois, que c'est à la suite d'un oracle de Yhwh que l'armée assyrienne était entrée en campagne contre Juda (2 R 18,25). En Es 10,5, l'Assyrie est qualifiée par Yhwh de « bâton dans ma main ». Tous ces auteurs soulignent ainsi que les nations qui se sont abattues sur Israël n'ont été que les instruments de Yhwh ; qu'elles n'ont agi qu'à son initiative. Dans cette perspective, les victoires remportées par elles sur Israël et Juda n'étaient, en définitive, que des victoires de Yhwh sur son peuple rebelle.

Il y a plus. Comme le montrent les nombreux oracles contre les nations insérés dans les livres prophétiques[18], tous les prophètes sont convaincus que Yhwh se sert des nations pour châtier d'autres nations, manifestant par là même sa souveraineté sur l'ensemble des peuples. En Jr 25,9 ; 27,6 ; 43,10, Yhwh va même jusqu'à dire de Nebukadnetsar, le roi de Babylone : il est « mon serviteur[19] », titre qu'il n'avait donné, parmi tous les rois, qu'au roi David[20] ! Comme le dit un étonnant oracle, le roi de Babylone n'est qu'un marteau entre les mains de Yhwh : « Tu étais pour moi un marteau, des armes de guerre, et par toi j'ai martelé des nations, par toi j'ai détruit des royaumes, par toi j'ai martelé le cheval et son cavalier, par toi j'ai martelé le char et celui qui le monte, par toi j'ai martelé l'homme et la femme, par toi j'ai martelé le vieillard et le jeune homme, par toi j'ai martelé l'adolescent et la vierge, par toi j'ai martelé le berger et son troupeau, par toi j'ai martelé le laboureur et son attelage, par toi j'ai martelé gouverneurs et lieutenants » (Jr 51,20-23 ; voir aussi Es 10,5-6.15). Loin de signifier l'infériorité de Yhwh par rapport aux autres divinités, les catastrophes subies par Israël et Juda manifestent ainsi bien plutôt sa supériorité, puisque c'est lui qui commande aux nations et c'est lui, et non leurs dieux, qui leur donne la victoire. Par un surprenant renversement, les catastrophes qui s'abattent sur Israël et Juda deviennent, pour tous ces auteurs, démonstration de la puissance de Yhwh et de sa royauté universelle !

Est-il besoin de préciser que de telles conceptions ne sont nullement spécifiques à Israël, qu'elles sont tout à fait courantes dans le monde antique[21] ?

---

18 Ainsi Es 13-23 ; Jr 46-51 ; Ez 25-32 ou encore Am 1-2.

19 Sur ce titre étonnant, voir K. A. D. Smelik, « My Servant Nebuchadnezzar : The Use of the Epithet 'My Servant' for the Babylonian King Nebuchadnezzar in the Book of Jeremiah », *Vetus Tesamentum*, vol. 64, 2014, p. 109-134.

20 Ainsi notamment 2 S 3,18 ; 7,5.8, 1 R 11,13.32 et *passim* ; Jr 33,21.22.26 ou encore Ez 34,23.24 ; 37,24.25.

21 Voir R. G. Kratz, H. Spieckermann (éd.), *Divine Wrath and Divine Mercy in the World of Antiquity* (Forschungen zum Alten Testament.2.33), Tübingen, Mohr-Siebeck, 2008.

Mais il ne suffisait pas d'affirmer cette souveraineté de Yhwh ; encore fallait-il la démontrer. L'appel au miracle, nous l'avons dit, n'était plus d'actualité. Il fallait donc convaincre, et convaincre par des arguments qui paraissaient avoir une certaine rationalité, dont la force s'imposerait comme une évidence. Or, pour démontrer la maîtrise de Yhwh sur les événements, quel meilleur argument y avait-il que d'affirmer qu'il les avait annoncés ? Car, tel est leur argument, s'il pouvait annoncer ce qu'il fera, et si cela se produit effectivement, cela prouve bien qu'il en est l'auteur !

La manière dont le livre des Rois traite du schisme a, à cet égard, valeur de modèle. Ses auteurs racontent que, du vivant même de Salomon, un prophète, Ahiya de Silo, s'en était allé à la rencontre de Jéroboam, alors que celui-ci était encore au service de Salomon ; il avait déchiré son manteau en douze morceaux, selon le nombre des tribus, et en avait donné deux à Jéroboam. Il avait accompagné ce geste d'un oracle qui en expliquait le sens : Yhwh annonçait à Jéroboam sa future intronisation comme roi des dix tribus d'Israël (1 R 11,29-39 ; *cf.* 2 R 17,21). Dans cette perspective, l'obstination de Roboam, qui se refusait à toute négociation avec les tribus septentrionales, n'était, comme on ne manquera pas de le rappeler, que le moyen utilisé par Yhwh pour accomplir ce qu'il avait annoncé (1 R 12,13-15). Les auteurs du livre des Rois rapportent pareillement, encore sous le règne de Jéroboam, que ce même prophète lui avait annoncé, par l'intermédiaire de sa femme, la fin du royaume d'Israël et la dispersion de ses habitants (1 R 14,15), prophétie que ces auteurs rappelleront, l'associant à celle d'autres prophètes, au moment de son accomplissement deux siècles plus tard (2 R 17,23). Et ils rappelleront de même que la fin du royaume de Juda avait été maintes fois prédite par les prophètes. Elle l'avait été à Ézékias, plus d'un siècle auparavant, par Ésaïe (2 R 20,17-18), du temps de son fils, Manassé, par d'autres prophètes (2 R 21,10-14), sous le règne de son fils, Josias, par la prophétesse Hulda (2 R 22,15-20 ; voir aussi 23,27). Tout le livre des Rois est tissé de multiples prophéties qui, toutes, sont destinées à démontrer la maîtrise de Yhwh sur les destinées de son peuple. Du temps de Jéroboam, un prophète anonyme lui annonce que l'autel qu'il avait construit à Béthel sera profané par Josias (1 R 13,2), prophétie dont l'accomplissement est rapporté en 2 R 23,15. Un autre prophète, Ahiya de Silo, déjà mentionné, lui annoncera la fin tragique de sa dynastie (1 R 14,10-14). 1 Rois 15,29 en soulignera expressément l'accomplissement dès la génération suivante. De la même manière, le prophète Jéhu, fils de Hanani, annonce au roi Baesha la mort tragique du fils qui va lui succéder sur le trône (1 R 16,1-4), ce qui arrivera effectivement, conformément à cette prophétie (1 R 16,11-12). Plus tard, Élie annonce à Akhab la fin tragique de sa dynastie (1 R 21,19-24), ce qui adviendra, deux générations plus tard, par l'intermédiaire de Jéhu auquel Élisée confiera expressément cette mission (2 R 9,6-10). La suite du chapitre rapporte en détail comment Jéhu s'est acquitté de cette mission, et rappelle, en conclusion, que ces événements correspondent à ce qui avait été annoncé par Élie. Un autre oracle annonce à Jéhu que sa dynastie durera quatre générations (2 R 10,30), oracle qui sera cité en 2 R 15,12 lorsque Shalloum prendra le pouvoir après avoir tué l'arrière arrière petit-fils de Jéhu.

D'autres auteurs appartenant à la même école iront jusqu'à faire remonter à Moïse l'annonce, sous forme d'avertissement, de la fin d'Israël[22].

La réunion en livres, antérieurement, parallèlement ou postérieurement au livre des Rois, d'autres oracles prophétiques, permettra de renforcer cette argumentation. Les prophètes dont on rassemblera et agencera les oracles se considèrent comme les intimes de Yhwh : pour Amos, Yhwh ne fait rien « sans avoir révélé son secret à ses serviteurs, les prophètes » (Am 3,7), et Michée ben Yimla tout comme Jérémie revendiquent d'avoir assisté au conseil céleste pour justifier leur désaccord par rapport aux faux prophètes qui proclament ce que ceux qui les consultent souhaitent entendre (1 R 22,19-22 ; Jr 23,16-22). Il serait fastidieux de citer tous ces oracles qui annoncent la fin d'Israël et de Juda. La disparition d'Israël fait à maintes reprises l'objet des prophéties d'Osée, d'Amos, de Michée et d'Ésaïe[23]. Et celle de Juda est prédite, plus d'un siècle avant qu'elle n'advienne, par Michée (voir Mi 3,12) et Ésaïe (par exemple Es 28,14-22).

Cette argumentation ne serait guère convaincante si elle n'était appuyée par d'autres témoignages. Car, après tout, aucun de ceux à qui elle était destinée n'avait pu être témoin de ces lointaines prophéties, et l'on pouvait parfaitement n'y voir que des prophéties *ex eventu* inventées

22 Dt 4,25-28 ; 28,63-68 ; 29,21-27. Voir aussi, dans la couche sacerdotale, Lv 26,27-39.

23 Ainsi, par exemple, Os 1,4.6.9 ; 10,5-15 ; 13,11 ; Am 2,6-16 ; 3,12 ; 4,2-3 ; 6,7 ; 7,17 ; 8,1-3 ; 9,8 ; Mi 1,6-7 ; Es 8,1-4.

pour les besoins de la cause ; ce qui d'ailleurs est vraisemblablement le cas pour certaines d'entre elles.

Plus important que tout ce qu'ont pu dire les prophètes du passé, ce qui compte véritablement est le témoignage de prophètes tels que Sophonie, Jérémie et Ézéchiel. Car ce que eux ont prédit, ceux qui ont été témoins de la chute du royaume de Juda ont pu l'entendre personnellement et ont ainsi pu constater par eux-mêmes la véracité de leurs prophéties. Ce n'est donc pas un hasard si les livres de ces deux prophètes sont aussi les plus fournis. Que ce soit dans le cercle restreint de la Cour (Jr 22,1-12 ; voir aussi Jr 21 ; 38,14-27) ou, publiquement, sur le parvis du Temple (Jr 7,1-20 ; 19,14-20,6 ; 26,1-15) ou ailleurs (par ex. Jr 4,5-31 ; 32,26-29), directement ou par l'intermédiaire d'un rouleau renfermant l'ensemble de ses oracles et dont il est fait lecture (Jr 36), Jérémie n'a eu cesse d'avertir de l'imminence de la catastrophe que Yhwh lui a révélée dès le tout début de son ministère (Jr 1,13-19), tout en espérant que Yhwh renoncera à son projet ; avertissement auquel il associe tous les prophètes passés[24] qui, selon lui, se sont succédés, en vain, dès la sortie d'Égypte (Jr 7,25 ; 11,7), rendant ainsi la catastrophe inéluctable (voir aussi Jr 25,3-11). L'insistance de Jérémie sur ce point montre tout le poids qu'il accorde à cet argument pour démontrer la maîtrise de Yhwh sur les événements. Avant lui, du temps de Josias, Sophonie avait déjà porté ce même message (So 1,2-2,3 ; 3,1-8). De son côté, le prophète Ézéchiel, qui avait fait partie du premier convoi de déportés, en 597, avait annoncé, lui aussi, à ses compagnons d'exil, le sort qui attendait Juda. Multipliant les gestes symboliques, parallèlement à de nombreux autres oracles, il leur avait annoncé ce que sera le destin de la ville et de ses habitants (voir par ex. Ez 4-5 ; 12 ; 24) et singulièrement celui de leur roi, Sédécias (Ez 12,12-13 ; 17,11-21). L'accomplissement tangible de ce que ces deux prophètes avaient annoncé, et que tous les Judéens ont pu constater, validera de manière éclatante leur prophétie. Il ratifiera aussi, indirectement, toutes les prophéties prononcées bien des siècles auparavant par d'autres prophètes. Et puisque toutes ces prophéties se sont bel et bien réalisées, la preuve est ainsi faite, dans l'esprit des auteurs des livres prophétiques, que c'est bien Yhwh qui est à l'origine non seulement de la disparition des royaumes d'Israël et de Juda, mais encore de l'ensemble des malheurs qui les ont frappés.

24 Jr 25,4 ; 26,5 ; 29,19 ; 35,15 ; 44,4.

Cet argument par la prophétie sera plus tard repris par des disciples du prophète Ésaïe. Sous le couvert de Yhwh, ils interpelleront en ces termes les divinités des nations : « Présentez votre cause, dit Yhwh ; avancez vos arguments, dit le roi de Jacob. Qu'ils s'avancent et qu'ils nous annoncent les événements qui surviendront. Les premières prophéties, quelles étaient-elles ? Annoncez-le et nous prêterons notre attention ! Ou bien faites-nous entendre quels sont les événements futurs, et nous en connaîtrons la suite. Annoncez ce qui se produira dans l'avenir et nous saurons que vous êtes des dieux… » (Es 41,21-23). Questions rhétoriques auxquelles la réponse attendue est évidemment négative. Pour ces auteurs de l'époque exilique, l'incapacité d'annoncer le futur servira d'argument majeur pour démontrer l'inexistence des autres divinités. À l'inverse, le fait même que Yhwh annonce longtemps à l'avance ce qu'il va faire, et le réalise, démontre que lui, et lui seul, est véritablement Dieu.

À LA RECHERCHE D'EXPLICATIONS

Mais, une fois démontré que Yhwh est à l'origine de tous ces événements tragiques, restait à déterminer quel est le grave péché qui a provoqué sa colère et qui l'a conduit à détruire son peuple, ce peuple avec lequel il avait pourtant fait alliance. Il fallait, plus précisément, expliquer pourquoi l'histoire de ce peuple, après le glorieux règne de David et de Salomon, n'avait été, malgré quelques lueurs de paix et de prospérité, qu'une succession de catastrophes. Car, répétons-le, pour l'homme antique, il n'y ni hasard ni fatalité. Rien n'est arbitraire. Il y a un auteur à tout et tout a une cause, qu'il convient de déceler. Et ce, pour au moins trois raisons. D'abord parce que ce qui est inexpliqué est facteur d'angoisse, que cela paraît arbitraire, que cela échappe à tout contrôle et qu'on ne peut donc l'inscrire dans une logique rassurante. Ensuite, parce que la connaissance des motifs qui ont conduit Yhwh à agir comme il l'a fait permet de maîtriser les événements en évitant de retomber dans les mêmes erreurs et de provoquer de nouvelles représailles de Yhwh. Enfin, parce que cela permet aussi de combattre des interprétations qui pourraient donner à penser que Yhwh avait purement et simplement abandonné son peuple. À ces trois raisons, les auteurs de la finale du Deutéronome en ajoutent une quatrième : répondre aux nations qui, elles aussi, s'interrogent sur les raisons de ces événements tragiques (Dt 29,23). Il fallait donc, en quelque sorte, apprivoiser la catastrophe pour lui ôter tout ce qu'elle a de déstabilisant. Déterminer les causes, tel sera le second volet de leur démonstration.

Or, pas plus qu'on ne pouvait apporter la preuve par le miracle pour démontrer le rôle de Yhwh, pas plus il n'était possible de faire appel, comme autrefois et dans certaines circonstances bien précises, à ces techniques divinatoires qui permettaient à la fois de désigner le coupable et d'apporter la solution, techniques dont on connaissait parfaitement le mécanisme : une fois que le sort avait désigné le coupable, que celui-ci avait avoué sa faute, dont la nature était ainsi déterminée, la mise à mort du coupable permettait quasi automatiquement le retour à la normale[25]. Une telle procédure ne pouvait être mise en œuvre que face à un accident ponctuel, mais non dès lors qu'il s'agissait de donner une interprétation d'ensemble de l'histoire d'Israël. Par là-même, il devenait impossible d'apporter une démonstration éclatante susceptible d'obtenir une adhésion unanime. Après avoir tenté de convaincre leur peuple que Yhwh était à l'origine des malheurs qui le frappaient, il fallait donc que nos auteurs s'efforcent de déterminer ce qui avait provoqué sa colère. Les réponses à cette question cruciale seront, on s'en doute, multiples. Elles se fondent, toutes, sur la double conviction que Yhwh n'est pas inscrutable et qu'il agit avec justice.

Ces réponses, on les trouve d'abord dans ce qu'on a appelé « *l'histoire deutéronomiste* », déjà évoquée précédemment[26]. Ainsi que l'a souligné Jan Assmann, la réflexion historique dérive de la recherche de la faute qui est à l'origine des catastrophes, faute qui « parce qu'elle doit être identifiée et reconnue, confessée publiquement, expiée, [...]devient le stimulant du souvenir et de l'autothématisation ». Cette recherche constitue ainsi « un stimulant [...] particulièrement puissant pouvant mener au

25 Voir notamment 1 S 14,36-46 ; Jos 7 ; Jon 1 ; 1 R 18. Sur ce dernier récit, voir A. Marx, « Mais pourquoi donc Élie a-t-il tué les prophètes de Baal (1 Rois 18, 40) ? », *Revue d'Histoire et de Philosophie Religieuses*, vol. 78, 1988, p. 15-32.

26 Voir A. de Pury, T. Römer, J. D. Macchi (éd.), *Israël construit son histoire. L'historiographie deutéronomiste à la lumière des recherches récentes* (Le Monde de la Bible 34), Genève, Labor et Fides, 1996, p. 9-120 et, surtout, T. Römer, *La première histoire d'Israël. L'École deutéronomiste à l'œuvre* (Le Monde de la Bible 56), Genève, Labor et Fides, 2007. Voir aussi J. M. Carrière, « L'historiographie deutéronomiste : une manière d'écrire l'histoire », dans D. Doré (éd.), *Comment la Bible saisit-elle l'histoire ? XXIe congrès de l'Association catholique française pour l'étude de la Bible* (Lectio divina 215), Paris, Cerf, 2007, p. 115-154 et, plus généralement, sur le livre des Rois Halpern, Lemaire, *The Book of Kings*, *op. cit.*

travail mémoriel, à la reconstitution du passé, à l'autothématisation et à l'historiographie[27] ».

Parler d'historiographie n'est dans le cas présent pas très approprié. Sans doute, tout comme le feraient des historiens, ces auteurs, qui se situent dans la ligne du Deutéronome, ont utilisé des documents : des écrits plus anciens déjà constitués, comme le sont dans le livre de Samuel l'histoire de l'accession de David au trône ou encore l'histoire de sa succession, des listes, des traditions orales, des légendes, mais aussi, pour la période monarchique, des documents d'archive. Et, à l'instar des historiens, ils se sont efforcés de mettre en évidence l'enchaînement des événements. Mais ce retour sur le passé n'a pas pour eux l'objectif d'en offrir, comme pourrait le faire, du moins en principe, un historien moderne, une relation détaillée et objective, éloignée de tout esprit apologétique ou polémique. L'histoire telle qu'ils l'écrivent est mise au service d'une thèse. Autrefois comme aujourd'hui, là où la recherche historique est commandée par une instance politique ou religieuse, elle n'est jamais désintéressée. Elle a une fonction performative. Elle sert à produire du sens et à influer sur l'avenir. Parcourant toute l'histoire d'Israël depuis l'installation au pays de Canaan, ils se sont principalement proposé de réfléchir sur le sens de cette histoire, de dégager une philosophie de l'histoire, ceci afin de tenter de déterminer les raisons qui ont conduit à la catastrophe. Non pas les raisons contingentes, qui seules intéressent les historiens, mais uniquement celles qui ont motivé l'intervention de Yhwh contre son peuple. Dans ce but, ils ont sélectionné ceux des événements qui servaient leur démonstration, délaissant tout ce qui ne lui était pas utile[28]. Plus que des historiens, et même s'ils apportent

27 Jan Assmann, *La mémoire culturelle. Écriture, souvenir et imaginaire politique dans les civilisations antiques*, Paris, Aubier, 2010 ; traduit de l'allemand, *Das kulturelle Gedächtnis. Schrift, Erinnerung und politische Identität in frühen Hochkulturen*, München, C. H. Beck, 2002, par D. Meur, p. 219. Voir plus généralement p. 207-230.

28 C'est ainsi que pour la plupart des rois d'Israël et de Juda, et ce jusqu'au règne de Yoyakim, l'antépénultième roi de Juda, ils renvoient quasi systématiquement aux Annales des rois d'Israël et aux Annales des rois de Juda, malheureusement perdues, et ce non pour indiquer leur source, mais pour inviter le lecteur à y trouver d'autres informations sur des sujets qu'ils ne traitent pas. Or ces informations peuvent porter selon le cas sur des aspects aussi importants que la conduite des guerres ou encore les travaux d'aménagement du territoire. Car ce qui intéresse principalement les « historiens » deutéronomistes, et qui fonde le jugement qu'ils portent sur un roi, ce n'est pas sa politique intérieure et extérieure, sa capacité à gérer le royaume, mais quasi exclusivement son comportement en matière de religion. Cela explique aussi que les notices sur les différents rois sont

aussi de précieuses informations, ce sont donc d'abord des théologiens. C'est d'ailleurs à bon droit que la tradition juive a qualifié leurs livres, non de livres historiques mais de livres prophétiques[29].

De même, des prophètes avaient déjà, de leur côté, interprété ces événements tragiques[30]. Contrairement aux auteurs de l'histoire deutéronomiste, ces prophètes nous sont bien mieux connus. On connait au moins leur nom et la période de leur activité. Parfois est indiquée leur origine géographique, parfois le milieu professionnel dont ils sont issus, parfois même les conditions dans lesquelles ils ont exercé leur ministère. À la différence des auteurs de l'« histoire deutéronomiste », qui ont un regard rétrospectif et théorisent le passé, les prophètes sont en prise directe avec l'histoire telle qu'elle se déroule sous leurs yeux. Au nom de Yhwh, ils s'adressent aux rois, aux dirigeants religieux, aux classes dominantes ou au peuple et les interpellent pour critiquer leur comportement, les avertir du châtiment qu'ils encourent afin de les inciter à s'amender, participant ainsi activement à l'histoire. Parce qu'ils permettaient de comprendre les raisons des événements tragiques de l'histoire des deux royaumes, leurs oracles ont par la suite été réunis dans des livres. Et ils ne l'ont été que dans ce seul but. Les auteurs de ces compilations, qui appartenaient sans doute, en tout cas pour certains d'entre eux, à un groupe de disciples, n'ont, en effet, pas eu pour objectif de mettre par écrit l'ensemble des paroles de leur maître en vue de rendre hommage à leur mémoire. Tout comme l'ont fait les auteurs de l'histoire deutéronomiste, ils ont opéré une sélection, choisissant parmi les oracles ceux qui leur paraissaient les plus pertinents par rapport à leur objet, ceux dont ils pensaient qu'ils gardaient toute leur valeur, les mêmes causes pouvant encore produire les mêmes effets. Et ils les ont

---

parfois sans commune mesure avec leur importance réelle. C'est ainsi qu'ils ne consacrent qu'une demi-douzaine de versets à Omri, que nombre d'historiens considèrent comme le plus grand roi du royaume d'Israël, royaume que, plus d'un siècle après sa mort, les rois d'Assyrie désignent encore comme « le pays de la maison d'Omri ». Ou qu'un roi comme Azarias, auquel ils attribuent un règne de cinquante-deux ans, n'a droit qu'à sept versets.

29 On pourra confronter cette approche avec celle des historiens de l'Antiquité classique, en particulier Hérodote et Thucydide. Sur ces historiens, voir F. Hartog, *Évidence de l'histoire. Ce que voient les historiens*, Paris, éd. de l'École des Hautes Études en Sciences Sociales, 2005, p. 19-132. Voir aussi J. Van Seters, *In Search of History. Historiography in the Ancient World and the Origins of Biblical History*, New Haven-Londçn-Yale, University Press, 1983.

30 Sur ce type d'oracles, voir notamment P. D. Miller, *Sin and Judgment in the Prophets : A Stylistic and Theological Analysis*, Chico, Scholars Press, 1982.

organisés, non selon une perspective chronologique – ne voulant pas faire œuvre de biographe – mais en fonction du message qu'ils voulaient adresser à leurs contemporains, complétant à l'occasion la parole du prophète de manière à la rendre plus actuelle. Que l'image qu'ils donnent ainsi de leur prophète soit une image partiale, cela importe peu, dans cette perspective. Leur démarche aura permis d'arracher les prophètes aux limites des contingences historiques et de donner à leur message une valeur omnitemporelle.

Les réflexions menées par ces différents groupes sur les causes ultimes de la catastrophe les ont conduits à identifier deux raisons principales.

La première de ces raisons est d'ordre cultuel. Ce qui, selon l'une des interprétations, est cause de tous les malheurs, c'est *l'idolâtrie*, comprise dans un sens très large comme un culte rendu à d'autres divinités que Yhwh.

Pour les auteurs de l'« histoire deutéronomiste », l'idolâtrie constitue une des clés majeures des malheurs qui se sont abattus sur Israël. Selon eux, leurs ancêtres s'y sont livrés dès leur installation au pays de Canaan, une fois disparue la première génération, et ce à cause de la séduction qu'auraient exercé sur les tribus israélites les cultes pratiqués par les populations de ces enclaves cananéennes qui mitaient leur territoire (Jg 2). La présence de telles enclaves (voir Jg 1,21-36), malgré la promesse de Yhwh de chasser toutes les populations autochtones (Ex 34,11), avait déjà fait question pour les anciens. Selon ces derniers, l'explication de cette présence avait été donnée dès ce moment là par un ange de Yhwh venu s'adresser à tous les Israélites rassemblés à Bokim, lieu fictif qui signifie littéralement « les pleurants ». Après leur avoir rappelé les termes de l'alliance, à savoir l'engagement pris par Yhwh de ne jamais rompre son alliance avec Israël en contrepartie de l'engagement d'Israël de ne pas conclure d'alliance avec les Cananéens (Ex 34,12.15), l'ange avait constaté qu'Israël avait rompu cette clause, en l'occurrence en contractant alliance avec les Gabaonites. Que celle-ci ait été ou non le fruit d'une ruse des Gabaonites ne changeait rien à l'affaire (Jos 9). Et il leur avait annoncé la décision de Yhwh de cesser d'expulser les Cananéens, ce dont il résultait que désormais les Israélites seraient constamment confrontés à la religion cananéenne dont les dieux seraient pour eux un piège (Jg 2,1-5)[31]. Dès le début, le ver était donc dans le fruit. Si les « historiens »

31 Pour plus de détails, voir A. Marx, « Forme et fonction de Juges 2, 1-5 », *Revue d'histoire et de philosophie religieuses*, vol. 59, 1979, p. 341-350.

deutéronomistes ont repris ce récit, c'est parce que cette explication dépasse le cas particulier des premiers temps de l'installation. De leur point de vue, la sentence jadis prononcée par Yhwh détermine toute l'histoire d'Israël. Il ne s'agit pas là d'une forme de racisme. Le problème pour eux n'est pas qu'il reste des populations cananéennes[32]. Ce qui fait problème, c'est que les Israélites soient attirés par leur religion, et donc qu'ils finissent par se détourner de Yhwh, soit qu'ils le rejettent en faveur des divinités cananéennes, soit qu'ils adorent ces divinités en même temps que Yhwh. Un danger dont déjà Josué les aurait avertis (Jos 23,11-16).

Cette séduction par l'idolâtrie a opéré, selon eux, tout au long de l'époque des « juges ». Si cette époque est marquée par une aussi grande instabilité, alternant les périodes de sujétion ou d'agression et des périodes d'indépendance et de paix, c'est, expliquent nos auteurs, parce qu'Israël a abandonné Yhwh pour se rallier aux divinités cananéennes, les Baals et les Astartés ; que Yhwh a alors fait appel à des nations étrangères pour le châtier. Lorsque dans leur détresse les Israélites l'ont imploré, il leur a envoyé un libérateur, un « juge » qui, investi de l'Esprit, les a délivrés de l'oppression. S'en est suivie une période de paix jusqu'à ce que, à la mort du juge, le même cycle reprenne.

Au terme de ces longues explications données en Jg 2,11-19, et après avoir rappelé la présence persistante des Cananéens, nos auteurs précisent d'où vient qu'Israël en arrive ainsi à se tourner continuellement vers les divinités cananéennes : c'est à cause des intermariages entre Israélites et Cananéens (Jg 3,6) – en dépit de l'avertissement que Yhwh avait expressément formulé dans la charte de son alliance (Ex 34,12.15-16), avertissement que Moïse (Dt 7,3-4) puis Josué (Jos 23,12) avaient rappelé – et parce que leurs femmes cananéennes les y ont incités. Ce sont aussi les femmes que Salomon avait prises parmi les nations environnantes pour épouses – nos auteurs lui attribuent pas moins de sept cents épouses

32 Deux autres explications, plus surprenantes, de la persistance cananéenne sont données peu après en Jg 3,1-6. Selon la première, ces populations doivent servir à tester la fidélité des Israélites aux commandements de Yhwh, un test dont les pages suivantes du livre des Juges montrent déjà qu'ils échouent. Selon la seconde, elles doivent servir à enseigner aux générations futures l'art de la guerre, une explication dont on ne voit pas très bien, à vrai dire, à quoi elle fait précisément référence, mais qui peut-être attribue aux Cananéens le rôle de sparring-partner contre lesquels les Israélites pourront s'entraîner au combat contre leurs futurs ennemis !

et trois cents concubines ! – qui sont tenues pour responsables de ce qu'il s'est détourné de Yhwh et a été amené à construire des sanctuaires pour leurs divinités respectives, et même à s'attacher à elles. Tout en lui accordant, du bout des lèvres, l'excuse de la vieillesse, nos auteurs ne l'en condamnent pas moins pour avoir lui-même, sans doute aveuglé par l'amour, rendu un culte aux divinités adorées par ses innombrables femmes. Que cette idolâtrie tardive résulte de l'affaiblissement de ses facultés intellectuelles ne change rien à l'affaire. Elle est, pour eux, la cause ultime de la division de son royaume en deux : l'un, le plus grand, sera donné à Jéroboam, l'autre, le plus petit, son fils en héritera (1 R 11). Et c'est aussi à une femme étrangère, en l'occurrence la phénicienne Jézabel, que l'on adressera le reproche d'avoir incité Akhab, le roi d'Israël, à adorer Baal et à lui construire un temple à Samarie (1 R 16,31-33), entraînant à sa suite tout son peuple (voir 1 R 18,21-22 ; 19,10) ; culte auquel s'attachera également son fils et successeur Akhasias (1 R 22,54).

Le culte rendu aux divinités cananéennes est aussi, pour nos auteurs, l'une des raisons majeures qui ont conduit Yhwh à supprimer le royaume d'Israël (2 R 17,12-16.34-40 ; 18,12). L'attrait exercé par ce culte est comme un fil rouge qui traverse toute l'histoire d'Israël, depuis son installation au pays de Canaan, et qui, malgré les efforts de deux rois d'Israël, Yoram (2 R 3,2) et surtout Jéhu, pour l'extirper (2 R 10,18-28), continuera à être pratiqué par les Israélites, mais aussi par les Judéens, en tout cas à l'époque de Yoram, roi de Juda (2 R 8,18), d'Athalie, sa femme, fille d'Akhab (*cf.* 2 R 11,18) et d'Akhas (2 R 16,3). En précisant que les Israélites, et pas seulement leurs rois, ont rendu un culte à Baal nos auteurs soulignent leur propre responsabilité dans la catastrophe qui les frappe ; celle-ci ne saurait donc être exclusivement attribuée à leurs dirigeants.

Pour les auteurs de l'« histoire deutéronomiste », les choses sont donc parfaitement claires : c'est l'adoration par les Israélites d'autres divinités que Yhwh, le dieu national, qui a conduit à cette issue fatale. Ainsi qu'ils le diront expressément au moment où ils proposeront cette explication (2 R 17,15.35-40), cette issue résulte de la rupture flagrante de la clause majeure de l'alliance que Yhwh avait conclue avec son peuple (Ex 34,14), clause que Moïse avait maintes fois rappelée aux Israélites quand ils s'apprêtaient à franchir le Jourdain pour entrer dans le pays de Canaan, et dont il avait clairement énoncé quelles seraient les conséquences que provoquerait sa rupture[33]. Il était donc parfaitement normal que Yhwh ne laisse pas impunie la rupture de cette alliance, qu'il sanctionne cette trahison et agisse tout comme le ferait un suzerain par rapport à un vassal infidèle. De même que celui-ci enverrait une armée pour dévaster le territoire de ce vassal afin de l'amener à résipiscence, de même Yhwh a envoyé une armée contre le royaume rebelle. Et tout comme finirait par le faire un suzerain à l'encontre d'un vassal obstinément récidiviste, de même Yhwh, à bout de patience, a fini par se résoudre à supprimer ce royaume incorrigible, utilisant pour ce faire les armées d'autres nations, dont il a fait les instruments de sa légitime vengeance. Pour nos auteurs, il n'y a là ni hasard, ni accident, ni arbitraire. Tout ce qu'il est advenu du royaume d'Israël est parfaitement logique : dès l'origine, Israël avait été averti des conséquences auxquelles il s'exposerait en cas de rupture de l'alliance que Yhwh avait conclue avec lui.

Tout comme ces auteurs, le prophète Osée interprétait la fin du royaume d'Israël comme le châtiment de son idolâtrie. De ce prophète, nous ne connaissons, outre les gestes symboliques en support de son message, que ce qui nous en est dit dans la suscription de son livre, à savoir, en plus de son nom et celui de son père, que son ministère se situait sous le règne de Jéroboam II, quelques décennies avant la chute de Samarie[34]. Pour dénoncer l'idolâtrie d'Israël, Osée utilise la métaphore conjugale. Selon cette perspective, Yhwh, c'est l'époux et Israël, son épouse, que Yhwh aime. Mais celle-ci ne lui est pas fidèle. Elle s'est, en effet, prostituée – un verbe clé pour Osée – et a pris un amant. Une situation que le prophète Osée doit personnellement vivre (Os 1 et 3). Celui auquel Israël se prostitue, cet amant, nous dit-il, c'est le dieu cananéen Baal, qu'Israël adore au sommet des montagnes, à l'ombre d'arbres touffus, tout en rendant par ailleurs un culte à Yhwh. Cette double allégeance vient, selon lui, de ce que les Israélites considèrent que c'est Baal qui est le dispensateur de la fertilité du sol et de la fécondité du troupeau, celui qui leur procure pain, eau, laine, lin, huile, boissons (Os 2,7). Dans la mesure où Yhwh était considéré comme le dieu national, celui qui préside aux destinées d'Israël, il n'y avait sans doute, du point de vue des Israélites, aucune incompatibilité entre l'adoration de Yhwh et celle de Baal, le domaine de spécialité de ces deux divinités étant clairement

33 Dt 29,21-27 ; 31,16-18 ; voir aussi Dt 6,14-15 ; 11,16-17.28 ; 30,16-18.

34 Les références qui y sont faites aux rois de Juda sont, en tout cas pour partie, secondaires.

distinct. Pour Osée, un tel raisonnement est faux. Celui qui, en réalité, apporte la fertilité et la fécondité, ce n'est pas Baal, mais Yhwh (Os 2,10-11). Or, tout comme l'époux est en droit de l'attendre de son épouse, Yhwh attend d'Israël qu'il s'attache exclusivement à lui. Adorer Baal, c'est être infidèle à Yhwh. Et, tout en critiquant par ailleurs les formes du culte (ainsi Os 8,5-6 ; 10,5), c'est, selon Osée, essentiellement cette infidélité que Yhwh va châtier. On notera en passant que, pour justifier ce châtiment, Osée ne fait pas prioritairement appel à l'argument juridique habituel, à savoir qu'Israël a rompu l'alliance qui le liait à Yhwh (Os 6,7 ; 8,1). Ce qui fait l'originalité de son message, c'est de privilégier la métaphore conjugale ; c'est donc de définir les relations entre Yhwh et Israël non en termes juridiques, comme une relation de suzerain à vassal, mais en termes d'amour : ce que le dieu d'Osée attend d'Israël, ce n'est pas tant la soumission d'un vassal à son suzerain que l'amour, l'amour tout aussi exclusif que celui qu'il porte à Israël.

Pour les auteurs de l'« histoire deutéronomiste », si l'adoration de divinités étrangères est l'une des raisons de la catastrophe qui a frappé le royaume d'Israël, c'est l'unique cause de la destruction du royaume de Juda. Et même si d'autres rois avant lui se sont également détournés de Yhwh, c'est surtout Manassé et tous les rois qui lui ont succédé, à l'exception de Josias, qui en sont responsables. De fait, la notice consacrée à Manassé (2 R 21,1-18) porte quasi exclusivement sur sa politique religieuse en faveur de l'idolâtrie. Nos auteurs accumulent les critiques. Pour eux, il est le pire des rois d'Israël et de Juda confondus. Car non seulement Manassé a annulé les réformes du culte entreprises par Ézékias en reconstruisant et en réaménageant les hauts-lieux qu'Ézékias était censé avoir détruits et en refaisant et en réinstallant dans le Temple le poteau représentant la déesse Ashéra que le même Ézékias aurait abattu, mais il a ajouté à l'idolâtrie. Nos auteurs le condamnent ainsi pêle-mêle pour avoir édifié des autels aux divinités astrales, et ce à l'intérieur même du Temple, construit des autels au dieu Baal, mis en place un corps de spécialistes chargés d'évoquer les morts. Et ils le blâment pour avoir personnellement adoré ces différentes divinités, eu recours à la divination, pratiqué l'occultisme et avoir « fait passer son fils par le feu », sans doute un rite de consécration mais dont l'énoncé est formulé de manière suffisamment ambigüe pour qu'on puisse penser qu'il s'agissait d'un sacrifice humain. Il est assez vraisemblable que ces critiques correspondent en grande partie à ce qu'était effectivement la politique religieuse de Manassé qui, pour complaire aux autorités assyriennes – ce qui d'ailleurs explique l'extraordinaire durée de son règne – n'a pas dû manquer de faire preuve d'excès de zèle, même en matière religieuse. Il semble notamment fort probable qu'il ait été à l'origine du culte rendu aux divinités astrales, d'autant plus qu'il devait être persuadé, les succès assyriens lui en apportant la preuve, que ces divinités astrales étaient bien plus efficaces que ne l'était Yhwh. Que, plus d'un demi-siècle après la mort de Manassé, les contradicteurs de Jérémie aient pu penser que les périodes de paix et de prospérité résultaient du culte rendu à la Reine du ciel – ils faisaient très probablement référence au règne de Manassé – et que son interdiction (à partir de Josias ?) avait conduit à la catastrophe (Jr 44,17-18) démontrait pour le moins l'extraordinaire popularité de cette explication. Il est également vraisemblable que Manassé ait favorisé le culte traditionnel du dieu Baal. Par contre, il est moins vraisemblable qu'il ait encouragé la consultation des morts, la divination et le « passage par le feu de son fils », pratiques qui généralement apparaissent surtout dans des situations de crise, ce qui n'était pas le cas de l'époque de Manassé. Mais aux yeux de nos auteurs, Manassé étant pour Juda ce qu'était Akhab pour Israël, à savoir le plus grand promoteur du culte d'autres divinités, il était naturel de lui attribuer toutes les formes d'idolâtries dont ils avaient pu être les témoins directs ou que la tradition prophétique lui avait déjà attribuées. Quoi qu'il en soit, ce sont les initiatives de Manassé en faveur d'un culte idolâtre qui, aux yeux de nos auteurs, sont la cause même de la chute du royaume de Juda. Après les avoir énumérées, ils font aussitôt état d'un discours de Yhwh où celui-ci annonce que Jérusalem subira le même sort que Samarie et que Juda sera livré aux mains de ses ennemis (2 R 21,10-15) ; verdict dont même les réformes entreprises par Josias ne pourront obtenir l'abrogation : elles ne lui permettront que d'en obtenir une suspension provisoire et d'en retarder assez l'échéance pour que Josias n'ait pas à en être le témoin ni la victime (2 R 22,15-20).

La dénonciation de l'idolâtrie est également au cœur du message des prophètes qui ont vécu au cours des dernières décennies précédant la ruine du royaume de Juda.

Nous l'avions déjà noté, l'adoration par les habitants de Juda d'autres divinités est, pour Jérémie, la cause principale des catastrophes qui se sont abattues sur le royaume (Jr 44,2-3 ; voir de même So 1,2-6). Des décennies durant, il l'avait dénoncée ; sans succès mais aussi sans illusion. Car dès le moment où il l'avait choisi comme son prophète, Yhwh lui avait annoncé l'arrivée, depuis le nord, d'une armée qui mettrait le siège devant toutes les villes de Juda afin de châtier leur idolâtrie (Jr 1,15-16). Tout au long de son ministère Jérémie n'en continuera pas moins à reprocher aux Judéens d'avoir abandonné Yhwh, offert des sacrifices à d'autres divinités et persévéré dans cette conduite. Malgré ses appels incessants à la conversion et les menaces répétées de châtiment, ses interlocuteurs refuseront obstinément de l'entendre[35]. Sur les hauts-lieux consacrés au dieu Baal[36], ils persisteront à apporter des sacrifices (Jr 7,9) et même à pratiquer des sacrifices humains, lui offrant leurs enfants en holocauste (Jr 19,5 ; 32,35). Les femmes, avec la complicité de leurs maris et de leurs fils, continueront à offrir des gâteaux à la Reine du ciel et à faire des libations à d'autres divinités encore (Jr 7,17-19 ; voir aussi 32,29). Tout comme pour les théologiens deutéronomistes, l'adoration d'autres divinités constitue pour Jérémie une rupture flagrante de l'alliance que Yhwh avait conclue autrefois avec Israël, au moment de la sortie d'Égypte ; il était donc parfaitement logique que Yhwh sanctionne cette rupture, conformément aux clauses de l'alliance, en faisant en sorte que le malheur s'abatte sur le royaume de Juda (Jr 11,1-17 ; voir aussi 22,7-9). Que les Judéens se soient obstinés dans leur idolâtrie, en dépit des multiples avertissements que Jérémie et ses prédécesseurs leur ont adressés, les rend pleinement responsables de leur sort.

Le recours des Judéens à des cultes exotiques et à des rites extrêmes peut se comprendre. Dans la période de grande instabilité qui a suivi la mort de Josias – rappelons que pas moins de quatre rois se sont succédés en l'espace de deux décennies –, il n'est nullement étonnant qu'on ait cherché à apitoyer Baal, et même Yhwh (Jr 7,31), par un geste désespéré : le don suprême qu'est le sacrifice de l'un de ses enfants ; ce qu'on avait déjà fait dans les dernières années du royaume d'Israël (Mi 6,7). Et l'on comprend d'autant mieux qu'on ait pu recourir à des pratiques en usage du temps de Manassé que la mort sans gloire de Josias sur le champ de bataille pouvait être interprétée comme un désaveu par Yhwh de la réforme du culte que ce roi avait entreprise ou, pire, comme une

35 Voir notamment Jr 7,13.25-26 ; 11,7-10 ; 25,4-7 ; 35,14-15 ; 44,2-5.
36 Jr 2,23 ; 7,9 ; 9,13 ; 11,13.17 ; 17,2.

vengeance des dieux qu'avait écartés Josias et dont il avait interdit le culte. En somme, quoi de plus de naturel que de revenir aux vieilles recettes qui avaient fait leurs preuves et permis alors au royaume de vivre en paix avec ses voisins et de prospérer ? Mais l'appel adressé à d'autres divinités, jugées plus efficaces que Yhwh, ne pouvait pas être considéré comme une simple alternative ou comme un complément au culte rendu à Yhwh. Il impliquait nécessairement que l'on considérait que Yhwh n'était plus en mesure de faire face, de venir à bout de la menace que les armées étrangères faisaient peser sur le royaume. Ce doute dans les capacités de Yhwh était d'autant plus grave qu'il portait sur ce qui était considéré comme son champ d'intervention par excellence, à savoir, comme le rappelait le mythe fondateur d'Israël, sa parfaite maîtrise, en tant que dieu national, du sort de son peuple. De là la vigueur avec laquelle Jérémie a dû s'engager dans la lutte contre ces déviations religieuses, puisqu'il en allait non seulement de la religion, mais de l'identité et donc de l'avenir même d'Israël, de sa pérennité. Au cœur même des événements, alors que se profilait à l'horizon l'inéluctable cataclysme de la fin du royaume de Juda, Jérémie s'efforçait à la fois de peser sur les événements et de convaincre ses compatriotes qu'ils en étaient pleinement responsables – eux tous, et pas seulement leurs dirigeants –, que les armées babyloniennes avaient été envoyées par Yhwh, qu'elles étaient son instrument pour châtier la rupture du traité conclu avec leurs ancêtres. Le récit de la conquête de Jérusalem, en Jr 39, viendra confirmer les positions de Jérémie. La reprise, à la fin du livre, de la description de ces mêmes événements telle qu'elle a été donnée à la fin du livre des Rois, outre qu'elle montre la proximité entre ces deux ensembles littéraires, ajoutera encore à cette confirmation.

Parallèlement à Jérémie, un autre prophète, Ézéchiel, condamne également l'idolâtrie des Judéens. De son éventuel ministère prophétique en Juda, antérieurement à sa déportation en 597, nous ne savons rien. Toujours est-il que le livre d'Ézéchiel ne fait débuter ce ministère qu'en Babylonie, où Ézéchiel vit au milieu de ses compagnons d'exil. Tout comme pour Jérémie, l'idolâtrie est pour Ézéchiel la cause principale de la disparition du royaume de Juda (Ez 5,11-17 ; 6 ; 7,20-22). À l'instar d'Osée, il utilise à ce propos l'image de la prostitution : Juda, comme auparavant Israël, est comparé à un nouveau-né abandonné par ses parents, que Yhwh a recueilli et dont il a pris soin en sorte qu'il est devenu une superbe jeune fille ; celle-ci, au lieu de lui rester fidèle, s'est éloignée de lui et s'est prostituée : une image déjà utilisée à l'occasion par Jérémie (voir notamment Jr 2,20 ; 13,27), mais qu'Ézéchiel amplifie à un point inconnu par ailleurs, jusqu'à tomber dans la vulgarité (Ez 16 et 23). L'idolâtrie en question ne se limite pas simplement, comme chez Jérémie, au culte rendu sur les hauts-lieux à d'autres divinités (Ez 16,16-19 ; *cf.* 6,3-6) ou à ces formes exacerbées du sacrifice que sont les sacrifices humains (Ez 16,20-21 ; 20,31). Celle que dénonce avec insistance Ézéchiel est bien plus grave, car elle se manifeste à l'intérieur même du Temple. Quatre années avant la prise de la ville, Ézéchiel se voit en effet transporté par l'Esprit à Jérusalem, sur le lieu du Temple (Ez 8). Il commence par y découvrir, placée sur le parvis, au nord de l'autel, « l'idole de jalousie » : peut-être une statue de la déesse Ashéra (voir 2 R 21,7). Il découvre ensuite toute une série d'idoles devant lesquelles des anciens font des fumigations de parfum. Puis il voit des femmes pleurant la mort de Tammuz, divinité de la végétation, et des hommes se prosternant depuis l'entrée du Saint devant le soleil ; des pratiques que Jérémie n'avait dénoncées qu'en passant (Jr 7,30 ; 32,34), qui rappellent celles que les historiens deutéronomistes avaient reprochées à Manassé (2 R 21,3-5.7) et qui pourraient aussi résulter des événements de 597 dont on avait pu conclure, puisque le Temple avait été pillé et que l'élite de la population de Jérusalem avait été emmenée en captivité (2 R 24,12-16), que Yhwh avait abandonné son peuple (Ez 8,12 ; 9,9) : puisque le dieu national avait abandonné Juda, il ne restait plus qu'à se tourner vers d'autres divinités ! Cette thèse est battue en brèche par Ézéchiel. Pour ce faire, il fait état d'une vision qui lui avait été donnée et qui l'amène sur le parvis du Temple où il voit la gloire de Yhwh, signe de sa présence. Mais cette gloire va se déplacer. Le prophète la voit d'abord passer sur le seuil du sanctuaire (Ez 10,4), se retirer de là pour se placer sur des chérubins (Ez 10,18) puis s'élever au-dessus de la ville pour se fixer sur une colline, à l'est de la ville (Ez 11,22-23). Délaissée par Yhwh, Jérusalem était désormais une ville ouverte, entièrement livrée aux troupes babyloniennes.

Par le biais de cette vision Ézéchiel répond par avance à une objection capitale, que l'on peut énoncer ainsi : si le Temple est bien la demeure de Yhwh, si Jérusalem est la ville où il réside, cette présence même du dieu national parmi les siens doit nécessairement garantir l'inviolabilité de ces lieux, et donc les protéger des attaques ennemies qui, dans ces conditions, ne peuvent qu'échouer. Déjà Jérémie avait été confronté à ce type de raisonnement et avait dû affronter ceux qui n'avaient à la bouche que les mots « Temple de Yhwh » et trouvaient dans cette présence du Temple des motifs suffisants de confiance (Jr 7,4). Si donc, toujours selon ce raisonnement, Yhwh est supérieur aux autres divinités, celles-ci ne sauraient donner à leur armée la victoire sur le royaume de Juda. Mais, et c'est là que le raisonnement devient théologiquement dangereux, si Jérusalem est prise, si son Temple est détruit, si le royaume de Juda est vaincu, ce ne peut être que la preuve, soit que Yhwh a décidé d'abandonner son peuple, soit qu'il est incapable de le protéger efficacement, et que donc les divinités babyloniennes lui sont supérieures. À ce type de raisonnement, il ne suffisait pas de répondre en invoquant la théorie selon laquelle les armées babyloniennes étaient l'instrument de Yhwh, car cela n'expliquait toujours pas comment il était possible que le Temple, la demeure même de Yhwh, soit pris, pillé et incendié. La solution proposée par Ézéchiel, par contre, répondait parfaitement à cette objection : Yhwh avait quitté le Temple et la ville de Jérusalem, le lieu saint était devenu de la sorte un lieu profane auquel Yhwh avait retiré sa protection, les troupes babyloniennes dont il se servait pour châtier Juda pouvaient donc désormais librement s'en emparer. Ce qui démontrait, accessoirement, que Yhwh n'avait nul besoin des richesses accumulées au Temple, pas plus qu'il n'avait besoin de Temple et de culte sacrificiel pour exister !

Au premier reproche d'idolâtrie, les « historiens » deutéronomistes en ont ajouté un autre, plus surprenant à première vue, qui concerne spécifiquement les successeurs de Salomon, qu'il s'agisse des rois de Juda ou des rois d'Israël, à savoir l'adoration de Yhwh ailleurs qu'au temple de Jérusalem.

Pour nos auteurs, le « péché originel », celui qui détermine le destin du royaume d'Israël, a été commis par Jéroboam (1 R 13). Après son accession au trône d'Israël, celui-ci avait décidé de créer de nouveaux centres religieux afin de contrebalancer l'influence de Jérusalem pour empêcher que ne se crée un mouvement centrifuge qui serait politiquement dangereux pour l'existence même du royaume d'Israël. Pour ce faire, il avait choisi de promouvoir deux sanctuaires ; l'un, Béthel, situé tout au sud de son royaume, l'autre, Dan, tout au nord. Ce choix, de prime abord, paraît assez judicieux. Chacun de ces deux sanctuaires pouvait en effet se prévaloir d'un passé vénérable : le premier, Béthel, pouvait se targuer d'avoir été fondé par le patriarche Jacob, l'ancêtre mythique des douze tribus d'Israël, après que Dieu lui y fut apparu (Gn 28) tandis que le second, Dan, faisait remonter sa fondation à l'époque des « juges » (Jg 17-18) et rattachait directement son sacerdoce à Moïse (Jg 18,30). Par ailleurs leur implantation géographique aux deux extrémités du royaume les rendait facilement accessibles à l'ensemble de la population. Dans chacun de ces sanctuaires royaux, le roi avait installé une image cultuelle – en l'occurrence un taurillon – et y avait affecté un corps de prêtres qu'il avait pris parmi le peuple (1 R 12,26-32 ; 13,33). La solution d'un double sanctuaire n'était pourtant pas très sage, car elle privait le royaume du nord d'un pôle centralisateur susceptible de fédérer l'ensemble de la population. De plus, situés aux frontières du royaume, ces deux sanctuaires se voyaient directement exposés aux menaces des royaumes judéens et araméens. D'un point de vue purement politique il eut sans doute été préférable de privilégier le sanctuaire de Sichem, plus central et qui constituait déjà un pôle fédérateur du fait même qu'y était enterré Joseph, l'ancêtre des deux principales tribus d'Israël, Éphraïm et Manassé (Jos 24,32) ; mais il est vrai, il ne possédait pas une tradition religieuse aussi prestigieuse que Béthel et Dan.

La critique des auteurs du livre des Rois porte toutefois sur un tout autre point. Pour eux, toutes ces dispositions sont totalement illégitimes car elles contreviennent à la fois à la règle de l'unicité du sanctuaire – pour nos auteurs, seul est légitime le sanctuaire unique de Jérusalem (Dt 12) –, à celle qui veut que le sacerdoce soit exclusivement assuré par des lévites (Dt 18,1-5) et, surtout, à celle qui interdit l'érection d'une image divine (Dt 4,25-27 ; 5,8) – interdiction illustrée par l'épisode du « veau d'or » rappelé en Dt 9,12-21 –, le choix d'un taurillon étant pour eux, qui plus est, un symbole idolâtre qui renvoie, non à Yhwh, mais à d'autres divinités. Il n'est pas sûr que ce dernier reproche soit véritablement fondé. Car même dans un récit aussi polémique que le récit de la fabrication du « veau d'or » en Ex 32,1-6, celui-ci n'en est pas moins considéré comme s'inscrivant dans le culte à Yhwh et son inauguration donne lieu à une fête expressément qualifiée de « fête pour Yhwh ». En réalité, le taurillon n'est peut-être qu'un support destiné à visualiser le Dieu invisible ; à moins qu'il ne s'agisse d'une représentation de Yhwh lui-même[37]. Il n'en reste pas moins que le choix de ce symbole n'était pas très heureux, du fait de son utilisation dans la mythologie de Baal. Toutes ces critiques figurent dans le cadre d'un discours mis dans la bouche du prophète Ahiya de Silo, celui-là même qui avait fait Jéroboam roi : Jéroboam s'est fabriqué – ce sont là les mots mêmes du texte – des dieux étrangers et a jeté Yhwh derrière son dos (1 R 14,9).

Ce jugement porté sur la politique religieuse de Jéroboam est de toute manière clairement anachronique, car le texte sur lequel il s'appuie, le Deutéronome, n'était pas connu du temps de Jéroboam ; il n'a été composé que bien plus tard. Mais pour nos auteurs, qui l'attribuent à Moïse, le Deutéronome est censé être connu de tous les rois. À les en croire, David le cite dans son testament politique (1 R 2,3), Salomon y fait référence (1 R 8,56), le roi de Juda Amasias s'y conforme (2 R 14,6), Ézékias observe tout ce qui y est prescrit (2 R 18,6.12). Ce n'est que sous le règne de son fils, Manassé, qu'il aurait été oublié, avant d'être redécouvert, par hasard, sous le règne de Josias, à l'occasion de travaux de restauration du temple de Jérusalem (2 R 22). Cette découverte est d'ailleurs diversement interprétée par les historiens ; les uns n'y voient qu'une pieuse fraude destinée à légitimer un écrit composé du temps de Josias en vue de justifier sa réforme du culte, les autres estiment qu'il avait été déposé dans le Temple par des réfugiés du royaume d'Israël après la chute de Samarie, tous s'accordent néanmoins à dire que son noyau n'est guère antérieur au VIIIe s. Mais, sauf à vouloir accuser nos auteurs de malhonnêteté intellectuelle, on peut penser qu'au moment où ils réfléchissaient sur le sens de l'histoire de la monarchie – dans les dernières années du royaume de Juda ou peu après la chute de Jérusalem – ils croyaient effectivement à l'origine mosaïque du Deutéronome.

Quoi qu'il en soit de l'anachronisme du jugement porté sur Jéroboam, pour nos auteurs son « péché » n'en scelle pas moins d'ores et déjà le destin d'Israël et, accessoirement, celui de la dynastie de Jéroboam (1 R 14,10-16). Il est, pour eux, d'autant plus grave qu'il contaminera tous les rois d'Israël dans la mesure où les installations cultuelles qu'il avait mises en place persisteront jusqu'à la fin du royaume d'Israël. Ils ne manqueront pas, quasi systématiquement, de faire reproche à chaque roi d'avoir suivi les voies de Jéroboam, alors même qu'il leur arrive de créditer certains d'entre eux d'avoir détruit des symboles liés au culte

---

37 Voir T. Römer, *L'invention*, *op. cit.*, p. 143-147 et, plus généralement, p. 139-164.

du dieu Baal (ainsi Yoram, 2 R 3,2) et mis fin à son culte (ainsi Jéhu, 2 R 10,28) – tout en maintenant ces sanctuaires ; ce qui, au demeurant, démontre que ces haut-lieux servaient bel et bien au culte de Yhwh ! –, ou d'avoir agi moins mal que les autres rois d'Israël (ainsi Osée, 2 R 17,2, sans qu'ils précisent en quoi il s'en distingue). Le « péché » de Jéroboam, dénoncé au tout début de la notice qu'ils consacrent à ses successeurs, leur sert de clé d'interprétation pour expliquer l'échec de leur règne.

Toutes ces critiques se ramènent en définitive à une seule : Israël a rejeté les instructions de Yhwh qui forment la base de son alliance avec Israël (2 R 17,15-16a.21-23). La rupture de l'alliance est donc clairement consommée et ce, nos auteurs le soulignent, malgré les avertissements répétés des prophètes que Yhwh avait expressément envoyés dans ce but (2 R 17,13). Il apparaissait donc logique que Yhwh finisse par sanctionner ces transgressions persistantes ; que non seulement il se dégage des engagements qu'il avait pris, mais qu'il châtie l'insoumission de son peuple et le chasse « loin de sa face », pour ne plus le voir.

Le jugement que les auteurs de l'histoire deutéronomique portent sur les rois de Juda est tout aussi négatif ; seuls deux d'entre eux, Ézékias et Josias, font l'objet d'une appréciation inconditionnellement positive. Quasiment tous les autres, même ceux dont ils considèrent que leur attitude religieuse a été conforme aux exigences de Yhwh – moins d'un tiers des rois de Juda –, sont blâmés pour avoir construit ou laissé subsister les « hauts-lieux ».

Les hauts-lieux ainsi condamnés sont, en fait, des sanctuaires locaux, édifiés au sommet des collines, au milieu d'arbres verdoyants, dont les aménagements cultuels comprennent des stèles et des poteaux sacrés, peut-être des représentations de Yhwh et de sa parèdre Ashérah. Selon nos auteurs, ce type de sanctuaire a commencé à se multiplier en Juda sous le règne de Roboam (1 R 14,23)[38]. Un tel aménagement des sanctuaires yahwistes a dû être suffisamment habituel pour que le Deutéronome en vienne à l'interdire expressément (Dt 16,21-22), ceci afin d'éviter toute ambiguïté, car le même type d'aménagement se retrouve dans des sanctuaires dédiés au culte cananéen (Ex 34,13 ; Dt 7,5 ; 12,3-4). Ces hauts-lieux ne servent pas nécessairement, comme nos auteurs ont tendance à nous le laisser croire, à un culte idolâtre. Il est assez piquant

38 Sur ce culte voir T. Römer, *L'invention*, *op. cit.*, p. 165-185. Pour la question de l'existence de représentations de Yhwh par une statue, voir aussi p. 187-228.

que l'affirmation de leur caractère yahwiste apparaisse dans la bouche de l'envoyé du roi Sennakérib, qui explique à la délégation du roi Ézékias qu'il est vain de se confier en Yhwh alors même qu'Ézékias en avait détruit les sanctuaires (2 R 18,22) ! De tels sanctuaires locaux existaient d'ailleurs avant l'époque monarchique. Samuel se rend régulièrement à un haut-lieu situé au pays de Souph (1 S 9,12-13), on offre des sacrifices à Béthel (1 S 10,3), Salomon en offre à Gabaon (1 R 3,2-4), sans que cela fasse l'objet de la moindre critique puisque, ainsi qu'il est expliqué expressément à propos de Salomon, le Temple n'était pas encore construit. Mais pour nos auteurs, qui ici encore font preuve d'anachronisme, ces sanctuaires sont tous illégitimes depuis la construction du temple de Jérusalem, qu'ils soient ou non dédiés à Yhwh. Ils ne le sont, en réalité, que depuis la réforme de Josias qui, s'appuyant sur la loi de centralisation du culte de Dt 12, avait fait du Temple le seul lieu de culte et avait supprimé tous les autres (2 R 23), une réforme que nos auteurs, autre anachronisme, avaient déjà attribuée à Ézékias. Pour eux, il allait de soi qu'un roi aussi pieux que l'était Ézékias, dont ils étaient persuadés qu'il connaissait les prescriptions du Deutéronome, devait nécessairement agir ainsi ! Ces mêmes critiques des hauts-lieux apparaissent épisodiquement chez Jérémie (Jr 7,31 ; 17,2) et Ézéchiel (Ez 6,3-6 ; 16,15-21 ; 20,27-32), mais, cette fois, dans le cadre d'une polémique contre les cultes idolâtres.

On ne peut manquer d'être surpris par l'importance que les auteurs de l'« histoire deutéronomiste » attribuent à la question des hauts-lieux. Elle est pour eux le principe explicatif quasi unique, celui à l'aune duquel ils jugent tous les rois. L'existence ou non des hauts-lieux est souvent la toute première chose qu'ils mentionnent, après les données biographiques, dans la notice qu'ils leur consacrent ; c'est même ce qui les amène à les juger négativement ou positivement. Cette obsession est d'autant plus surprenante que l'unicité de sanctuaire ne figure pas parmi les instructions données par Yhwh au Sinaï et que le Deutéronome lui-même ne fait pas état de sanctions spécifiques qui frapperaient les Israélites s'ils ne respectaient pas ce principe. Il paraît évident que l'importance qu'ils attachent à la question de l'unicité de lieu de culte a une raison plus profonde que le simple attachement à une réforme engagée par leurs ancêtres. Selon toute vraisemblance, la centralisation du culte à Jérusalem est pour eux le moyen le plus efficace pour lutter contre les cultes déviants, ceux rendus à d'autres divinités que le dieu national, ou encore ceux rendus à Yhwh, mais dont les formes mêmes sont trop proches de celles des cultes cananéens pour ne pas être source de confusion. La centralisation permet au clergé de Jérusalem de contrôler plus efficacement l'orthodoxie du culte et d'empêcher ces pratiques idolâtres qui, parce qu'elles échappaient à leur contrôle, avaient pu se développer dans le passé. Sans doute sont-ils persuadés que s'ils avaient pu exercer un tel contrôle, jamais l'idolâtrie du temps de Manassé n'aurait pu prendre une telle ampleur. Derrière l'idolâtrie, ils visent en fait ce qui, en dernière instance, a permis qu'elle puisse prospérer. À cette raison première s'ajoute probablement aussi le souci de la cohésion nationale, le Temple remplissant le rôle de pôle de ralliement, de lieu susceptible de fédérer, par-delà la division en deux royaumes, l'ensemble des tribus israélites.

La seconde explication de la disparition des royaumes d'Israël et de Juda *a trait à l'éthique sociale.* Cette explication se trouve principalement dans les livres prophétiques.

Pour les prophètes, l'exigence de justice est ce qu'il y a de plus fondamental. Cette justice, à leurs yeux, doit se traduire par la protection des catégories sociales les plus faibles, les pauvres et, parmi eux, tout particulièrement les veuves, les orphelins et les immigrés qui, parce qu'ils sont isolés et ne bénéficient pas de la solidarité d'un groupe, constituent des proies faciles. Ces valeurs ne sont pas propres à Israël ; elles sont largement partagées dans le Proche-Orient ancien. De cette exigence, le roi est censé être le garant, comme le montre ce portrait du roi idéal que trace le Ps 72, portrait auquel le psalmiste a donné la forme d'une prière, qu'il attribue à Salomon, réputé être le modèle du roi juste : « Dieu, donne au roi ton jugement et au fils du roi ta justice, qu'il juge ton peuple avec justice et tes pauvres selon le jugement ! Que les montagnes apportent la paix au peuple et les collines la justice ! Il fera droit aux malheureux du peuple, il délivrera les fils de l'indigent, il écrasera l'oppresseur [...] Il protégera l'indigent qui crie, le malheureux et celui que nul ne secourt, il aura pitié du faible et de l'indigent, il délivrera les indigents, de la tyrannie et de la violence il les rachètera, leur sang aura du prix à ses yeux » (v. 1-4.12-14). Or, pour un certain nombre de prophètes, c'est parce que ces exigences ont été bafouées que Yhwh a puni son peuple, lui qui, par-delà le roi, qui n'en est que l'instrument, est leur garant ultime. Ce qu'exprime clairement un autre psaume, où Yhwh est décrit comme le Dieu créateur et, aussitôt après, comme celui qui « garde la vérité à jamais, fait droit aux opprimés, donne du pain aux affamés, libère les prisonniers, rend la vue aux aveugles, relève ceux qui sont courbés, aime les justes, protège les immigrés, soutient l'orphelin et la veuve, mais fait dévier la voie des malfaisants » (Ps 146,6-9). Parce que pour ces prophètes il s'agit là d'exigences fondamentales, considérées comme telles parce qu'elles découlent de l'essence même de Yhwh, le châtiment qui en sanctionne la transgression ne peut être qu'un châtiment aussi radical que l'est l'anéantissement des royaumes d'Israël et de Juda.

Le premier prophète à avoir dénoncé ces abus est Amos, dont on nous dit qu'il est originaire du royaume de Juda, où il était éleveur de troupeaux, et qu'il est intervenu ponctuellement dans le royaume d'Israël, à Béthel, de l'autre côté de la frontière, où se trouvait l'un des deux sanctuaires royaux fondés par Jéroboam I. Sa mission, est-il précisé par ailleurs, se déroule sous le règne de Jéroboam II (787-747), un règne exceptionnellement long au cours duquel le royaume d'Israël a pu étendre son territoire et a connu une période de grande prospérité. Dans ses diatribes, Amos dénonce la rapacité des classes dominantes qui oppriment les faibles (Am 3,10 ; 4,1-5 ; 5,11-12), des juges qui tordent le droit (Am 2,6-8 ; 5,7 ; 6,12), des commerçants qui falsifient les instruments de mesure (Am 8,4-6), et leur enjoint de respecter le droit (Am 5,15.24). La perversion du droit et de la justice par les classes dominantes est, pour Amos, la cause même de la fin du royaume d'Israël. Non que ce soit la conséquence inexorable du délitement du lien social : il en est ainsi parce que Yhwh a décidé de châtier tous ces comportements qui contreviennent à ses exigences. L'un des intérêts du livre d'Amos est qu'il nous permet de connaître l'écho qu'a pu avoir le message du prophète. Comme le montre une scène décrite au ch. 7, ce message, qui critique en outre le culte purement formel (Am 4,4 ; 5,21-25), a dû être prononcé en public au sanctuaire de Béthel ; il a dû paraître suffisamment subversif pour que le prêtre chargé de son administration en fasse rapport au roi et envisage l'expulsion d'Amos. Cette scène montre aussi comment ce message a été travesti de manière à en évacuer la critique sociale, et pour faire d'Amos un vulgaire agitateur qui soulèverait le peuple contre ses dirigeants. Alors que le prophète s'attaquait à des abus, le prêtre de Béthel ne retient, dans son rapport, que l'annonce du châtiment, qu'il résume en ces termes : « Jéroboam mourra par l'épée, et Israël sera déporté hors de sa terre ». Ce qu'Amos disait au nom de Yhwh, il le présente à Jéroboam comme étant une simple parole d'Amos. Il est vrai que parler d'une catastrophe à venir à un moment où le royaume d'Israël connaissait une des périodes les plus florissantes de son histoire n'était pas très pertinent. De même, réfléchir sur les causes de la catastrophe annoncée apparaissait comme un exercice bien futile. Ce n'est qu'après, lorsque ce qu'Amos avait annoncé se sera produit, que ses paroles, recueillies par ses fidèles, prendront tout leur intérêt comme pièces à conviction, et qu'on les rassemblera dans un livre.

Tout comme Amos, Michée, autre sudiste, explique la fin du royaume d'Israël – dont il a été le témoin –, mais également la ruine de Jérusalem (Mi 3,12), par la transgression des normes sociales. Pour lui aussi, ces catastrophes sanctionnent la cupidité des puissants qui, pour satisfaire leurs désirs, usent de violence (Mi 2,1-2 ; 6,12), pervertissent le droit (Mi 3,1-3.9-11 ; 7,3), falsifient les instruments de mesure afin d'acquérir à meilleur prix (Mi 6,10-11). Et il rappelle, de même, les exigences du droit, à quoi il ajoute celles de la fraternité, qu'il place, lui aussi, au-dessus des obligations cultuelles (Mi 6,6-8).

Cette même ligne d'interprétation se retrouve chez son contemporain Ésaïe, appliquée au royaume du nord (Es 10,1-2) et pareillement au royaume de Juda que la campagne dévastatrice de Sennakérib, même si elle a épargné Jérusalem, a transformé en un champ de ruine (Es 1,5-9). Pas plus que pour Amos et Michée, ces événements ne résultent pour Ésaïe d'un déficit du culte rendu à Yhwh (Es 1,10-17). À l'instar de ces autres prophètes, il les attribue exclusivement au renversement des valeurs (Es 5,20), à la corruption des juges (Es 5,23), à l'oppression des pauvres (3,13-15), au détournement du droit au détriment des plus faibles (Es 10,1-2 ; voir, a contrario, Es 1,16-17 ; 33,15-16) de manière à permettre aux plus puissants d'accroître leur richesse et leur emprise : tous comportements que Yhwh a châtiés de la sorte.

Pour Jérémie et Ézéchiel, telle est également l'une des explications de la fin du royaume de Juda. Dans un discours qu'il prononce sur le parvis du Temple, devant un nombreux public venu là pour y offrir des sacrifices, Jérémie dénonce la vaine confiance des Judéens qui pensent que la seule présence du Temple suffit à les préserver, alors même que, par ailleurs, ils volent, assassinent, commettent l'adultère – ce qu'avait déjà condamné Osée (Os 4,2) – et font des serments mensongers, contrevenant de la sorte aux exigences énoncées dans le décalogue (Dt 5,17-19). Il les appelle à changer de conduite et à agir selon la justice, à cesser d'opprimer l'immigré, la veuve et l'orphelin et de verser le sang innocent, faute de quoi ce Temple et la ville seront détruits et les habitants de Juda subiront le même sort que ceux d'Israël (Jr 7,1-15 ; voir aussi 5,28-29 ; 22,3) ; avertissement qu'il adresse également au roi (Jr 22,1-9). Ézéchiel, de son côté, fera du non respect de ces principes fondamentaux, auxquels il ajoutera notamment la transgression de règles relevant de la morale familiale et sexuelle, la cause même de la dissémination des Judéens parmi les nations (Ez 22,6-16).

Quelques décennies plus tard, environ soixante-dix ans après l'anéantissement de Juda, le prophète Zacharie jette un regard rétrospectif sur ces événements. Interpelant une délégation venue à Jérusalem pour consulter le clergé de Jérusalem sur l'opportunité de continuer à commémorer par un jeûne la chute de Jérusalem, Zacharie commence par rappeler les avertissements que Yhwh avait autrefois adressés aux Judéens par l'intermédiaire de ses prophètes : « Ainsi avait parlé Yhwh des armées : Jugez le jugement selon la vérité, usez l'un envers l'autre de bienveillance et de miséricorde, n'opprimez pas la veuve, l'orphelin, l'immigré, ne méditez pas dans votre cœur le mal l'un contre l'autre ». Et il poursuit en constatant leur refus obstiné de prendre en compte ces exigences, ce qui avait provoqué la colère de Yhwh qui, en représailles, était resté sourd à leurs prières et « les avait dispersés parmi toutes les nations qu'ils ne connaissaient pas. Le pays fut dévasté derrière eux… D'une terre délicieuse ils ont fait une terre dévastée » (Za 7,7-14). Selon Zacharie, ce n'est donc pas Yhwh qui a ruiné le pays. Les responsables sont exclusivement les Judéens. Ils ont ignoré les avertissements de Yhwh, qui, en conséquence, a sanctionné leur comportement inhumain. Sauf Jérémie et Ézéchiel qui, pour expliquer le cataclysme, soulignent le rôle du culte à d'autres divinités, tous les autres prophètes ont retenu comme cause unique les crimes sociaux.

Tous les prophètes jugent par rapport à une forme de société idéale, telle que Yhwh la requiert, où les rapports humains sont régis par les valeurs d'équité, de solidarité, de fraternité. Or, la société dans laquelle ils vivent est une société fracturée, où non seulement s'opposent les riches et les puissants, d'un côté, les pauvres et les faibles de l'autre, mais où l'avidité et l'insatiabilité des premiers les poussent à utiliser tous les moyens possibles pour accroître leur fortune, au détriment des seconds. Pour ces prophètes, un tel comportement, qui est en totale contradiction avec les normes sociales exigées par Yhwh, ne peut que déchaîner sa colère, et celle-ci, parce que ces comportements sont d'une telle gravité qu'ils sont irrémissibles, ne peut avoir que des effets terribles. Alors qu'Amos, Michée, Ésaïe ne s'adressaient qu'aux classes dirigeantes, Jérémie, Ézéchiel et Zacharie confondent dans le même reproche l'ensemble de la population, qu'ils rendent ainsi directement responsable des malheurs du royaume de Juda. Non pas, répétons-le, que son comportement aurait tout naturellement conduit, en détruisant la cohésion sociale, à l'affaiblir face à l'envahisseur assyrien ou babylonien – il est vrai que lorsque s'effondrent les valeurs qui la fondent, une société se délite et ne peut plus faire face aux menaces extérieures : tout royaume divisé contre lui-même va à sa ruine (Luc 11,17) – mais parce que Yhwh, qui est le garant du respect des normes qu'il a établies, a décidé d'intervenir et de châtier, par l'intermédiaire des nations étrangères, ces comportements criminels. Dans la perspective de nos auteurs le déroulement de l'histoire ne se réduit nullement à une succession logique régie par une causalité purement horizontale. Mais l'insistance mise sur le rôle de Yhwh est également facteur d'espérance. Dans un univers clos où les humains sont seuls responsables de leur destin, il ne pourrait y avoir d'avenir dès lors que le royaume de Juda aurait été rayé de la carte et sa population dispersée à travers les royaumes environnants. Mais, dès lors qu'est affirmée une intervention transcendante, celle du dieu national Yhwh, une ouverture vers un futur devient possible, alors même qu'il serait aléatoire s'il devait être construit par les survivants à la catastrophe. Ce n'est que parce que Yhwh est le maître de l'histoire que la fin du royaume de Juda ne marque pas nécessairement le point final de son histoire.

Bien que les exigences de justice sociale étaient rappelées dans le Deutéronome (Dt 16,19 ; 24,10-25,1), que leur transgression faisait l'objet des malédictions prononcées solennellement dans le cadre d'un rituel d'alliance (Dt 27,11-26), que Yhwh y était présenté comme leur garant[39],

---

39 Ainsi dans la confession de foi du préambule parénétique des lois du Deutéronome, où Yhwh est décrit à la fois comme le Dieu des dieux, celui qui se situe au faîte du panthéon, et en même temps, comme celui qui se préoccupe des catégories sociales les plus

ce type d'interprétation, curieusement, n'apparaît pas chez les auteurs de l'histoire deutéronomiste. Non que ces exigences leur paraissent peu importantes. L'insistance du Deutéronome sur ces dimensions sociales montre à l'évidence que les auteurs de l'« histoire deutéronomiste », qui se situent dans la lignée du Deutéronome, n'ont pas voulu remplacer une clé de lecture par une autre mais seulement la compléter. L'unique exemple de condamnation d'un comportement inique concerne le roi Akhab, dont la femme, Jézabel, afin de pouvoir s'emparer d'une terre patrimoniale que son propriétaire, Naboth, s'était refusé de vendre, le fait accuser par des comparses de blasphème et de lèse-majesté, en sorte qu'il est lapidé (1 R 21). Mais ce crime, que dénonce le prophète Élie, n'entraîne aucun châtiment affectant le royaume d'Israël dans son ensemble. Seuls les coupables sont châtiés, et ils le sont en application rigoureuse du talion ; ce que soulignera expressément le récit de la réalisation de cette prophétie[40] : Jézabel subira le sort de celui qu'elle a fait tuer (1 R 21,23), le cadavre du dernier roi de la dynastie d'Akhab sera jeté dans le champ de Naboth et tous ses autres descendants seront intégralement exterminés (1 R 21,9.21-22.24). Plus tard, nos auteurs accuseront le roi de Juda, Manassé, en plus de bien d'autres péchés, de crimes de sang (2 R 21,16 ; 24,4) : péchés qui seront sanctionnés, sous le règne du roi Yoyaqim, par une invasion des troupes babyloniennes (2 R 24,2-4). Si les auteurs de l'« histoire deutéronomiste » ne font pas des crimes sociaux la cause de la ruine d'Israël et de Juda, c'est parce que selon eux, la raison principale, fondamentale, est liée à la politique religieuse de ses rois.

La réponse des théologiens de l'Israël antique à ceux qui attribuaient la ruine des royaumes d'Israël et de Juda à l'incapacité de Yhwh a consisté à démontrer que Yhwh en était, en dernière instance, l'auteur, mais que les responsables de cette catastrophe étaient les rois qui ne respectaient pas le principe de la centralisation du culte, ceux qui pratiquaient l'idolâtrie et ceux qui exploitaient et opprimaient les plus faibles de leur peuple : en conséquence la réaction de Yhwh était parfaitement légitime. Ils ont ainsi réussi à opérer un formidable retournement : l'échec du dieu national, Yhwh, devient en réalité le

fragiles et qui « fait droit à l'orphelin et à la veuve, aime l'immigré et lui donne pain et vêtement » (Dt 10,17-18).

40 Voir, respectivement 2 R 9,30-37 et 2 R 9,24-26 ; 10,6-11.

signe de sa supériorité sur tous les autres dieux et sur toutes les nations, puisqu'il en a fait ses instruments.

Nous ignorons comment ces différentes interprétations de l'histoire ont été propagées parmi les Judéens. Elles leur ont, sans aucun doute, servi de « boîte à outils ». Mais il très vraisemblable que là où étaient présents des membres des milieux prophétiques et sacerdotaux, ceux-ci en ont assuré la diffusion, et ce principalement à l'occasion des jeûnes commémoratifs de la chute de Jérusalem et de l'assassinat du gouverneur Guedalias (Za 7,5). De tels rituels pénitentiels étaient, à l'évidence, l'occasion privilégiée pour s'interroger sur les raisons de toutes ces catastrophes.

Il n'est pas sûr que, malgré tous leurs efforts, les auteurs de l'histoire deutéronomiste et les éditeurs des livres prophétiques aient réussi à convaincre leurs contemporains de la vérité de leur interprétation. Le débat stérile qui, en Égypte, avait opposé Jérémie à ses contradicteurs est, à cet égard, tout à fait éloquent (Jr 44,1-19). Bien que les événements aient magistralement confirmé les prophéties de Jérémie et démontré la fausseté de celles des prophètes qui s'étaient dressés contre lui, bien que ses contradicteurs aient pu vérifier cette fausseté personnellement, ces derniers n'en continuaient pas moins de s'opposer à lui pour ce qui est de leur interprétation. Conséquence de l'idolâtrie des Judéens, pour Jérémie, les événements résultaient, pour ses contradicteurs, de l'interruption du culte à la Reine du ciel. Ni l'un ni les autres ne peuvent produire l'argument décisif, celui qui remporterait la conviction. La seule réponse que leur apporte Jérémie est une nouvelle prophétie, celle de l'élimination de l'immense majorité des Judéens qui se sont installés en Égypte, motivée de la même façon par la pratique de cultes idolâtres (Jr 44, 20-30). Mais réitérer le même type de prophétie n'en fait pas pour autant une preuve. L'unique chose que son accomplissement peut prouver est, une fois encore, que Jérémie est bien un authentique prophète de Yhwh. Mais cela ne prouve rien, pour ceux qui estiment que ce sont d'autres divinités qui sont à la manœuvre, les mêmes événements pouvant être lus selon des grilles de lecture différentes. Les démonstrations des auteurs de l'histoire deutéronomiste et des éditeurs des livres prophétiques ne servent, en définitive, qu'à convaincre ceux qui le sont déjà ou qui ne demandent qu'à l'être, à les conforter dans leur position et à leur apporter des arguments. Elles sont sans effets sur les autres car, dès lors qu'intervient une Transcendance, la question fondamentale, celle du « Qui », et celle, qui en est le corollaire, du « pourquoi » échappent, par nature, à toute démonstration.

Indépendamment de leur objectif premier, les théologiens de l'Israël antique ont aussi, indirectement, permis de renforcer la cohésion sociale et le sentiment d'appartenance à un même peuple, et de préparer ainsi l'après 587. Et ce, en fédérant la communauté juive autour d'un même Dieu, d'un même lieu de culte, d'une même histoire. En liant le destin d'Israël à l'impérieuse obligation de ne rendre un culte qu'à Yhwh et de ne l'adorer qu'au temple de Jérusalem, ils lui ont donné un centre de gravité, un lieu vers lequel tous les descendants de Jacob tourneront à l'avenir les regards et qui, où qu'ils se trouvent, les reliera entre eux par ce regard dans la même direction. En contribuant à faire connaître, même si ce n'est que de manière très partielle et unilatérale, l'histoire des deux royaumes d'Israël et de Juda, ils ont non seulement fait le lien entre le mythe fondateur et le présent, mais ont canalisé la mémoire collective en la fixant dans une histoire qui allait devenir l'histoire officielle dont tous les Juifs étaient les héritiers. Par là-même, ils ont contribué à renforcer l'identité nationale, car il n'y a pas d'identité sans mémoire commune, sans pour autant, bien au contraire, encourager la nostalgie de ces royaumes qui, mis à part celui de Salomon – et encore –, n'avaient rien de glorieux à leurs yeux. L'histoire des royaumes d'Israël et de Juda, telle qu'ils la décrivent, est celle d'un échec. Et la conclusion qu'ils en tirent est que l'histoire du peuple de Yhwh dépend en dernière instance, non du génie politique de son roi, mais de Yhwh, son dieu national. Par le biais de cette histoire, ils ont en outre renforcé les liens avec la terre d'Israël, une terre qui n'était pas simplement celle que Yhwh avait autrefois, il y a bien longtemps, donnée à leurs lointains ancêtres, mais une terre sur laquelle ils avaient vécu, eux, leurs parents et grands-parents, à laquelle les attachaient des liens affectifs forts, qui était le lieu où plongeaient leurs racines. Ajouté au culte rendu exclusivement au même Dieu, ce double ancrage dans une même histoire et dans un même territoire renforçait, en dépit des situations très diverses que connaissaient ces communautés, le sentiment d'une appartenance commune. Tous ces liens immatériels qui reliaient entre elles les communautés dispersées permettaient d'en assurer la pérennité. Il était indispensable qu'elles se sentent reliées à un ailleurs commun pour éviter que, éclatées en de multiples communautés séparées les unes des autres et repliées sur elles-mêmes, elles ne finissent, au bout de quelques générations, leur identité propre s'estompant, par se fondre purement et simplement dans leur environnement et disparaître. Seul le sentiment fort d'une commune appartenance pouvait empêcher une telle évolution.

Par ailleurs, en désignant l'oppression qu'exercent les riches sur les plus faibles, l'injustice des puissants et la fracture sociale comme la cause des malheurs qui se sont abattus sur Israël, les prophètes ont dessiné non seulement les contours d'une société juste, mais également ceux d'un peuple auquel Yhwh apporte sa bénédiction. La charte que rédigeront plus tard les milieux sacerdotaux de l'exil reprendra ces exigences.

Les différents écrits réunis à la suite de la catastrophe de 587 ont ainsi développé une théologie qui ne faisait pas simplement référence aux lointaines origines, mais qui était en prise directe avec l'actualité. Alors même que, suite à la ruine du royaume de Juda et à la perte de leur territoire, le traité d'alliance qui définissait les relations entre Yhwh et Israël était effectivement, en l'absence de territoire, devenu caduc, ils ont énoncé ce qui devait être, en tout temps et en tout lieu, le fondement d'Israël, à savoir l'adoration exclusive de Yhwh et la justice sociale.

OUVRIR DES PERSPECTIVES

Il ne suffisait pas de comprendre le sens des événements. Encore fallait-il ouvrir un horizon, proposer des perspectives. Les anciens Judéens auraient parfaitement pu reprendre à leur compte cette réflexion de Jacques Ellul : « sans espérance et sans la certitude d'une Transcendance, la situation où nous sommes ne peut produire que le suicide[41] ». Or si, à travers les explications données par les « historiens » deutéronomistes et les prophètes, l'honneur de Yhwh était sauf, l'avenir d'Israël, quant à lui, semblait sérieusement compromis. L'expérience concrète de tous ceux qui avaient été témoins de la déportation des élites et de la fuite d'une grande part de la population, partie se refugier dans les nations

41 J. Ellul, *Théologie et technique. Pour une étude de la non-puissance*, Genève, Labor et Fides, 2014, p. 306.

environnantes, pouvait aisément conforter l'idée que, du fait même du démembrement de la population du royaume de Juda et de sa dispersion, tout était désormais fini, d'autant plus qu'il n'y avait rien à attendre du côté politique. Certes, le roi Yoyakîn vivait encore en exil à Babylone, mangeant à la table royale, signe de la faveur que lui témoignait le roi de Babylone (2 R 25, 27-30) ; mais rien dans son bref règne ne pouvait donner à penser qu'il pourrait être celui qui redresserait Juda. De toute manière, si Yhwh, dont on affirmait qu'il maîtrisait le destin des nations, s'était effectivement détourné définitivement de son peuple, d'où pouvait encore venir l'espoir d'un nouveau départ ?

De nombreux textes témoignent de la conviction que Yhwh avait abandonné Israël et l'avait rejeté. Ainsi, l'auteur du psaume 89 se lamentait-il de ce que, malgré la promesse qu'il avait faite autrefois à David que sa dynastie subsisterait éternellement, Yhwh n'en avait pas moins rejeté son roi et l'avait livré à ses ennemis (v. 36-45). Plaintes dont témoignent également ces paroles du peuple citées par le disciple anonyme du prophète Ésaïe (Es 49,14 ; voir aussi 64,6) et par Jérémie (Jr 33,24) qui disaient leur profond désespoir de ce que Yhwh l'avait abandonné, oublié, rejeté[42]. Plaintes auxquelles font encore écho le prophète Jérémie, qui se demande si Yhwh a vraiment rejeté son peuple (Jr 14,19), ou encore le livre des Lamentations dont la conclusion prend la forme d'une interrogation : « pourquoi nous oublierais-tu pour toujours, nous abandonnerais-tu notre vie entière ? [...] Nous as-tu donc rejetés, es-tu irrité contre nous à l'extrême ? » (Lm 5,20-22). De telles réflexions pouvaient se sentir renforcées par le fait que Yhwh lui-même avait annoncé, du temps de Josias, qu'il rejetterait Jérusalem et son temple, lieu de sa présence (2 R 23,27), tout comme, auparavant, il avait rejeté le royaume d'Israël (2 R 17,20). Message qu'il avait répété du temps de Jérémie (Jr 12,7). De plus, que Yhwh rejette ainsi son peuple était au fond assez logique, dans la mesure où celui-ci avait rompu l'alliance qui le liait à son dieu, en sorte que Yhwh était délié des engagements qu'il avait pris. Un scénario tel que celui envisagé suite à la fabrication du « veau d'or » (Ex 32,10) et plus tard à nouveau dans le désert (Nb 14,12), était, dès lors, parfaitement plausible, et l'on pouvait fort bien penser que, dans sa colère, Yhwh avait décidé, comme il en avait alors exprimé l'intention, de rejeter son peuple et de s'en choisir un autre.

42 Voir aussi Ps 44,24-25 ; 74,18-19.

Israël n'était plus, pour reprendre une image du prophète Ézéchiel, qu'un vaste cimetière rempli d'ossements complètement desséchés (Ez 37,11). Le constat du rejet par Yhwh de ce qui avait été son peuple conduisait inévitablement, soit à se tourner vers d'autres divinités, auxquelles on confierait désormais son sort (voir Lm 3,1-18), soit à sombrer dans le désespoir. En l'absence de pôle fédérateur, sans capitale, sans temple, sans roi, cet état d'esprit ne pouvait, de toute manière, qu'aboutir à l'atomisation du peuple, à son fractionnement en une multitude d'individus ou de micro-communautés qui, fatalement, allaient finir par se dissoudre dans la population ambiante. À moins que, malgré tout, comptant sur l'infinie miséricorde divine, on puisse lui donner une lueur d'espoir. « Il n'y a d'espérance que là où plus rien n'est possible », écrivait Jacques Ellul, qui poursuivait l'espérance « est le processus d'introduction dans la situation concrète d'une dimension inattendue, d'une force nouvelle, de nature différente de tout ce qui était intervenu jusqu'ici[43] ».

Autant il était indispensable d'inscrire dans une logique les événements catastrophiques qui avaient accompagné l'histoire des deux royaumes et de démontrer qu'ils résultaient de la seule initiative de Yhwh, autant il était nécessaire, pour garantir la pérennité du peuple, de lui donner des perspectives d'avenir. Sans la perspective de la Terre promise, l'exode n'aurait conduit qu'au désert et à la mort. La libération de la servitude, autrefois, n'aurait débouché que sur le vide, si elle n'avait pas eu un horizon. Il fallait nécessairement expliquer ce qui s'était passé. Mais l'explication seule, certes intellectuellement satisfaisante, ne pouvait en rien ouvrir l'avenir au peuple si, par ailleurs, celui-ci lui paraissait entièrement bouché. Les leçons du passé ne servent que dans l'attente d'un futur. Il fallait donc également démontrer, et de manière tout aussi convaincante, que le rejet de son peuple par Yhwh n'était pas définitif ; que, malgré tout, en dépit de ses fautes passées, Yhwh avait encore un projet pour ce qui restait de ce peuple ; seule façon de donner corps à une espérance capable d'entraîner ce reste vers un nouvel horizon. À ces individus désemparés, débris d'un peuple en déliquescence, il fallait donner des gages en vue de les convaincre qu'ils n'en continuaient pas moins d'appartenir au peuple que, nonobstant ses trahisons passées, Yhwh persistait à revendiquer comme sien et dont il garantissait qu'il avait

43 J. Ellul, *Théologie*, *op. cit.*, p. 341.

encore « un avenir et une espérance » (Jr 29,11). Enjeu crucial s'il en est, auquel s'attacheront les prophètes[44].

Une curieuse scène illustre ce changement de perspectives.

Alors qu'il était détenu dans la prison du palais, où le roi Sédécias l'avait fait enfermer pour avoir annoncé la chute de Jérusalem et sa propre capture, Jérémie reçoit la visite d'un oncle d'Anatoth, le village dont il était originaire. Celui-ci vient le voir pour lui proposer d'acheter un champ qu'il s'apprête à vendre, une démarche obligatoire dans la mesure où Jérémie avait un droit de préemption. L'affaire ne devient singulière que parce qu'au même moment les troupes babyloniennes assiègent Jérusalem, dont le village d'Anatoth n'est distant que de quelques kilomètres, et que tant le moment choisi que la situation dans laquelle se trouve Jérémie rendent une telle transaction plutôt saugrenue, l'avenir de Jérémie comme celui de Jérusalem et de ses environs étant plutôt compromis. Sans compter que les motivations de l'oncle paraissent assez troubles, car on peut penser que, au vu de l'évolution de la situation militaire, celui-ci, par précaution, préfère se débarrasser d'un champ dont il pense sans doute ne plus avoir usage pour, avec l'argent de la vente, partir se mettre à l'abri à l'étranger. Or, en dépit de tout bon sens, nonobstant la filouterie de son oncle, Jérémie accède à sa demande, fait établir le contrat d'achat et paye la somme exigée (Jr 32). Les prophètes, on le sait, sont assez coutumiers de gestes en apparence incongrus destinés à frapper les esprits et à susciter l'interrogation de ceux qui en sont les témoins[45]. À un autre moment, Jérémie lui-même s'était promené à travers Jérusalem en portant un joug (Jr 27,2 ; 28,13). En achetant ainsi, contre toute logique et en dépit de tout bon sens, mais sur ordre de Yhwh, un champ dont, au vu des circonstances, il parait certain qu'il ne pourra jamais en jouir, Jérémie manifeste clairement

44 On trouvera une étude complète de ces prophéties de salut dans C. Westermann, *Prophetische Heilsworte im Alten Testament* (Forschungen zur Religion und Literatur des Alten und Neuen Testaments 145), Göttingen, Vandenhoeck & Ruprecht, 1987. Sur les aspirations des exilés, voir J. J. Ahn, *Exile as Forced Migrations. A Sociological, Literary, and Theological Approach on the Displacement and Resettlement of the Southern Kingdom of Judah* (Beihefte zur Zeitschrift für die alttestamentliche Wissenschaft 417), Berlin-New York, W. de Gruyter, 2011. Ahn distingue les différentes générations d'exilés, en notant les préoccupations propres à chacune d'entre elles, et examine successivement à cet effet Ps 137, Jr 29, Es 43 et Nb 32 qui, selon lui, reflètent respectivement celles de la première, la première et demi, la deuxième et la troisième génération.

45 Voir notamment Os 1 et 3 ; Mi 1,8 ; Ez 4.5 et 12.

sa foi en l'avenir, fondée sur cette promesse de Yhwh : « on achètera encore des maisons, des champs et des vignes dans ce pays » (Jr 32,15). La prise de Jérusalem, l'incendie de la ville, la déportation de son élite, la dévastation du territoire, l'occupation du pays, tout cela est inéluctable. Mais, et tel est le sens du geste de Jérémie, ces événements tragiques ne signifient pas pour autant la fin définitive de ce peuple dont Yhwh, autrefois, a fait son peuple.

De fait, tous les livres prophétiques dans lesquels est annoncée la fin du royaume d'Israël et de Juda contiennent aussi des oracles qui annoncent le rétablissement du peuple. Le livre d'Osée annonce le retour des Israélites exilés en Assyrie et réfugiés en Égypte (Os 11,11) et se conclut par un message d'amour de Yhwh pour Israël, qui se concrétise dans la promesse d'un nouveau départ et d'une période de paix et de prospérité (Os 14,5-9). Le livre d'Amos se termine, de même, par un oracle de salut où Yhwh fait part de sa résolution de rétablir le royaume de David (Am 9,11-15). La première partie du livre d'Ésaïe s'achève sur la vision du retour joyeux des exilés (Ésaïe 35) et est rythmée par l'évocation de la paix promise à son peuple (Es 9,1-6 ; 29,17-24) et, au-delà, dans les temps eschatologiques, à tous les peuples de la terre (Es 2,2-4 ; 11 ; 25). Tout comme les livres d'Ésaïe et d'Osée, le livre de Michée proclame le retour des exilés (Mi 2,12-13). Il en va de même du livre de Sophonie (So 3,18-20). À l'instar du livre d'Amos, le livre de Michée annonce le rétablissement du royaume (Mi 4,6-5,8) et, comme aussi le livre d'Osée, il se conclut par l'évocation de la compassion divine pour son peuple (Mi 7,18-20). Peu importe que nombre de ces oracles soient sans doute secondaires et n'aient jamais été prononcés par les prophètes auxquels ils sont attribués ; même s'il paraît probable qu'ils aient envisagé qu'à partir du reste du peuple frappé par la catastrophe Yhwh lui fasse prendre un nouveau départ[46]. Lorsque ces livres ont été composés, il importait peu que les assurances données par Yhwh l'aient été effectivement dans le contexte historique dans lesquels leurs auteurs les ont situés. Pour ceux auxquels ils s'adressent, la question de l'authenticité ne se posait pas : qu'elles aient été ou non prononcées par tel ou tel prophète, ces paroles rassurantes l'ont été par Yhwh, dont on connait la grande miséricorde (voir Ex 34,6-7), et témoignent de sa fidèle sollicitude pour son peuple.

46 Es 6,13 ; 10,20-22 ; 11,16 ; Os 11,9-11 ; Am 5,15 ; 9,8-9.

Le tournant, en tout cas, est clairement marqué par Jérémie et Ézéchiel, dont tout laisse à penser qu'après avoir annoncé le châtiment ils se sont aussi faits les hérauts de la réhabilitation. Car, comme l'écrivait ce sage anonyme qui se cache sous le masque de Salomon, « il y a un temps pour tout [...] un temps pour tuer et un temps pour guérir, un temps pour démolir et un temps pour bâtir, un temps pour pleurer et un temps pour rire, un temps pour se lamenter et un temps pour danser [...] un temps de guerre et un temps de paix » (Qo 3,1-8). Deux temps qui rythment la vocation même de Jérémie à qui Yhwh avait ordonné à la fois d'arracher, d'abattre, de faire périr, de détruire mais aussi de bâtir et de planter (Jr 1,10 ; *cf.* 31,27-28). Deux temps qui, de même, caractérisent la prophétie d'Ézéchiel ; lequel, après s'être fait le porte-parole de Yhwh pour annoncer le jugement, dès que celui-ci est devenu effectif (voir Ez 33,21-22), proclame le renouveau. Ces deux paroles opposées ne s'annulent pas. Tous sont concernés par la première. Seuls les rescapés, frappés tout autant que les autres mais qui ont survécu à la catastrophe, le sont par la seconde. Contester systématiquement les annonces de salut sous prétexte qu'elles ne sauraient être que des prophéties *ex eventu* consécutives à l'édit de Cyrus qui autorise le retour des exilés, c'est méconnaître le fait que c'est principalement dans les situations d'échec que naissent les religions de salut et les mouvements messianiques[47].

L'ANNONCE DU RETOUR

La toute première perspective que Jérémie et Ézéchiel ouvrent à l'intention des exilés est celle du retour. Un retour ardemment attendu par ceux, sans doute nombreux, qui souffraient cruellement du mal du pays, de ce *Heimweh* dont parle la langue allemande qui n'a pas vraiment d'équivalent exact en français, et qui évoque la douleur provoquée par la nostalgie de la *Heimat*, ce lieu où l'on trouve la sérénité, où l'on se sent bien, à l'abri, dans son *Heim*, son chez-soi familier. En témoigne la lamentation poignante citée au Ps 137 : « Près des fleuves de Babylone nous étions assis et nous pleurions en nous souvenant de Sion » (Ps 137,1). Ce retour tant espéré, Jérémie comme Ézéchiel le proclament

47 Voir, à ce propos, l'étude classique de V. Lanternari, *Les mouvements religieux des peuples opprimés*, Paris, Maspero, 1962.

à maintes reprises : Yhwh s'y est engagé, il rassemblera tous ceux de Juda mais aussi ceux d'Israël disséminés parmi les nations, et il les fera revenir dans leur pays[48]. À la différence de ce qu'envisageait Dt 30,1-6, cet engagement est ici inconditionnel. Certes, seuls les descendants des déportés et des réfugiés vivront ce retour. Dans une lettre qu'il adresse aux exilés à Babylone, Jérémie rédige ce que l'on pourrait appeler la charte des Juifs de la diaspora : « Bâtissez des maisons et habitez-y, plantez des jardins et mangez en les fruits, prenez des femmes, engendrez fils et filles [...] Multipliez-vous là-bas et ne diminuez pas. Recherchez la paix pour la ville où je vous ai déportés et intercédez pour elle auprès de Yhwh, car par sa paix vous aurez la paix » (Jr 29,5-7). Et il ajoute qu'il faudra patienter soixante-dix ans avant de pouvoir revenir (Jr 29,10 ; en fait, le retour pourra intervenir dès la proclamation de l'édit de Cyrus, en -538, voir Esd 1,1-4). Mais peu importe l'attente. Ces expatriés savent désormais que leur situation n'est que provisoire, même si ce provisoire doit durer, que le retour interviendra, parce que Yhwh en a ainsi décidé. Résolument tournés vers le futur, tirés en avant, ils peuvent désormais détourner le regard du drame passé. Dispersés sur de multiples territoires, ils peuvent préserver leur cohésion grâce à cette promesse qui entretient le lien avec leur terre, celle de leurs ancêtres.

Pour décrire ce renouveau, les prophètes emploient principalement deux métaphores.

L'une, utilisée exclusivement par Ézéchiel, est celle de la *résurrection*. Emporté par l'Esprit dans cette même vallée où Yhwh lui était apparu et l'avait rendu muet afin de l'empêcher de prêcher la repentance (Ez 3,22-27), le prophète la découvre couverte d'ossements complètement desséchés, sans la moindre parcelle de vie. Mais voilà que, à l'initiative de Yhwh, il va assister à un phénomène tout à fait extraordinaire : à sa parole, les ossements se rapprochent les uns des autres, les squelettes se reconstituent, les os se revêtent de chair et de peau pour devenir des cadavres, puis l'esprit de Yhwh entre en eux et leur confère la vie. Ce prodige, qui défie toute raison humaine, illustre ce que Yhwh s'apprête à faire en faveur de son peuple. Alors que, raisonnablement, tout concourait à faire croire que ce peuple était définitivement fini, que,

48 Respectivement Jr 23,3-4 ; 30,3.10.18 ; 31,6-11 ; 32,36-37 ; 33,7 ; *cf.* 24,6-7 et Ez 11,17 ; 16,53-55 ; 20,39-44 ; 28,25-26 ; 34,11-16 ; 36,22-38 ; 37 ; 39,25-29. Voir aussi Dt 30,3-4 ; Za 8,7-8 ; 10,6-12.

d'un point de vue purement rationnel, il n'y avait plus aucun espoir de le voir reprendre consistance, Yhwh lui annonce qu'il le reconstituera, comme il l'a fait pour les cadavres de la vision, qu'il le libérera de ce tombeau qu'est l'exil et qu'il le ramènera dans son territoire (Ez 37,1-14). Ce qu'annonce ainsi le prophète, c'est en fait la naissance d'un nouveau peuple, issu de l'ancien, non du fait d'un renouvellement naturel des générations et encore moins du fait d'un projet politique et de l'habileté de ses dirigeants, mais grâce à la seule intervention divine, cette Transcendance dont parlait Ellul, sans laquelle l'unique issue était la disparition pure et simple.

L'autre métaphore, plus fréquemment utilisée, est celle de *l'exode*. Elle est employée, à l'occasion, par Jérémie qui met explicitement en parallèle l'exode hors d'Égypte, autrefois, et ce nouvel exode qui, cette fois-ci, va ramener les Israélites de leur terre d'exil dans leur pays (Jr 16,14-15 // 23,7-8). Cette métaphore exodique sera toutefois employée principalement par ce disciple anonyme d'Ésaïe qui vivait à l'époque de Cyrus. Les exilés y sont décrits comme des captifs que Yhwh libère[49], qui sont appelés à s'enfuir ainsi que le firent leurs lointains ancêtres[50]. De même qu'autrefois, au moment de la sortie d'Égypte, Yhwh avait protégé leurs ancêtres de leurs poursuivants lorsqu'il les fit traverser la mer des Roseaux (voir Ex 14), Yhwh les protègera sur le chemin du retour[51]. Et, sur ce chemin qui passe à travers des terres arides, il fera jaillir l'eau du rocher (Es 48,21 ; voir aussi 43,20), ainsi qu'il l'avait fait pendant la traversée du désert (Ex 17,1-7), et les nourrira abondamment (Es 49,10). Mais, tandis que pour leurs ancêtres la traversée du désert était semée d'embûches, que les difficultés auxquelles ils étaient confrontés étaient telles que, plus d'une fois, ils pensaient renoncer, regrettant les « pots de viande d'Égypte » (Ex 16 ; Nb 11), ce nouvel exode prendra l'allure d'une marche triomphale. Dans la version enthousiaste qu'en donne Es 35, le désert est devenu une oasis verdoyante couverte de fleurs, un jardin luxuriant, paradisiaque, où ceux que Yhwh a libérés forment une longue procession, se pressant joyeusement vers Sion, en toute sécurité, à l'abri des bêtes féroces (voir aussi Es 43,19-20).

---

49 Ainsi Es 49,9 ; 52,2 ; 61,1 ; voir aussi Jr 30,10 // 46,27 ; 31,7 ; Ez 34,27.

50 Es 48,20 ; 52,11-12 ; voir Ex 14,5.

51 Es 43,16 ; 52,12 ; *cf.* 51,9-10.

Par rapport à la métaphore de la résurrection, celle de l'exode apporte un supplément. Elle permet de renouer avec le mythe fondateur dont la force symbolique avait contribué à renforcer la cohésion d'Israël et sa foi en l'avenir. Yhwh n'avait-il pas déjà été capable, autrefois, de libérer leurs ancêtres de la puissante Égypte, alors même qu'ils étaient entièrement à sa merci, dans l'incapacité totale de se soulever contre leurs oppresseurs ? En redonnant vigueur à ce mythe, les prophètes soulignent la continuité de l'action divine : ce que Yhwh a fait autrefois, dans une situation analogue, Yhwh s'apprête à le faire de nouveau. Le même Dieu qui alors avait délivré les ancêtres de leur esclavage en Égypte, va maintenant libérer ceux que les Babyloniens avaient emmenés en captivité. Et il les conduira, de même, vers leur pays. Pour autant, il ne s'agit pas d'une histoire cyclique, où les mêmes événements se reproduiraient à intervalle de plusieurs siècles. Ce nouvel exode, qui cette fois-ci mène principalement du nord au sud, n'est plus une marche pénible, à travers un désert hostile, vers une terre inconnue, déjà occupée, qui plus est, par une population qu'il faudra soumettre. Il se situe à un palier supérieur, où tous les obstacles de jadis sont balayés et où Yhwh réalisera des choses nouvelles pour son peuple.

Dans les faits, le retour d'exil autorisé en -538 par l'édit de Cyrus sera bien loin d'être ce mouvement massif qu'envisageaient les prophètes. Le recensement des Juifs revenus d'exil donne, à en croire Esd 2 // Ne 7, un total de quarante-deux mille trois cent soixante personnes, auxquelles s'ajoutent sept mille trois cent trente sept serviteurs et servantes : chiffre dont il est difficile de mesurer la valeur historique et qui, s'agissant de ceux qui sont revenus à ce moment-là, est assurément très exagéré. Une chose est certaine : nombreux sont ceux qui resteront. L'auteur du roman d'Esther ne s'étonne pas de ce que, près d'un siècle après la promulgation de l'édit de Cyrus, époque à laquelle il situe son œuvre, on trouve encore d'importantes communautés juives dans toutes les provinces de l'empire perse, alors même que la vie politique et religieuse avait repris à Jérusalem. Tel était très vraisemblablement le cas au moment où il écrit, soit aux environs du IIe s. avant notre ère. De même, les colonies juives établies en Égypte, où nombre de Judéens étaient allés chercher refuge (voir Jr 44), continueront à se développer[52]. À l'époque

52 Parmi ces colonies, celle d'Éléphantine, en haute Égypte, nous est connue grâce à la découverte d'archives datant du 6e au 4e s. Voir P. Grelot, *Documents araméens d'Égypte* (Littératures anciennes du Proche-Orient 5), Paris, Cerf, 1972.

hellénistique, elles formeront même, à Alexandrie, un centre intellectuel majeur où les écrits sacrés seront traduits en grec. L'ardent espoir d'un retour qui animait la première génération de ceux qui étaient nés dans le royaume de Juda motivait moins ceux qui n'avaient connu que le pays où ils résidaient et qui s'y étaient installés. Phénomène habituel que vivent tous les déplacés. Désormais, le terme générique « Israël » désignera deux composantes géographiquement bien distinctes, l'une établie dans la terre ancestrale, centrée autour de Jérusalem, l'autre formant une vaste diaspora répartie sur tout le Proche-Orient et, plus tard, bien au-delà. Mais, pour ces derniers, le mythe du retour n'en restera pas moins vivant, unissant l'ensemble de la diaspora juive dans une même aspiration et lui insufflant cette formidable foi en l'avenir qui lui permettra de surmonter les tribulations du présent[53].

LA RESTAURATION DU ROYAUME DE DAVID

Pour Jérémie et Ézéchiel ce retour n'est qu'une première étape. Sa finalité est la restauration du royaume de David et de Salomon qui, comme cela avait été le cas autrefois, rassemblera de nouveau Israël et Juda en un seul royaume, sous l'autorité d'un même roi, de à la dynastie de David[54]. À l'image du royaume de Salomon qui, dans l'imaginaire collectif, représentait le type idéal, le roi que Yhwh fera surgir exercera son pouvoir selon le droit et la justice (Jr 23,5 // 33,15), se conformant ainsi au modèle décrit au Ps 72. Sous son règne, et comme au temps de Salomon, ce nouvel Israël vivra en sécurité et dans la prospérité[55]. Et le culte au Temple, où Yhwh s'installera de nouveau parmi son peuple (Ez 37,26-28), reprendra comme autrefois (Jr 33,18), garantissant de la sorte paix et prospérité (ainsi Ez 47,1-12 et, a contrario, 2 C 29,6-8) ; en somme, tout ce qui définit le bonheur, tel que l'illustre cette description du contenu de la bénédiction divine : « (Yhwh ton Dieu) t'aimera, te bénira et te multipliera ; il bénira le fruit de ton ventre et le fruit de ta

53 Pour une présentation succincte de la place du mythe du retour dans le Judaïsme, voir « Sion, retour à », *Dictionnaire encyclopédique du Judaïsme*, Paris, Robert Laffont, 1996, p. 955-958.

54 Voir principalement Jr 33,15-26 ; Ez 34,23-24 ; 37,24-25 (voir aussi Am 9,11-12 ; Mi 5,1-5).

55 Voir, respectivement, Jr 23,6 // 33,16 ; 30,10 ; 32,37 ; Ez 28,26 ; 34,25.28 ; 39,26 (voir aussi Os 2,20) et Jr 31,12-14 ; Ez 34,26-29 ; 36,34-35 ; 39,26 (voir aussi Es 54,11-13 ; Am 9,13).

terre, ton blé, ton vin et ton huile, la reproduction de tes bovins et les portées de ton petit bétail [soit les principales productions du pays][...] Tu seras béni plus que tous les peuples ; il n'y aura chez toi aucun stérile, ni homme ni femme, et parmi tes troupeaux, ni mâle ni femelle. Yhwh éloignera de toi toute maladie ; il ne t'infligera aucune de ces terribles épidémies d'Égypte que tu as connues... » (Dt 7,13-15).

Ces promesses, nos deux prophètes les ont inscrites dans le cadre juridique d'une alliance[56]. De même qu'après la sortie d'Égypte Yhwh avait conclu une alliance avec le peuple qu'il s'était choisi, de même conclura-t-il une alliance avec ceux qu'il ramènera dans leur territoire. Mais cette alliance, par la force des choses, prendra un contenu différent. Car, tandis que l'alliance ancienne se rapportait à la prise de possession du territoire que Yhwh leur avait destiné, celle-ci étant désormais acquise, la « nouvelle alliance » (Jr 31,31) portera principalement sur la pérennité de la dynastie davidique. L'engagement, à en croire l'auteur du récit de 2 S 7, en avait déjà été pris, autrefois, par Yhwh dès le début du règne de David. Alors que celui-ci s'était proposé de construire une maison pour abriter l'arche, symbole de la présence de Yhwh, Yhwh l'en avait dissuadé et lui avait promis, en retour, de garantir que sa maison à lui, sa dynastie, règnerait à jamais. Une promesse que David avait rappelée sur son lit de mort, dans les dernières instructions données à son fils et successeur Salomon (1 R 2,4b[57]). Jérémie s'y réfère d'ailleurs expressément – Jr 33,17 est une quasi citation de 1 R 2,4b –, mais pour en faire le cœur de la future alliance. Celle-ci sera d'une nature différente. Certes, comme l'ancienne, cette nouvelle alliance comprend également des clauses qui fixent ce qui est exigé du partenaire. Mais ces exigences, au lieu d'être inscrites, comme autrefois, sur des tables de pierre, et d'être ainsi extérieures, le seront désormais dans le cœur même des Israélites, de sorte qu'elles seront intériorisées, que leur mise en œuvre interviendra spontanément, et qu'elles détermineront tout naturellement leur action[58]. Contrairement à l'ancienne, la nouvelle alliance ne pourra donc pas être rompue par Israël. Et elle ne le sera pas

56 Voir principalement Jr 31,11-40 ; Ez 34,25-31 ; 37,26-28 (voir aussi Es 49,8-13 ; 54,9-10 ; Os 2,20-25).

57 L'auteur du Ps 89 (v. 29-38) s'y appuiera plus tard afin de convaincre Yhwh d'intervenir en faveur de son peuple. Sous forme conditionnelle, cette promesse sera également citée par Salomon (1 R 8,25 ; 9,4-5) ainsi qu'en Ps 132,12.

58 Jr 31,33-34 ; Ez 11,19-20 ; 36,26-27 (*cf.* Dt 30,6 ; Es 59,21).

non plus par Yhwh, qui s'y engage solennellement, la comparant aux lois immuables de l'ordre cosmique qu'il avait établies dès les origines, celles qui fixent l'alternance du jour et de la nuit. De même, précise-t-il, qu'il est totalement impossible de rompre cette ordonnance préétablie, à savoir « l'alliance avec le jour et la nuit », de même il sera impossible de briser cette autre alliance (Jr 31,36-37 ; 33,20-22.25-26). Elle sera aussi irrévocable que l'est l'ordre cosmique. Comme cet ordre, elle est éternelle[59], comme l'est aussi l'alliance par laquelle Yhwh a attribué un territoire à Israël (Ps 105,8-11). Celui qui la garantit, et tel est le message implicite de ces comparaisons, n'est autre que le Dieu créateur de l'univers.

Par ces multiples références au passé, nos prophètes soulignent que le nouvel Israël s'inscrit bien dans la continuité de l'ancien.

En ne faisant plus dépendre l'alliance de Yhwh avec son peuple de l'observation par celui-ci de ses clauses, en faisant du Dieu créateur son garant, les prophètes ont voulu apporter aux exilés et, au-delà, à tous les Israélites, cette confiance nécessaire qui permet de se projeter dans l'avenir. Se fondant sur cette promesse de stabilité, de paix et de prospérité, ceux-ci pourront d'ores et déjà s'engager pleinement dans leur activité, sachant que leurs efforts ne seront pas compromis mais, parce que Yhwh s'y est solennellement engagé, qu'ils seront couronnés de succès. Il ne s'agit pas simplement de les faire rêver d'un futur radieux, il s'agit de leur apporter l'assurance de son advenue. L'accomplissement de la promesse du retour des exilés, de prime abord impensable au vue de la puissance babylonienne, allait devenir le gage de la réalisation des autres promesses, que celles-ci concernent l'avenir proche ou qu'elles concernent des temps plus éloignés. Si, à peine un demi-siècle après la chute de Jérusalem, Yhwh avait réussi à retourner à ce point radicalement la situation, démontrant ainsi de façon magistrale sa parfaite maîtrise des forces de l'histoire, rien, de toute évidence, ne pouvait s'opposer à l'accomplissement de ses autres promesses !

Par cette annonce d'une nouvelle alliance, les prophètes ont en outre inscrit les différentes catastrophes qui se sont abattues sur Israël, depuis la fondation du royaume de David, dans une nouvelle perspective. Au lieu que la disparition, en -587, de son ultime reliquat apparaisse comme la fin tragique d'une aventure engagée quelques quatre siècles

59 Jr 32,40 ; Ez 16,60 ; 37,26 ; voir aussi Es 54,10 ; 55,3 ; 61,8.

auparavant, elle devient un moyen pour commencer quelque chose de nouveau. Une réforme n'étant plus possible, l'espoir tant attendu d'une conversion étant décidément vain, puisque l'ancienne alliance n'avait pu assurer la pérennité du royaume davidique, il ne restait à Yhwh comme unique solution que de faire table rase afin de pouvoir recommencer sur des bases nouvelles. Pour pouvoir créer du neuf, il fallait d'abord tout effacer. La destruction du royaume de Juda devenait ainsi le prélude de la restauration, non de celui-ci mais de l'ancien royaume de Salomon qui rassemblait l'ensemble des douze tribus et leur offrait paix et richesse : un royaume qui n'était plus seulement un moment exceptionnel mais passager de l'histoire, et qui, lui, durera à jamais. La mort était nécessaire pour faire place à une nouvelle vie…

LES RAISONS D'UN REVIREMENT

Restait à expliquer comment les prophètes ont pu à ce point changer de registre et, après avoir inlassablement annoncé le malheur, se faire les chantres d'un avenir merveilleux. Ou plutôt, à expliquer ce qui a amené chez Yhwh cette étonnante volte-face et préciser, par ailleurs, pourquoi il tient aussi obstinément à ce peuple.

Pour justifier ce revirement, les prophètes invoquent principalement trois raisons.

Une de ces raisons est *l'honneur de Yhwh*, sa réputation en tant que Dieu qui doit manifester sa supériorité sur les autres divinités et ne saurait accepter l'échec.

À cet appel à l'honneur de Yhwh, l'un des auteurs du livre de l'Exode avait déjà eu recours dans le cadre de l'épisode du « veau d'or », l'attribuant à Moïse. Alors que Yhwh avait exprimé son intention de détruire ce peuple qu'il venait de libérer, Moïse lui avait opposé l'argument que, s'il allait au bout de son intention, les Égyptiens pourraient interpréter le fait qu'il ait fait sortir les Israélites d'Égypte comme une manœuvre, uniquement en vue de les faire périr au désert, ce qui conduirait à donner de Yhwh l'image d'un dieu sadique et mystificateur, qui ne fait miroiter une terre promise que pour mieux cacher son objectif véritable (Ex 32,9-12). De même, à en croire les auteurs du livre des Rois, Ézékias y a fait appel au moment où les armées assyriennes assiégeaient Jérusalem. Dans la prière qu'il est censé avoir prononcée à ce moment-là, Ézékias exposait à Yhwh l'argument avancé par les envoyés du roi d'Assyrie pour obtenir la reddition, à savoir qu'aucun dieu des nations qu'il avait vaincues jusqu'à ce jour n'avait pu les délivrer, que donc, pas plus que ces autres divinités, Yhwh ne pourrait délivrer Juda. Si donc, et tel est l'argument d'Ézékias, Yhwh s'abstenait d'intervenir, il conforterait le roi d'Assyrie dans son idée que Yhwh n'est qu'une divinité parmi d'autres, inférieure aux divinités assyriennes, alors qu'il est, comme le lui rappelle Ézékias, « le seul Dieu pour tous les royaumes de la terre, [...] qui a fait les cieux et la terre ». Il était donc impératif, dans ces conditions, que Yhwh lave cette insulte et vienne libérer Jérusalem afin de démontrer publiquement, face à la terre entière, qu'il n'est pas, lui, une simple idole « œuvre des mains de l'homme, du bois et de la pierre » comme le sont ces autres dieux, mais qu'il est, et lui seul, Dieu (2 R 19,10-19 ; voir aussi Ps 89,51-52). Il faut que les nations sachent qu'il est véritablement Dieu. Et selon l'un des auteurs du récit de la sortie d'Égypte, les prodiges effectués par Yhwh, qu'il s'agisse des « plaies » ou de la délivrance d'Israël acculé au bord de la mer des Joncs alors que les troupes égyptiennes étaient lancées à sa poursuite, n'avaient d'autre but que de démontrer aux Égyptiens que Yhwh est vraiment Dieu (Ex 7,4-5 ; 14,4.17-18).

Parmi les prophètes, c'est principalement Ézéchiel qui utilise cet argument. Pour Ézéchiel, toute l'action de Yhwh vise en dernière instance à manifester sa puissance, à prouver, aussi bien à Israël qu'aux nations, qu'il est Dieu. Significativement, la formule « et vous / ils saurez / ont que moi Yhwh... » est employée pas moins d'une quarantaine de fois dans son livre. Si Yhwh intervient contre son peuple, contre des nations environnantes qui le menacent, s'il rassemble son peuple disséminé et le fait revenir dans son territoire, c'est pour que soit connu et reconnu son empire sur les nations. C'est pour que les Judéens, tournés vers les idoles, reconnaissent que c'est Yhwh qui est Dieu qu'il les a frappés par l'épée, la famine et la peste, fait de leur pays une terre de désolation (Ez 6,13-14 ; 33,28-29) et disséminé ses habitants (Ez 12,15). C'est pour qu'il puisse y avoir des témoins du fait que les menaces proférées n'étaient pas des paroles en l'air, que Yhwh a laissé un reste à Juda (Ez 6,10). C'est afin que les nations sachent que c'est à cause de ses fautes que Yhwh a ainsi châtié son peuple (Ez 39,21-23). S'il châtie, à leur tour, de nombreuses nations, c'est afin qu'elles le reconnaissent comme Dieu[60]. Et s'il ramène le reste de son peuple dispersé parmi les nations,

60 Ainsi Ez 25,11.17 ; 28,22-23 ; 38,23.

s'il le fait habiter en sécurité dans un territoire fertile, s'il établit son sanctuaire parmi eux, c'est afin qu'Israël et les nations sachent que Yhwh est le Dieu d'Israël, qu'il est Dieu, capable de réaliser toutes ces choses[61]. Pour Ézéchiel, Yhwh n'est véritablement Dieu qu'à travers la manifestation concrète de sa divinité. Il ne suffit pas que Yhwh soit Dieu au ciel, vivant comme en vase clos, entouré de sa cour céleste, souverain majestueux régnant sur les seuls dieux. Il n'est Dieu qu'en intervenant dans les affaires du monde des humains. Il n'existe que dans la mesure où il agit et, dans le cas particulier, où il fait revenir ce peuple que les catastrophes successives ont dispersé et transforme son territoire ruiné en un lieu de délices, un jardin d'Éden (Ez 36,35). Et pour que cela se sache – car il faut que cela se sache afin que sa puissance divine soit universellement reconnue –, il lui faut un peuple qui soit son témoin. En somme, argumente Ézéchiel, ce n'est pas à cause d'Israël que Yhwh agit en sa faveur (Ez 36,22-32), mais parce qu'il a besoin de lui comme témoin de sa supériorité sur les autres dieux, de son autorité sur toutes les nations autant que sur les forces de la nature. Si donc l'histoire d'Israël s'était achevée sur un échec, cet échec aurait d'abord été celui de Yhwh et ce, même si par la suite il avait choisi un autre peuple à sa place ; un autre choix, en effet, n'aurait fait que manifester à quel point il avait manqué de clairvoyance en choisissant un peuple à ce point rétif.

Une autre raison qu'invoquent les prophètes pour rendre compte du revirement de Yhwh, c'est *l'amour qu'il porte à Israël.* Cet argument est surtout employé par Jérémie et par ce disciple anonyme d'Ésaïe dont la seconde partie du livre portant ce nom conserve les oracles. Il l'avait été dans le livre d'Osée (notamment en Os 14,5-9) et, déjà, dans le Deutéronome pour justifier le choix par Yhwh d'Israël en vue d'en faire un peuple à part : choix motivé non par la puissance d'Israël, mais uniquement par l'amour que Yhwh lui porte (Dt 7,6-8). Cette image de Yhwh comme dieu d'amour peut paraître plutôt incongrue, au vu des événements qui venaient de se dérouler. Elle se fonde pourtant sur une révélation par Yhwh lui-même de ce que sont ses qualités fondamentales. Au Sinaï, au cours d'une scène extraordinaire, au sens plein du terme, et qui est sans analogie dans toute la Bible hébraïque, Yhwh avait révélé à Moïse ses qualités principales, celles qui déterminent sa relation avec les êtres humains, à savoir qu'il est un Dieu « compatissant

61 Ez 28,25-26 ; 34,20-30 ; 36,22-36 ; 37,21-28 ; 39,27-29.

et miséricordieux, lent à la colère et abondant en bienveillance et en fidélité… » (Ex 34,5-7). L'amour et la colère font, l'une comme l'autre, partie de l'essence de Yhwh. Son amour n'est pas antinomique à sa colère. Yhwh pardonne, mais il punit aussi. Il « corrige celui qu'il aime, comme un père l'enfant qu'il chérit » (Pr 3,12). Comme le dit l'adage, « qui aime bien, châtie bien ». Le châtiment qu'inflige Yhwh est correction, non condamnation ; sa visée est d'ouvrir le chemin vers une amélioration, non de fermer les portes de l'avenir. De même, la destruction du royaume de Juda n'a pas pour finalité l'anéantissement d'Israël : elle permet de faire place nette pour une nouvelle étape (voir Es 43,19), supérieure à la précédente. Ce sont ces convictions qui animent les prophètes lorsqu'ils annoncent le salut.

S'ils invoquent de manière générale l'amour de Yhwh pour son peuple[62], ces prophètes mettent surtout en avant sa compassion[63], à laquelle ils associent souvent sa fidélité, cette compassion conduisant plus précisément Yhwh à rassembler son peuple dispersé et à le faire revenir dans son territoire[64]. Pour illustrer cette relation d'amour, Jérémie et le deutéro-Ésaïe n'utilisent pas, comme l'avaient fait Osée et Ézéchiel, la métaphore conjugale – laquelle avait surtout servi à illustrer l'infidélité d'Israël –, mais celle de l'amour paternel tel que l'éprouve un père pour son fils. Ils présentent ainsi Israël comme le fils chéri de Yhwh, pour lequel il éprouve une grande compassion (Es 43,6 ; Jr 31,20), semblable à celle d'une mère pour son nourrisson (Es 49,15). Yhwh est pour son peuple un père attentionné (Jr 31,9). L'utilisation de la métaphore paternelle permet à ces prophètes de souligner le caractère indéfectible des liens qui unissent Yhwh et Israël. Comme le sont les liens de parenté, ces liens peuvent être plus ou moins étroits. Le fils peut se montrer rebelle vis-à-vis de son père, et même vouloir le tuer, au sens que lui donne la psychanalyse, soit, dans le cas d'Israël, l'abandonner pour d'autres divinités. Il ne peut pour autant supprimer les liens de sang qui l'unissent à son père. Et celui-ci, s'il lui arrive d'avoir à le réprimander et même à lui infliger une correction, n'en reste pas moins attaché à son fils et est prêt à lui pardonner.

---

62 Ainsi Jr 31,3 ; voir aussi Es 41,8 ; 43,4 ; 63,9.

63 Ainsi Es 54,7-10 ; 60,10 ; Os 2,21-25 ; Mi 7,18-20.

64 Jr 12,14-15 ; 30,18-22 ; 33,26 ; 42,11-12 ; Ez 39,25-29 ; voir aussi Dt 30,3-5 ; Es 14,1 ; 49,9-13 ; Za 10,6-12).

Une dernière raison du changement d'attitude de Yhwh est *sa fidélité à son alliance*; ce motif est plus rarement avancé. Ainsi que nous l'avons noté, la fidélité est considérée comme une des qualités fondamentales de Yhwh à côté de sa compassion. Elle avait notamment été invoquée par l'auteur du Ps 89 à propos de son alliance avec David, pour inciter Yhwh à intervenir (Ps 89,20-52). Parmi les prophètes, seul Ézéchiel y fait référence, mais comme en passant : le souvenir de l'alliance est ce qui conduit Yhwh à conclure avec Israël une alliance éternelle (Ez 16,60). Par contre, cet argument est l'unique argument que feront valoir les auteurs de la couche sacerdotale du Pentateuque. Pour eux, c'est parce qu'il se souvient de l'alliance avec les patriarches Abraham, Isaac et Jacob, une alliance inconditionnelle qui l'avait incité, jadis, à libérer les Israélites asservis en Égypte et à leur donner un territoire en propre (Ex 2,24; 6,4-8), qu'il va agir en faveur de son peuple (Lv 26,42-45). Adressé fictivement aux Israélites rassemblés au Sinaï, ce discours est bien évidemment destiné aux contemporains de ces auteurs sacerdotaux encore en exil. Il n'annonce pas expressément le retour des exilés, mais l'allusion à cette libération passée laisse entendre que, tout comme Yhwh avait autrefois libéré son peuple, il le libérera de même maintenant et le reconduira dans son territoire, et ce pour la même raison : par fidélité à l'alliance qu'il avait conclue autrefois avec les patriarches.

Ces différentes explications ne servent pas simplement à répondre à la perplexité des auditeurs des prophètes devant un tel revirement. Elles ont aussi pour effet de renforcer la crédibilité de leurs oracles, car, pour ces prophètes, leur réalisation ne dépend plus, comme dans le passé, du comportement des Juifs : elle découle tout naturellement de l'amour que Yhwh porte à Israël, des liens de filiation qui le relient à lui, de sa fidélité à ses promesses : cette réalisation prouve cet amour et cette fidélité. Mais il y a plus : l'accomplissement des promesses de salut, si ardemment espéré par Israël, est aussi indispensable à Yhwh, parce que son honneur et sa réputation l'exigent. Dans la perspective des prophètes, celui qui, en définitive, est le plus concerné, c'est Yhwh en tant que souverain de l'univers. C'est là la meilleure garantie qu'il agira en faveur de son peuple et que le salut promis adviendra, tôt ou tard.

L'observateur ne peut manquer d'être impressionné par l'extraordinaire effort des cadres intellectuels pour donner aux communautés juives des perspectives d'avenir et les convaincre de leur réalisation.

Une fois de plus, les lacunes de notre documentation nous empêchent de connaître avec certitude les modalités de diffusion des idées défendues par nos théologiens. S'agissant des contemporains des prophètes, on peut plus facilement imaginer quelles en ont été les modalités. On peut penser que lorsque Jérémie avait acheté un champ pendant que les troupes babyloniennes assiégeaient Jérusalem, ce geste insolite et l'oracle qui s'y était rapporté avaient été largement colportés par ceux qui en avaient été les témoins. Et il en était très vraisemblablement allé de même pour les autres oracles de salut qu'il avait prononcés pendant son séjour en prison ; ses gardiens et ses visiteurs avaient pu l'entendre (voir Jr 33). Ézéchiel et le deutéro-Ésaïe s'étaient directement adressés aux exilés de Babylone parmi lesquels ils vivaient. Et leurs propos, tout comme ceux de Jérémie, étaient très probablement rapportés de proche en proche, comme il est habituel en pareil cas, par tous ceux qui, confrontés à des situations dramatiques, étaient particulièrement friands de consolations et de paroles ouvrant sur un avenir. Il est fort probable aussi que, afin d'en mieux assurer la diffusion parmi les différentes communautés juives en vue de les encourager, ces oracles de salut aient été mis par écrit, littéralement ou réduits à l'essentiel. Comme il arrivait aux prophètes eux-mêmes de le faire. En Jr 29 il est ainsi question d'une lettre envoyée par Jérémie, à l'occasion d'une ambassade auprès du roi de Babylone, aux premiers exilés, ceux de -597. On sait aussi que Jérémie avait été chargé par Yhwh de mettre par écrit les promesses de retour (Jr 30). Ailleurs, il est question d'un rouleau porté à Babylone, sur instruction de Jérémie, par le chambellan de Sédécias, rouleau qui annonçait la chute de Babylone (Jr 51,59-64). Un épisode rapporté en Jr 36 pourrait être parfaitement représentatif de ce mode de communication. Ne pouvant se rendre personnellement au Temple pour y prononcer ses oracles, Jérémie les dicte à son secrétaire qui les transcrit sur un rouleau, puis en fait la lecture, d'abord à l'intention de la foule rassemblée au Temple, puis à un public restreint regroupé au palais autour du roi. Dans le cas particulier, ce rouleau renferme les oracles de malheurs prononcés par Jérémie. Mais il est fort probable que ce même procédé a été utilisé pour les oracles de salut, dans le but d'atteindre un public plus large que la seule assistance du prophète, y compris les générations futures. Ces oracles, surtout lorsqu'ils étaient prononcés par des prophètes qui avaient précédemment annoncé la fin du royaume de Juda, et dont tous avaient pu constater l'accomplissement spectaculaire, prenaient de ce fait une autorité singulière. Puisque, seuls contre tous, Jérémie et Ézéchiel avaient eu raison lorsqu'ils annonçaient la catastrophe, ils avaient forcément également raison contre tous les sceptiques, maintenant qu'ils prédisaient le bonheur futur. Que les dirigeants religieux, ou même les Juifs ordinaires, aient voulu diffuser très largement cette bonne nouvelle est plus que probable. Et l'on peut penser que celle-ci était accueillie avec avidité par ces communautés qui, tout en s'efforçant de vivre normalement leur situation d'immigrés, n'en étaient pas moins taraudées par le fol espoir d'un retour dans la terre de leurs ancêtres et d'un nouveau départ.

Mais c'est très vraisemblablement le culte qui, en tout cas sur le long terme, a été le vecteur le plus puissant de ce message d'espérance. Il le sera par la lecture publique des écrits fondateurs et des livres prophétiques. Il le sera sans doute bien davantage par les hymnes, ces poèmes qui, d'entrée, interpellent Israël et le monde entier, et même tout l'univers, pour les appeler à se joindre à la glorification joyeuse de Yhwh, dont ils proclament les attributs et les titres de gloire[65]. Célébrant à la fois le Dieu créateur de l'univers et le Dieu qui a libéré Israël de l'oppression égyptienne, les hymnes inculquent l'image d'un Dieu non seulement tout-puissant, mais aussi celle d'un Dieu qui, tout au long, manifeste à son peuple sa bienveillance et sa fidélité. Comme un refrain, la profession de la fidélité de Yhwh, associée à l'affirmation que celle-ci dure à jamais, rythme le Ps 136 et est répétée vingt-six fois, ce qui correspond à la valeur numérique de Yhwh[66]. Elle se cristallise dans cette formule liturgique que l'on retrouve aussi bien dans le livre de Jérémie que dans les psaumes, chez le Chroniste et jusque dans le premier livre des Maccabées : « Yhwh est bon, sa fidélité dure toujours[67] ». Nous ignorons malheureusement à partir de quand et comment ce type de culte a été célébré dans les communautés juives. Il le sera en tout cas largement du

65 Voir A. Marx, « Formes et fonctions de l'hymne dans la Bible hébraïque », dans Y. Lehmann (éd.), *L'hymne antique et son public* (Recherches sur les rhétoriques religieuses 7), Turnhout, Brepols, 2007, p. 19-30.

66 La valeur numérique de Yhwh est obtenue par addition de la valeur numérique de chacune des consonnes du tétragramme : Y = 10, H = 5, W = 6, H = 5. Ce procédé, que l'on désigne par le terme « gématrie », suggère que l'essence de Yhwh se concentre en quelque sorte dans sa fidélité.

67 Ainsi Jr 33,11 ; Ps 100,5 ; 106,1 ; 107,1 ; 118,1.29 ; Esd 3,11 ; 2 C 5,13 ; 7,3 ; 1 M 4,24.

temps des Chroniques, que l'on date communément du IVe IIIe s., où le chant des hymnes occupe une place considérable (voir 1 C 16 ; 23,30 ; 25). Un passage du livre de Jérémie, qui annonce que Yhwh ramènera ceux qui ont été emmenés en captivité et qu'on louera encore Yhwh de la sorte à Jérusalem, laisse entendre que de tels hymnes étaient familiers avant même la chute de la capitale et qu'on les chantait au Temple (Jr 33,10-11). On peut penser qu'ils l'étaient aussi dans la diaspora, même si les attestations les plus anciennes d'un culte synagogal, dans le cas particulier en Égypte, ne datent que de la seconde moitié du IIIe s. avant notre ère. Ils serviront désormais à entretenir l'espoir d'une intervention de Yhwh en faveur de son peuple.

Plus encore que par la parole, ce message d'espoir a sans doute été principalement porté par le rite, et singulièrement, dans le cadre de la célébration du mythe fondateur, par le rite pascal. Étroitement associée dans les derniers temps du royaume de Juda à la fête des Pains sans levain, jusqu'à se confondre avec elle (voir Dt 16,1-8), la Pâque était célébrée autrefois par chaque clan comme un rite apotropaïque destiné à écarter la mort (Ex 12,21-23). Elle le sera, suite à la réforme du Deutéronome, au seul Temple de Jérusalem (Dt 16,1-8 ; voir 2 R 23,21-25) avant d'en être de nouveau détachée, à l'époque perse, par les auteurs sacerdotaux. Le nouveau rituel, tel que ceux-ci l'élaboreront, est détaillé en Ex 12,1-20. Le quatorzième jour du premier mois, soit au moment de l'équinoxe du printemps, chaque famille devra immoler, au couchant, une pièce de petit bétail, agneau ou chevreau, mâle et sans défaut. Le chef de famille devra en prélever du sang et en mettre sur les montants et le linteau de la porte d'entrée de la maison. Puis, après l'avoir rôti au feu, toute la famille, vêtue comme pour un départ, devra consommer précipitamment l'agneau pascal et ce, intégralement, y compris, est-il précisé, la tête, les pattes et les entrailles, le tout accompagné de pains sans levain et d'herbes amères. Les éventuels restes devaient être brûlés. Les différents éléments de ce rituel évoquent différents épisodes liés à la sortie d'Égypte : la protection des maisons au moment où, au cours de la même nuit, Yhwh avait traversé le pays d'Égypte pour en frapper tous les premiers-nés ; le repas hâtif, de nuit, et les pains consommés azymes parce qu'ils n'avaient pas eu le temps de lever ; les herbes amères rappelaient l'amertume de la vie des ancêtres en Égypte. Ce rituel, il convient de le souligner, est totalement indépendant du Temple. Il n'exige ni prêtre – il est présidé par le chef de famille – ni autel – il est pratiqué à domicile. Et le mode de cuisson de la viande, rôtie au feu, se distingue clairement de celle d'une viande sacrificielle qui, elle, doit être cuite dans une marmite. Il en résulte que, sous cette nouvelle forme, le rituel pascal peut désormais être observé par tous et en tout lieu. Il est donc tout particulièrement adapté à la fois à une situation de diaspora et à l'absence de Temple.

Ceux qui, en exil, pratiquaient ce rituel ancestral, et singulièrement ceux qui avaient été emmenés en captivité, ne pouvaient pas manquer de faire le rapprochement entre leur propre situation et celle de leurs lointains ancêtres. Comme eux, ils étaient sous le joug d'une grande puissance, laquelle paraissait absolument invincible. De même, leur situation était, à vue humaine, sans issue. Comme eux, ils aspiraient à recouvrer leur indépendance. Et, en dépit de toute appréciation réaliste, ils entretenaient l'espoir que, comme l'avaient été leurs ancêtres, ils seraient eux aussi libérés et ramenés dans leur territoire, d'autant plus qu'ils avaient connaissance d'oracles prophétiques qui prédisaient la chute de Babylone[68].

Dans ces conditions, l'effondrement de Babylone devait susciter un immense espoir. En -562, au terme d'un règne de plus de quarante ans, Nebukadnetsar, dont les troupes avaient ravagé et anéanti le royaume de Juda, mourait, ouvrant une période de grande instabilité politique puisqu'en moins de sept ans quatre rois se succéderont sur le trône de Babylone. Le dernier d'entre eux, Nabonide, fils du gouverneur de Harran et d'une prêtresse du dieu de cette ville, fut porté au trône par des conspirateurs qui avaient assassiné son prédécesseur. Personnalité originale, plus préoccupé de religion que de politique, Nabonide ne put s'opposer à la montée en puissance des Perses. En -539, après avoir vaincu l'armée babylonienne, le 29 octobre – on connaît le jour précis – Cyrus, roi des Perses entra à Babylone sans rencontrer la moindre résistance et captura son roi. C'en était fait de l'empire babylonien[69]. Les oracles du deutéro-Ésaïe témoignent de la joie exubérante provoquée par la nouvelle de la chute de cet empire et de la jubilation sarcastique à la vue du malheur qui le frappe (ainsi notamment Es 47).

68 Voir Jr 50-51 et, dispersés sur le livre d'Ésaïe mais datant du temps de l'Exil, notamment Es 13-14 ; 21.

69 Sur la montée en puissance des Perses et le règne de Cyrus, voir P. Briant, *Histoire de l'empire perse. De Cyrus à Alexandre*, Paris, Fayard, 1996, p. 41-61.

Dans une satire cruelle, qui se déguise en prenant l'apparence d'une complainte funèbre, son auteur, contemporain de la chute de l'empire babylonien, commence par saluer la fin de la tyrannie de Babylone, qui remplit d'allégresse les nations soumises et ouvre un temps de paix. Puis, s'adressant au roi de Babylone, personnage fictif qui représente la puissance babylonienne, il l'imagine descendant au séjour des morts, accueilli par tous les rois de la terre…pour lui faire constater qu'il est devenu semblable à eux, étendu sur la vermine, dans des couvertures de vers. L'apostrophant ironiquement par le titre d'« astre brillant, fils de l'aurore », ces rois lui rappellent alors son ambition démesurée et son arrogance qui l'avaient amené à vouloir s'élever jusqu'au séjour des dieux et même à s'égaler au Très-Haut, pour n'en faire que mieux ressortir son immense déchéance : lui qui avait voulu monter sur les hauteurs des nuées se voit précipité au plus profond du séjour des morts, rejeté de tous, et son pays est voué à la dévastation et à l'oubli, prophétie confirmée in fine par un oracle de Yhwh (Es 14,3-23). Ce texte qui, soit dit en passant, constitue la lointaine origine du mythe de la chute de Satan[70], recèle une double leçon : aucune situation n'est définitive, même celle qui paraît la plus irréversible ; et plus la puissance d'un royaume paraît élevée et durable, plus proche et plus colossale sera sa chute.

L'avènement de Cyrus sera accueilli avec enthousiasme par les Juifs exilés en Babylonie. Les oracles du deutéro-Ésaïe en parlent de manière dithyrambique. Cyrus y est qualifié de « berger » de Yhwh (Es 44,28), et même de son « oint » (Es 45,1), titre royal qui avait déjà été donné à Nebukadnetsar. Il est celui que Yhwh a « appelé par son nom » (Es 45,3.4), comme l'est Israël (Es 43,1), celui que, comme ce dernier (Es 41,13 ; voir aussi Es 42,6-7), il saisit par sa main droite (Es 45,1) et même comme celui que Yhwh aime (Es 48,14) ! Il est chargé par Yhwh de reconstruire Jérusalem et son Temple (Es 44,28) et, sous sa conduite, de soumettre les nations (Es 45,1-2), ceci, précise Yhwh, « afin que l'on sache, depuis le soleil levant et depuis son couchant, qu'il n'y a personne en dehors de moi. Je suis Yhwh, il n'y en pas d'autre » (Es 45,6). Car l'exaltation de Cyrus ne sert, en définitive, qu'à souligner l'étendue du pouvoir de Yhwh. En -538, dès la première année de son règne, du moins à en croire la Bible, Cyrus proclamera un édit spécifiquement destiné aux Juifs

70 Sur ce mythe, voir A. Marx, « La chute de 'Lucifer' (Ésaïe 14, 4-21 ; Luc 10, 18). Préhistoire d'un mythe », *Revue d'histoire et de philosophie religieuses*, vol. 80, 2000, p. 171-185.

autorisant le retour des exilés en vue de la reconstruction du Temple (Esd 1,1-4 // 2 C 36,22-23) ; édit dont on n'a pas trouvé la trace, mais dont les termes seraient tout à fait dans l'esprit de la politique mise en œuvre par Cyrus[71] et qui, de plus, correspondrait à son intérêt politique en créant un glacis sur le flanc égyptien. Quelles que soient la réalité de cet édit et l'importance réelle du mouvement du retour, cet édit supposé aura un impact considérable. La victoire de Cyrus sur Babylone sera interprétée comme l'accomplissement de ce que Jérémie avait autrefois prophétisé[72]. Et le retour des exilés, que les prophètes avaient également annoncé, apparaîtra comme un gage de l'accomplissement des autres prophéties de salut. Plus encore, l'avènement de Cyrus sera, pour les Juifs, la confirmation de la souveraineté de Yhwh sur l'ensemble des nations, y compris les plus lointaines, au-delà même de l'horizon des peuples sémites, et de l'universalité de son règne. Il contribuera à ancrer la conviction que Yhwh, le Dieu d'Israël, est bien l'unique Dieu et que les dieux des autres nations ne sont, en réalité, que des idoles sans vie, de simples statues[73]. Il donnera corps à une espérance qui, jusque-là, reposait uniquement sur des promesses faites, autrefois, par les prophètes.

Ce qu'est l'extraordinaire dynamique de l'espérance, le roman de Jurek Becker, *Jakob le menteur*, l'illustre à merveille[74]. L'auteur, qui a grandi dans le ghetto de Lódź, y raconte l'histoire d'un ghetto juif polonais pendant les dernières semaines précédant son évacuation. Son héros, Jakob, convoqué au poste de garde, entend incidemment, diffusée par la radio, la nouvelle de l'avancée de l'armée russe, nouvelle à laquelle ne croit pas son collègue de travail qu'il tente de dissuader de dérober des pommes de terre dans un wagon de marchandises. Afin de le convaincre, il lui fait croire qu'il possède une radio, ce qui est pourtant strictement interdit, sous peine de mort. Cette nouvelle se répand rapidement dans

71 Ces mêmes idées apparaissent dans le Cylindre de Cyrus où celui-ci se dit l'envoyé de Mardouk, le grand dieu de Babylone, qui a proclamé son nom, soumis les nations devant lui, marché à côté de lui contre Babylone où son culte a été négligé et que lui, Cyrus, rétablira. Pour le texte de l'inscription, voir W. W. Hallo, *The Context of Scripture*, *op. cit.*, p. 314-316.

72 Esd 1,1 ; Voir aussi Jr 25,12-14 ; 29,10.

73 Voir notamment Es 41,21-29 ; 44,9-20 ; Ps 115. Sur l'origine du monothéisme, voir A. Lemaire, *Naissance du monothéisme. Point de vue d'un historien*, Paris, Bayard, 2003 ; T. Römer, *L'invention*, *op. cit.*, p. 277-317.

74 *Jakob der Lügner*, Berlin (DDR), Aufbau Vlg., 1969 ; traduction française par C. Sebisch, *Jakob le menteur*, Paris, Grasset, 1988.

tout le ghetto. Les fausses informations que diffuse Jakob sur l'avancée des troupes russes provoquent chez ses habitants un changement radical. Alors que leur situation désespérée les avait conduits au découragement et plongés dans une profonde léthargie, que les suicides se multipliaient, ceux-ci, confiants en une prochaine libération, oublient leur situation présente et commencent à faire des projets d'avenir. Les parents songent à marier leurs filles. On reparle des anciennes dettes qu'il faut rembourser. Plus personne ne se suicide. Si bien que, pour maintenir vivant cet espoir, Jakob se voit obligé d'inventer chaque jour de nouvelles informations sur l'arrivée imminente de l'armée rouge. Mais la réalité rattrape le ghetto, dont les habitants sont regroupés, entassés dans des wagons avec de maigres bagages pour une destination inconnue –« nous allons où nous allons » écrit le narrateur – dont le lecteur ne devine que trop bien quelle elle est.

L'espérance est donc bien plus qu'une simple projection vers un lointain futur dont on attend passivement qu'il advienne. Elle transforme, d'ores et déjà, le présent. À ceux des exilés crispés sur leur condition misérable, rongés par la nostalgie, incapables de se faire à leur nouvelle situation, elle apporte une puissance de vie qui leur fait prendre conscience du caractère provisoire de leur condition et qui les pousse vers l'avenir. Elle relativise leur condition présente, elle relève ceux qui sont découragés, elle galvanise ceux qui avaient renoncé, elle libère de la peur du lendemain. Comme l'écrivait Frédéric Lordon, « le vrai carburant, c'est l'espoir[75] ». Parce qu'elles étaient notamment portées par ces mêmes prophètes qui avaient annoncé la chute de Babylone et le retour des exilés, parce que ces premières prophéties s'étaient effectivement réalisées, mais aussi parce que Yhwh avait déjà montré sa toute-puissance autrefois en Égypte, les perspectives que les prophètes dessinent deviennent pleinement crédibles. Et ce d'autant plus que cet avenir radieux qu'ils promettent, c'est Yhwh, leur dieu national, le Dieu qui règne sur l'univers, qui va le réaliser. Un Dieu dont on a pu expérimenter la toute-puissance. Un Dieu dont on sait qu'il est miséricordieux et fidèle.

---

75 *Le Monde diplomatique*, mars 2016, p. 19.

CONCLUSION

Pour les théologiens de l'école deutéronomiste tout comme pour les prophètes l'identité d'Israël est fondamentalement une identité religieuse : ce qui distingue Israël de tous les autres peuples, c'est l'adoration exclusive de son dieu national Yhwh, un dieu qu'ils considèrent supérieur à toutes les autres divinités. À la différence de leurs ancêtres de l'époque davidico-salomonienne, ils n'ont plus à se préoccuper de forger une identité ethnique – celle-ci est désormais acquise – et à s'inquiéter du risque d'assimilation avec les populations autochtones – celles-ci ont été largement intégrées. Le principal risque est d'ordre religieux, celui de l'attrait opiniâtre que pouvaient exercer les anciens cultes naturalistes. Mais, tandis que le dieu de leurs ancêtres du temps de David-Salomon était le dieu victorieux d'un royaume prospère et pacifique, leurs successeurs seront confrontés à des situations d'échec qui semblent mettre en cause la toute-puissance de Yhwh. L'interprétation de ces échecs constituera la deuxième phase de la stratégie identitaire de l'Israël antique.

Les prophètes et les « historiens » du temps de la monarchie n'ont pas tenté de camoufler la réalité de l'échec politique ni de minimiser son ampleur. Comment, d'ailleurs, auraient-ils pu le faire ? Ils n'ont pas non plus usé de ces faux-fuyants commodes qui permettent de s'absoudre de ses propres responsabilités en invoquant la supériorité des adversaires, la malchance ou la fatalité. Au contraire, ils ont délibérément affronté cette réalité, démontrant que les causes de la catastrophe se situaient exclusivement du côté d'Israël et précisant quels étaient les forfaits qui étaient ainsi sanctionnés. Leur démonstration, appuyée par l'histoire, permettra de renforcer les références fondamentales élaborées au cours de la première phase de la construction identitaire – tout particulièrement l'exigence d'une relation exclusive avec le dieu national Yhwh – et de la compléter par des exigences en matière de justice sociale. Elle étayera la conviction, déjà inscrite dans le mythe fondateur, de la supériorité de Yhwh sur les autres dieux. Elle préparera l'émergence de cette autre conviction que seul Yhwh est Dieu, les autres divinités n'étant que des idoles que les humains se sont fabriqué.

Pour ceux qui ont vécu la chute de Jérusalem, il était indispensable d'en proposer une explication de manière à pouvoir l'inscrire dans une logique rassurante, de soutenir la parfaite maîtrise des événements par Yhwh et de préciser, par ailleurs, quelles sont les raisons qui l'ont amené à agir de la sorte. Pour les générations suivantes, davantage tournées vers le futur que vers le passé, ce point était sans doute secondaire. Ces explications n'en fourniront pas moins un stock d'éléments susceptibles d'expliquer les autres catastrophes qui, au fil de l'histoire, viendront à frapper Israël. Elles seront également intégrées par ceux qui, au moment de la reconstruction, se chargeront d'élaborer la charte du Judaïsme, de manière à ce que les mêmes causes ne produisent pas les mêmes conséquences.

Le second volet de la stratégie identitaire a consisté en l'élaboration d'un projet d'avenir ou, plutôt, dans l'annonce d'un avenir dont les contours correspondent à ceux du royaume de David-Salomon, mais sous sa forme idéale, et dont la réalisation sera exclusivement l'œuvre de Yhwh. Cette espérance soutiendra les Juifs tout au long de leur histoire et leur permettra de surmonter les fléaux de toutes sortes qui viendront les frapper. Elle est bien plus qu'un simple rêve. Confortée par l'expérience multiséculaire de situations qui apparaissaient figées, et sans issue, et qui ont été contre toute attente débloquées, elle les poussera à relativiser les tragédies du moment et à regarder au-delà du présent. Elle leur apportera de la sorte la confiance indispensable pour leur permettre de se projeter dans l'avenir. Après tout, selon le mythe yahwiste des origines, Caïn, le paria, réprouvé par Dieu, n'avait-il pas, en dépit de son fratricide, été protégé par Dieu et n'était-il pas devenu, à travers ses descendants, un héros civilisateur, l'ancêtre des bâtisseurs de villes, des bergers, des musiciens et des forgerons (Gn 4,15-22) ?

Constamment repoussée vers un futur qui toujours s'éloigne, mais sans que rien ne soit enlevé à la dynamique de l'espérance, la réalisation du bonheur à venir se reportera sur les temps eschatologiques, vers le moment où Yhwh établira son royaume sur terre. Es 25,6-8 proclame ainsi, à l'intention de toutes les nations, la fin de toute affliction, la mort de la mort. Es 11,1-10 annonce la fin de la violence, le moment où règnera un roi juste et où interviendra la grande réconciliation entre les hommes et les animaux, et entre les animaux, où « le loup habitera avec l'agneau ». Es 2, 2-4 promet la grande réconciliation entre les nations qui, pour résoudre les conflits, se rendront dans la nouvelle Jérusalem afin de solliciter l'arbitrage de Yhwh, rendant dès lors la guerre inutile, de sorte que l'économie de guerre pourra être remplacée par une économie tournée vers la prospérité commune, que les nations « de leurs épées forgeront des socs de charrue et de leurs lances, des serpes ». L'espérance ne disparaîtra pas, parce qu'elle est fondée, non sur la réalisation, toujours aléatoire, d'un programme politique, mais sur la seule foi en Yhwh, le seigneur de toute la création, le maître de l'histoire.

Comme l'écrit Max Weber, « sans l'interprétation grandiose des desseins de Yahvé et la confiance inébranlable en ses promesses en dépit de – ou précisément à cause de – toutes les épreuves qu'il infligeait à son peuple conformément aux sinistres prédictions, jamais Israël n'aurait connu cette évolution interne qui transforma un groupement politique en un groupement confessionnel[76] ». C'est le mérite de ses théologiens et de ses prophètes que d'avoir réussi à faire de ce qui paraissait à juste titre un colossal échec une démonstration de la puissance du dieu national et de convaincre que la fin du royaume servait, en définitive, à permettre de passer à un stade supérieur.

Restait à organiser cette nouvelle forme de la religion d'Israël et à adapter la stratégie identitaire à une situation entièrement inédite.

76 M. Weber, *Le judaïsme antique*, Paris, Plon, 1970, p. 441-442 ; traduction par F. Raphaël de *Gesammelte Aufsätze zur Religionssoziologie*, III, Tübingen, Mohr, 1920, p. 350.

BÂTIR UNE COMMUNAUTÉ, CRÉER UNE NOUVELLE IDENTITÉ

Pour tous ceux qui ont vécu ces événements tragiques, l'invasion babylonienne a été une immense catastrophe. Catastrophe humanitaire, singulièrement pour ceux qui, prisonniers et humiliés, ont été déportés en Babylonie et ceux qui, pour éviter d'être pris dans la tourmente, se sont enfuis pour se réfugier dans les pays alentours. Catastrophe économique pour tous ceux, sans doute les plus nombreux, qui sont restés dans le pays dévasté, ont subi la perte de leurs biens, et ont dû s'atteler, courageusement, à sa reconstruction. Catastrophe politique, puisque le royaume de Juda, dernier débris du royaume de David-Salomon, était désormais rayé de la carte. Catastrophe religieuse du fait de l'effondrement de tout l'univers symbolique, et en particulier de la destruction du Temple, unique lieu de sacrifice et, surtout, lieu de la présence de Yhwh, le dieu national. Comme l'écrit Adrian Schenker, « une religion sans lieu saint, c'est-à-dire sans lieu où la divinité se donne à connaître et reçoit les humains chez elle pour les bénir, n'était pas concevable[1] ». Et résider en dehors de la terre d'Israël était, pour reprendre une formule attribuée à David, être exclu du patrimoine de Yhwh (1 S 26,19) ou, comme le dit le prophète Amos, être condamné à vivre sur une terre impure (Am 7,17). Mais plus grave que tout sans doute, il y a l'atomisation de la population de l'ancien royaume de Juda menacée, du fait même de sa dispersion, de perdre sa cohésion et donc son identité. On a peine à se représenter l'ampleur de cette catastrophe, rare de par son extension sur un aussi large spectre, et l'intense traumatisme qu'elle a provoquée.

Et pourtant – mais seul l'historien qui regarde les choses de loin peut en faire la remarque –, ces événements ont eu des conséquences au

---

1 A. Schenker, « Le sort religieux de l'Israélite à l'étranger. Implications de *1 S* 26,19 », *Revue d'histoire et de philosophie religieuses*, vol. 93, 2013, p. 67-76 (citation p. 75).

plus haut point positives, ce qui a été gagné surpassant très largement ce qui a été perdu. Car, en faisant table rase du passé, ils ont permis de créer du neuf. Ils ont, par la force des choses, transformé radicalement la religion d'Israël. Alors que, du temps de la monarchie, Yhwh n'était que le dieu national d'Israël, considéré éventuellement comme supérieur aux autres divinités, il est devenu pour ses fidèles le Dieu unique à côté duquel les divinités des nations ne seront plus que des idoles. Alors qu'auparavant la religion d'Israël n'était qu'une religion nationale, limitée aux seuls habitants d'un royaume, les adorateurs de Yhwh se répartiront désormais sur tout le Proche-Orient : simples Israélites, ils sont devenus Juifs, membres d'une communauté qui allait s'élargissant et dont le destin n'était plus lié aux seuls aléas politiques d'un État. Dorénavant, on pourra être pleinement adorateur de Yhwh tout en résidant en dehors de la terre ancestrale. Et alors que jusque-là Jérusalem n'était que la modeste capitale d'un État qui, lui-même, n'était qu'un micro-État, elle est devenue le centre religieux d'où Yhwh règne sur l'univers entier. Sans compter que l'impossibilité matérielle d'offrir des sacrifices contribuera au développement d'un culte spirituel articulé autour de la prière et de la louange divine.

Si les auteurs de l'histoire deutéronomiste et les prophètes avaient, les uns comme les autres, offert les outils permettant de surmonter ce traumatisme et de regarder vers l'avenir, il appartiendra aux prêtres de l'exil d'organiser cette nouvelle forme de leur religion et de construire une nouvelle identité, axée sur la différence, seule capable de garantir la pérennité d'Israël. C'est que, ainsi que l'a souligné Fredrik Barth, « des groupes ethniques persistent comme unités significatives uniquement s'ils impliquent des différences marquées de comportement, c.à.d. des différences culturelles persistantes[2] ». Que cette tâche ait été assumée par les milieux sacerdotaux n'a rien de surprenant – ce sont en effet de remarquables théologiens, dotés par ailleurs d'un fort sens pragmatique –, sinon pour ceux qui persistent à vouloir les ramener à de vulgaires administrateurs du rite et à de fastidieux « pinailleurs ». Ce qui l'est sans doute plus, c'est qu'ils aient eu l'opportunité de le faire et que, en dépit de l'absence de sanctuaire, ils aient réussi à maintenir

2 F. Barth (éd.), *Ethnic Groups and Boundaries : The Social Organization of Culture Difference*, Long Grove, Waveland Press, 1998 (première édition Bergen, Universitetsforlaget, 1969), p. 15-16.

la cohésion de leur groupe. Les prêtres constituaient en effet le seul groupe véritablement structuré à avoir survécu à la catastrophe, et probablement le seul aussi à être animé par une foi en l'avenir fondée sur leur confiance dans les capacités de Yhwh à retourner le cours des choses ainsi que sur les prophéties de salut des prophètes dont les plus importants, en l'occurrence Jérémie et Ézéchiel, appartenaient à leur milieu. Ce milieu, certes, n'était pas parfaitement homogène comme le montre la comparaison entre le programme cultuel d'Ézéchiel (voir Ez 40-48) et celui des auteurs de la couche sacerdotale du Pentateuque, qui se distinguent à la fois quant à la forme du sanctuaire futur, son aménagement, le système sacrificiel et le rôle cultuel attribué au roi, important chez Ézéchiel (voir Ez 45,21 ; 46,1-10), nul pour ces derniers. De fait, les réformes envisagées par l'entourage d'Ézéchiel n'auront aucune suite, du moins à l'époque perse[3]. C'est l'autre groupe de prêtres qui va s'atteler à la construction du Judaïsme. Pour ce faire, ils ne vont pas se contenter de recueillir pieusement les traditions ancestrales, mais vont s'engager dans une réforme d'importance du culte, introduisant notamment de nouveaux sacrifices et de nouvelles fêtes. Ils vont, par ailleurs, rédiger la charte de la nouvelle forme de la religion d'Israël en prenant en compte les critiques prophétiques. Charte où, à côté de dispositions concernant uniquement le centre, la communauté regroupée autour du Temple, s'en trouvent d'autres, valables pour l'ensemble des Juifs, ceux de Yehud – nom que prendra la future province perse – autour de Jérusalem, comme aussi ceux de la diaspora. Par ailleurs, ces mêmes théologiens vont relire les anciens mythes, mythe des origines et mythe fondateur d'Israël, en vue de leur donner une nouvelle perspective. Tout en reprenant ces écrits vénérables, en les suivant pas à pas, ils les compléteront à leur façon – écrits formant ce que l'on appelle « la couche sacerdotale » du Pentateuque –, pour leur donner une orientation plus conforme à leur dessein. Cette tâche de reconstruction sera réalisée dans le courant du VIe s. en Babylonie, devenue depuis la disparition du royaume de Juda le principal centre intellectuel et lieu de production littéraire d'Israël.

La réécriture des mythes des origines, et singulièrement du mythe de création, formera le prologue de leur charte. Elle leur permettra d'exposer leur vision du monde et d'énoncer les valeurs qu'ils jugent

3 Elles seront intégrées plus tard dans le projet développé par le *Rouleau du Temple*, au IIe-Ier s. avant notre ère.

fondamentales pour la vie en société[4]. En l'absence de ce socle, nombre de prescriptions seraient totalement incompréhensibles.

RÉDACTION D'UN NOUVEAU MYTHE COSMOGONIQUE

Le récit de la création de l'univers, on le sait depuis fort longtemps – et quoi qu'on en pense encore dans certains milieux ultraconservateurs –, n'a nullement pour fonction de décrire la manière dont l'univers a été créé. Imaginer que ses auteurs aient voulu instruire leurs lecteurs des modalités précises de sa formation et des différentes étapes de l'apparition de la vie sur terre reviendrait, au demeurant, à leur dénier le simple bon sens. Ainsi, et. même s'ils partagent la vision anthropocentrique de l'univers qui est celle de leur époque, ils n'en sont pas pour autant ignorants au point ne pas savoir que la lumière, dont ils situent la création au premier jour, provient du soleil qui, lui, est, selon leur schéma, créé le quatrième jour. Ce serait, surtout, se méprendre totalement sur leur intention, qui n'est pas de transmettre un savoir scientifique, mais – faut-il le rappeler ? ce sont des théologiens – de situer, au moyen d'un récit, la place de l'être humain dans l'univers et d'énoncer les valeurs qui, selon eux, doivent guider l'action humaine. Au vu de l'importance de ce récit il n'est pas inutile de l'examiner en détail.

---

4 Sur les développements au cours de la période exilique et postexilique voir, en plus des manuels cités p..., D.L. Smith, *The Religion of the Landless : The Social Context of the Babylonian Exile*, Bloomington, Meyer-Stone Books, 1989 (pour les bases théoriques, voir p. 49-90) ; R. Albertz, *Religionsgeschichte Israels in alttestamentlicher Zeit. 2. Vom Exil bis zu den Makkabäern* (Grundrisse zum Alten Testament 8/2), Göttingen, Vandenhoeck & Ruprecht, 1992 ; id. *Die Exilszeit : 6. Jahrhundert v. Chr.* (Biblische Enzyklopädie 7), Stuttgart, W. Kohlhammer, 2001 (traduction anglaise : *Israel in Exile : The History and Literature of the Sixth Century B.C.E.*, Studies in Biblical Literature 3, Atlanta, Society of Biblical Studies, 2003, par D. Green) ; O. Lipschits, J. Blenkinsopp (éd.), *Judah and the Judeans in the Neo-Babylonian Period*, Winona Lake, Eisenbraus, 2003 ; L. L. Grabbe, *A History of the Jews and Judaism in the Second Temple Period*, t. 1, London-New York, T & T Clark, 2004 ; Lipschits, M. Oeming (éd.), *Judah and the Judeans in the Persian Period*, Winona Lake, Eisenbraus, 2006 ; O. Lipschits, G. N. Knoppers, M. Oeming (éd.), *Judah and the Judeans in the Achaemenid Period : Negociating Identity in an International Context*, Winona Lake, Eisenbraus, 2011.

Le récit sacerdotal de la création de l'univers (Gn 1,1-2,4a) est clairement délimité[5]. Au verset initial, qui fait référence à la création des cieux et de la terre, correspond le premier hémistiche du v. 4 du chapitre 2 où sont repris, en séquence inverse, le verbe « créer », placé là au début du verset, ici à la fin de l'hémistiche, et le couple « cieux et terre », mentionné là à la fin du verset, ici en son début. Ces deux versets forment ainsi le cadre du récit, cadre destiné à la fois à mettre en valeur ce nouveau récit de la création et à l'isoler du récit plus ancien qui, lui, débute en Gn 2,4b. À ce récit, nos auteurs ont donné d'emblée une portée universelle en attribuant la création de l'univers à Dieu, utilisant ainsi une désignation générique, plutôt qu'à Yhwh, qui est le nom sous lequel Dieu se fera connaître spécifiquement à Israël (Ex 6,2-3).

À l'origine, ce qui deviendra l'univers n'était qu'une masse informe, chaotique – un « tohu-bohu » –, constituée d'un mélange indifférencié de terre, d'eau et de ténèbres (voir aussi Sa 11,17). Mais avant d'organiser cette masse originelle pour en faire un cosmos, Dieu va commencer par créer le temps. En lançant le fameux « que la lumière soit » qui fait surgir la lumière, il met en place ce qui constitue l'unité de base de la mesure du temps, faite de l'alternance du jour et de la nuit, à savoir la journée. Dès lors, l'œuvre créatrice de Dieu pourra être répartie sur une succession de jours. La création des éléments permettant de mesurer le temps se poursuit au quatrième jour. Ce jour-là, Dieu crée le soleil, la lune et les étoiles pour éclairer la terre, mais aussi, et telle est pour lui leur fonction première, de permettre la division du temps en années, les années en mois et en saisons, au fil des équinoxes et des solstices. Pour finir, Dieu crée le septième jour, qu'il va mettre à part de tous les autres, qui permet de répartir l'année en semaines. La mise en place des unités de mesure du temps sert ainsi de colonne vertébrale à l'ensemble de ce récit. Elle témoigne de l'importance que les milieux sacerdotaux attribuent à la mesure du temps, laquelle leur permettra d'établir le calendrier des fêtes et d'inscrire les événements dans une chronologie.

Cette répartition tout artificielle de la création des éléments servant à mesurer le temps sur le premier, le quatrième et le septième jour permet aussi à nos auteurs de distinguer très nettement deux phases dans la création de l'univers.

5 Sur ce récit, voir P. Beauchamp, *Création et séparation. Étude exégétique du chapitre premier de la Genèse*, Paris, Cerf, 2005 (1re éd. 1969).

La première phase, deuxième et troisième jours, vise à ordonner le chaos initial. Cet ordonnancement se fait par une série de séparations. D'abord une séparation verticale. Ayant créé la voûte céleste, décrite comme une structure solide, Dieu sépare les eaux primordiales en deux parts, l'une, en haut, confinée au-dessus de cette voûte, l'autre en bas, formant un dépôt boueux. Intervient ensuite, le troisième jour, une séparation horizontale qui consiste à isoler l'eau et la terre, l'eau se regroupant pour former la mer, la terre, débarrassée de son eau, devenant terre ferme, continent. Cette première phase se conclut par l'apparition de la végétation, contenue en germe, à l'état virtuel, dans la masse chaotique originelle d'où Dieu la fait surgir, parfaitement différenciée en espèces distinctes.

La seconde phase, cinquième et sixième jours, consiste à créer la vie sur terre. À la différence de la phase précédente, où Dieu disposait d'une matière première, celle-ci n'existait pas déjà à l'origine. Il s'agit donc de quelque chose de radicalement neuf, que Dieu va créer à partir de rien, par sa seule parole. La création des êtres vivants se fait en deux temps. Dieu crée d'abord, au cinquième jour, les différentes espèces de poissons et d'oiseaux. Puis, au sixième jour, s'occupant de la terre ferme, il commence par créer les diverses espèces d'animaux et de bestioles avant de créer, point culminant de son œuvre créatrice, les êtres humains, hommes et femmes. À ces créatures il confère, par sa bénédiction, une dynamique de vie de manière à ce qu'ils croissent et fructifient afin de remplir la terre[6].

La démarche des auteurs de ce récit, de par leur souci de distinguer et de classer, s'apparente à la démarche scientifique. Mais, pour eux, ces distinctions et classifications ont une fonction qui n'est pas simplement intellectuelle, ce qu'elle est sans doute aussi à leur niveau, mais d'abord existentielle. Elles soulignent, en premier lieu, la différence radicale entre les êtres vivants, d'une part, le monde physique, d'autre part, les premiers créés par Dieu, le second résultant de la structuration du chaos originel préexistant. Est soulignée, en second lieu, la distinction entre les différentes catégories d'êtres vivants, ceux qui vivent dans la mer et dans les airs et ceux qui vivent sur terre et, parmi ces derniers, les animaux d'un côté, les humains de l'autre.

---

6 L'absence de bénédiction des animaux vient sans doute du souci de distinguer très clairement entre animaux et humains, tous deux créés le même jour et se partageant le même territoire.

Le mythe de la création permet également à nos auteurs de préciser ce que sont pour eux la place et la fonction des humains dans leur environnement animal et végétal, quelles sont les valeurs qui doivent guider leur action ; elle leur permet en outre d'affirmer la totale souveraineté de Dieu sur l'univers.

Selon nos auteurs, les humains se différencient des autres êtres vivants par deux caractéristiques qui leur sont propres. La première est qu'à la différence des animaux, et des végétaux, ils sont créés, non par espèces, mais par genres : ils sont masculins ou féminins. Ils ne sont pas rangés par race : seul leur sexe les distingue, quelle que soit par ailleurs leur appartenance à un groupe ethnique ou à un autre. La seconde caractéristique qui les met à part est leur qualité d'« image de Dieu » ; plus précisément, car c'est là le sens exact du terme hébreu utilisé, de statue de Dieu. Les humains ressemblent à Dieu, comme la statue à son modèle. Mais, surtout, ils ont la fonction qui est celle de la statue royale, à savoir représenter le roi, au sens diplomatique de ce terme. Ils exercent ainsi la fonction de Dieu par rapport au reste de la création, non pas pour en recevoir des honneurs qu'on leur devrait, mais pour la gérer en son nom. Ils sont les régisseurs de Dieu qui leur délègue l'administration de la terre et le gouvernement des autres êtres vivants qui l'habitent. Ils en sont, désormais, les seuls responsables. Pour préciser ce qu'est la nature de cette fonction, nos auteurs utilisent deux verbes. Par rapport à la terre, ils disent que Dieu leur a confié la mission de la soumettre, un verbe que ces auteurs emploient ailleurs en relation avec la conquête de la Terre promise (Nb 32,22.29 ; voir aussi Jos 18,1). Par rapport aux autres êtres vivants, ils définissent leur fonction par le verbe assujettir, qui ailleurs, dans la couche sacerdotale, qualifie les rapports de maître à esclave (voir Lv 25,43.46.53 ; *cf.* 26,17). La violence des termes utilisés peut nous paraître choquante. Mais cette violence même sert à nos auteurs à insister sur la distance radicale qui sépare les êtres humains à la fois de leur environnement végétal et des autres vivants, donc à souligner leur singularité, et aussi, de manière indirecte, à montrer l'absurdité qu'il y aurait à les diviniser et à les adorer. Tout comme il serait absurde d'adorer les astres, d'en faire des divinités, d'imaginer que le destin des individus et des nations en dépend, alors qu'ils n'ont été fabriqués – significativement, nos auteurs utilisent à leur propos un autre verbe que celui qu'ils utilisent à propos de la création des êtres vivants – que pour servir à l'éclairage de la terre et à l'élaboration du calendrier. Le monde est désacralisé. Seul Dieu est dieu.

En faisant de tous les êtres humains, sans distinction, quel que soit leur sexe, quelle que soit la nation à laquelle ils appartiennent, quelle que soit même leur religion, les représentants de Dieu, nos auteurs soulignent l'égalité foncière de tous les humains devant Dieu. Tous, ils sont semblablement bénis par Dieu. Ils sont tous parfaitement égaux en dignité. Aucun d'entre eux ne peut, de ce fait, se prévaloir d'une quelconque supériorité. Il n'existe à l'intérieur du genre humain aucune hiérarchie qui mettrait un humain au-dessus de l'autre, un peuple au-dessus d'un autre, une religion au-dessus de l'autre. Cette affirmation, révolutionnaire à bien des égards, permet à nos auteurs de souligner d'emblée l'universalité de Dieu. À tous les êtres humains, Dieu donne cette puissance de vie qui leur permet de subsister et de croître. Tous lui en sont redevables. Dieu est Dieu, non seulement pour Israël, mais pour l'ensemble de l'humanité. Pour nos auteurs, il ne peut y avoir, en dernière instance, qu'une seule et même religion, car il n'y a pour eux qu'un seul Dieu, celui qui a créé l'univers.

Concernant les valeurs qui doivent présider à l'activité humaine, nos auteurs les précisent par le biais d'instructions relatives à la nourriture des vivants, instructions qu'ils mettent dans la bouche de Dieu. Ce discours de Dieu aux humains fait immédiatement suite à sa bénédiction : « Dieu dit : je vous donne toutes les herbes portant semence, qui sont sur toute la surface de la terre, et tous les arbres qui ont des fruits portant semence : ce sera votre nourriture. À tous les animaux de la terre, à tous les oiseaux du ciel, à tout ce qui rampe sur la terre et qui est animé de vie, je donne pour nourriture toute la végétation ». Alors même que cet ultime discours aurait dû attirer l'attention des commentateurs, justement parce qu'il forme la conclusion du discours divin, on s'y est généralement peu intéressé. Il est vrai qu'à première vue son objet paraît bien prosaïque, comparé à ce qui précède, et que parler de nourriture semble hors de propos à la suite de cette grandiose bénédiction que Dieu vient d'accorder aux humains. Des commentaires récents du livre de la Genèse ont d'ailleurs jugé ces versets à ce point inintéressants qu'ils n'ont même pas trouvé utile de les commenter ! Il n'en est que plus important d'examiner de plus près le passage en question. Ce qui, d'emblée, ressort de ce passage, c'est que les humains et les animaux partagent la même nourriture. Car, il ne faut pas s'y tromper, le mot « verdure » employé à propos de la nourriture des animaux ne désigne pas un type de végétaux qui leur serait spécifique mais, comme le montre son emploi en Gn 9,3, est un terme générique regroupant l'ensemble de la nourriture végétale. De sorte que, même si humains et animaux sont clairement distingués, ils n'en partagent pas moins strictement la même nourriture. Par ailleurs, en adressant aux humains les instructions relatives à la nourriture des animaux, Dieu leur indique clairement qu'ils en sont responsables.

Nous l'avons déjà dit, de prime abord de telles préoccupations paraissent bien terre-à-terre, et on peut s'étonner de ce que nos auteurs se soucient à ce point du régime alimentaire des êtres vivants et qu'ils fassent une telle promotion d'un végétalisme intégral auquel devraient se plier aussi bien les humains que les animaux ; y compris ceux qui, comme le lion, sont « naturellement » carnivores ! On serait tenté de ne voir là qu'un autre exemple de l'ignorance, ou de la naïveté, de ces vieux auteurs dont on avait déjà cru qu'ils ignoraient que la lumière venait du soleil. Mais, il faut le répéter, leur objectif n'est pas d'apporter des informations sur le monde tel qu'il était aux origines. Ce qu'ils veulent, en réalité, c'est, par le biais d'instructions sur la nourriture, énoncer des valeurs. Non pas les valeurs des temps immémoriaux qu'ils ne connaissent pas davantage que nous, mais les valeurs qui doivent être à la base des relations entre les êtres vivants et guider leurs contemporains. S'ils le font à travers des instructions alimentaires, c'est parce que, comme le dirait Ludwig Feuerbach, « der Mensch ist was er ißt » : l'être humain est ce qu'il mange !

Ce sont principalement deux valeurs qui sont ainsi mises en avant.

La première de ces valeurs est la solidarité : à la fois solidarité entre humains, entre humains et autres êtres vivants, et entre ces derniers. Leur commune consommation d'un même type de nourriture à la fois manifeste et renforce les liens de communion qui les unissent. L'étroitesse de ces liens se traduit par le fait qu'il n'est fait état d'aucun aliment qui serait spécifique à l'un de ces groupes et le différencierait de la sorte de l'autre. En tant qu'êtres vivants, ils se situent tous sur un même plan, celui d'êtres créés par Dieu, par sa seule parole, et c'est ainsi qu'ils se distinguent du monde végétal. Cette solidarité implique qu'aucun de ces deux groupes ne peut s'arroger le droit d'accaparer les ressources végétales pour son seul profit. Les mêmes ressources sont nécessaires à chacun d'entre eux pour lui permettre de vivre, de fructifier et de se multiplier. La responsabilité d'y veiller revient spécifiquement aux humains, chargés par Dieu de la bonne gestion de la création.

La seconde valeur est celle du respect de la vie, avec son corollaire, la non-violence. Il résulte en effet de l'attribution aux humains d'une nourriture exclusivement végétale qu'il n'y a pour eux aucune nécessité vitale de tuer un animal. Ce serait une violence gratuite. La vie est sacrée. Elle n'appartient qu'à Dieu, qui l'a donnée aux humains comme aux animaux. Y attenter apparaît comme un sacrilège. Mais respecter la vie, ce n'est pas seulement ne pas attenter à la vie des animaux. C'est aussi reconnaître la totale autonomie de leur existence. Dans la perspective de notre mythe, les animaux n'ont pas été créés pour être au service des humains. Ce qui interdit ipso facto de les considérer comme de simples producteurs de nourriture. Pas plus que leur viande, le lait des mammifères et les produits qui en sont dérivés et les œufs des volatiles ne sont destinés à servir à nourrir les humains. Ils servent exclusivement à reproduire leur propre vie[7].

La gestion de la terre, telle que la conçoivent nos auteurs, ne saurait donc être discrétionnaire. Elle s'exerce sous le contrôle de Dieu. De par les valeurs imposées, une limite est clairement fixée à la soumission de la nature et à l'asservissement des animaux. La gestion de la création ne fait pas pour autant des humains, pour reprendre la formule bien connue de Descartes, les « maîtres et possesseurs de la nature[8] » libres d'exploiter selon leur bon plaisir le monde animal et végétal. Elle ne leur donne pas un droit absolu de vie et de mort. La violence qu'implique la bonne gestion ne saurait être une violence destructrice. Elle s'arrête devant l'exigence de respecter la vie des animaux, au sens propre, et d'assurer les conditions qui leur permettent de continuer à vivre, au sens large. Ces mêmes valeurs de solidarité et de respect de la vie s'imposent aussi, implicitement, aux relations interhumaines. Sans doute, et nos auteurs le savent tout aussi bien que nous, sommes nous ici dans le domaine de l'utopie. La solidarité des vivants et le respect de

7 Cette valorisation de la nourriture végétale est aux antipodes des habitudes alimentaires de l'ancien Israël qui valorisent, tout au contraire, la nourriture carnée. Elle ne peut que résulter de l'influence d'une pensée étrangère, et très probablement du zoroastrisme.

8 *Discours de la méthode*, sixième partie.

la vie n'existent ni dans le monde animal, ni dans celui des humains. Ce n'est que dans les temps eschatologiques que le loup paît avec l'agneau (Es 11) et que les humains renoncent à la violence (Es 2,2-4). Mais cette utopie fixe, d'ores et déjà, des orientations. Elle indique quelles sont les valeurs qui doivent guider l'action humaine ; laquelle, dans le monde réel, ne peut s'y conformer que de manière tâtonnante, bien imparfaitement. La référence à ces valeurs doit servir à éviter que le monde ne sombre dans l'absolutisme le plus total et qu'il ne soit dominé par la seule loi du plus fort.

Égale dignité de tous les êtres humains, solidarité des vivants, respect de la vie, non violence, ce sont là des valeurs largement nouvelles dans le Proche-Orient antique.

Ce qu'enfin nos auteurs ont voulu souligner, à travers ce mythe, c'est l'absolue souveraineté de Dieu sur l'univers. Cette affirmation forme le point culminant de leur récit, qui débouche sur la décision divine de consacrer le septième jour (Gn 2,1-4a). Le soin extrême que les auteurs sacerdotaux ont apporté à la rédaction de ce passage témoigne de l'importance qu'ils ont attribuée à cette consécration du septième jour. Tout d'abord, ils l'ont clairement mis en valeur par un cadre, reprenant à la fin, au v. 4a, les mots « cieux et terre » du v. 1, de manière à l'inscrire comme dans un écrin. Ils y ont étroitement rattaché le corps de cette notice en reprenant au tout début du v. 2 le verbe « achever » du début du v. 1 et, à la fin du v. 3, le verbe « créer » qui conclut le v. 4a. Ils ont également rédigé le corps de cette notice de telle sorte qu'il attire d'emblée l'attention. Ils l'ont fait, en effet, de bien curieuse façon, en reprenant à trois reprises les mêmes formulations, tout en y ajoutant à chaque fois un élément : « Dieu acheva le septième jour son œuvre qu'il avait faite », v. 2a, « *et il se reposa* le septième jour de *toute* son œuvre qu'il avait faite », v. 2b, « car il se reposa en lui de toute son œuvre que *Dieu avait créée* pour la faire », v. 3b. Ces phrases redondantes, dans lesquelles les commentateurs n'ont vu souvent qu'une maladresse stylistique ou la marque d'interventions rédactionnelles, ont en réalité pour effet de faire ressortir les mots de la création qui, lus de la fin vers le début, en forment comme un résumé : « Dieu », comme unique auteur, « créer », pour caractériser la nouveauté de cette œuvre, « toute », pour suggérer qu'il n'y a rien que Dieu n'ait créé, « s'arrêter », qui marque l'achèvement. Elles visent surtout, en le détachant de ce fond monotone, à attirer l'attention du lecteur sur le v. 3a et à mettre en pleine lumière ce qui en constitue l'affirmation centrale : « Dieu bénit le septième jour et le consacra » ; autrement dit, il le mit à part pour s'en réserver l'usage exclusif[9]. Le septième jour est donc un jour béni. Ainsi présentée, l'affirmation semble banale. Mais, lue à la lumière des autres passages du mythe de la création où il est question d'une bénédiction divine, elle signifie que Dieu charge ce jour d'une puissance de vie semblable à celle qu'il avait conférée aux animaux et aux humains, que donc ce septième jour offre, aux uns et aux autres, un temps de ressourcement, un moment où, périodiquement, les uns et les autres, peuvent se recharger de vie. C'est aussi, et surtout, un jour consacré ; autrement dit, un jour que Dieu met à part ; plus précisément, un jour que Dieu retire au domaine profane et qu'il se réserve en propre en vertu des prérogatives qui lui reviennent en tant qu'auteur de l'univers. Ce jour est l'unique temps sacré. Dans tout ce qu'il a créé, c'est la seule chose que Dieu se réserve ainsi. Pour les auteurs de ce texte, il n'y a donc dans l'univers tel que Dieu l'a créé ni animal sacré, ni lieu sacré, ni d'autre temps sacré. En dehors du septième jour, tout le reste est profane et laissé à la disposition des humains. C'est dire la singularité et l'importance considérable que revêt ce septième jour qui est comme la marque de propriété que Dieu impose sur son œuvre. Faisant pendant au premier jour, ce jour où commence l'histoire de l'univers, formant avec lui le cadre de la création, il manifeste la totale souveraineté de Dieu, à la fois sur le temps et sur tout ce qu'il a créé et que ce cadre englobe : l'univers, la terre, la végétation et les êtres vivants, animaux et humains.

Par le biais de la notice relative à l'instauration du septième jour, nos auteurs introduisent ainsi une seconde limite à la soumission de la nature et à l'asservissement des animaux. L'activité humaine peut s'exercer à loisir dans tous les domaines, puisque tout est profane. Mais elle ne le peut que durant six jours de la semaine, et elle doit s'interrompre le septième. Il ne s'agit pas là simplement d'une limite fixée au rythme de l'activité humaine. Parce que le septième jour est la marque de propriété qui souligne la souveraineté de Dieu, l'exercice d'une activité ce jour-là

---

9 Ajoutons que chacune des trois premières phrases de cette notice comprend sept (!) mots, soit le nombre de jours de la création, que la dernière en compte neuf, ce qui est la durée d'une grossesse, et donc du passage à la vie. Le nombre de phrases qui en forment la partie centrale est de quatre qui, dans la Bible, signifie la complétude.

serait un sacrilège, un acte délibéré de rébellion. Cette référence à la souveraineté de Dieu signifiée par le septième jour signale aussi que la gestion de la création, confiée par Dieu aux humains, reste placée sous l'autorité de Dieu, devant qui ceux-ci sont responsables. Ils ne sont pas « maîtres et possesseurs », mais seulement régisseurs d'un domaine dont ils ont la gestion, mais qui ne leur appartient pas. Ils ne sont pas Dieu. Ils n'en sont que l'« image », la statue. Semaine après semaine, l'infinie scansion du temps le rappelle aux humains. Car, en définitive, ce qui importe aux auteurs de ce mythe, ce qui est sans doute leur objectif premier, c'est d'affirmer d'emblée cette totale souveraineté de Dieu sur le monde, ses habitants et l'ensemble de l'univers.

Ce sont ces convictions et ces valeurs que les auteurs sacerdotaux vont distiller au fil des narrations, forme ancienne de ce que de nos jours on appelle *story-telling*, et qu'ils inscriront dans la charte du peuple juif, même s'il leur a fallu tenir compte du principe de réalité et renoncer à en transcrire toutes les implications. En les rattachant à la création du monde, ils indiquent qu'elles ont pour eux une valeur universelle. En les inscrivant dans la charte du peuple juif, ils suggèrent que celui-ci a une mission particulière envers les autres peuples de la terre.

UNE CHARTE POUR LE JUDAÏSME

LE PEUPLE JUIF, UN PEUPLE MIS À PART

Pour nos auteurs, le peuple juif est un peuple à part ou, plus précisément, un peuple que Dieu a mis à part (Lv 20,24 ; voir aussi 1 R 8,53). Cette conviction n'est pas originale. Comme sans doute la plupart des peuples qui l'environnent, le peuple d'Israël est convaincu de sa singularité (voir déjà Am 3,2) et de la supériorité de son Dieu. Au moins depuis l'époque d'Amos, il est persuadé que Yhwh intervient dans les royaumes voisins pour sanctionner ce qu'on n'appelait pas encore des crimes contre l'humanité (Am 1-2) et, depuis Ésaïe, il reconnaît qu'il se sert des autres nations pour corriger son propre peuple (ainsi notamment Es 1). Cette certitude de sa singularité a été formalisée par les auteurs du discours introductif des lois du Deutéronome, discours prêté à Moïse, avant l'entrée en Cisjordanie, pour exhorter les Israélites à se conformer aux instructions divines. Moïse y explique que c'est parce que Yhwh a aimé leurs Pères et choisi leur descendance qu'il les a fait sortir d'Égypte et en a fait son peuple en propre[10]. « Peuple choisi » et non « peuple élu » ; cette dernière expression impliquant une supériorité par rapport aux autres peuples que le Deutéronome rejette totalement en soulignant que ce choix n'est nullement motivé par l'importance numérique d'Israël, donc par sa puissance, mais uniquement par l'affection que Yhwh lui porte et par son amour pour ses ancêtres (Dt 7,7). C'est le seul choix de Yhwh qui en fait un « peuple saint[11] ».

Par contre, pour désigner ces liens spécifiques qui relient Yhwh à Israël, les auteurs sacerdotaux ne disent jamais à son propos que Yhwh l'a choisi. Comme l'avait aussi fait le Deutéronome, ils utilisent le qualificatif de « saint ». Mais, et c'est là une autre différence avec les affirmations du Deutéronome[12], cette « sainteté » ne constitue pas un acquis. C'est une exigence, qui prend la forme d'une injonction divine « soyez saints » (Nb 15,40), que Yhwh motive en ces termes « car je suis saint » (Lv 11,44.45 ; 19,2 ; 20,7.26). Ce qui, pour nos auteurs, définit la sainteté, ce n'est pas tant la perfection morale, une vie vertueuse qui, hypothèse absurde, serait à égale à celle de Yhwh, mais l'altérité, la mise à part d'Israël que Yhwh a séparé des autres nations pour qu'il soit à lui (Lv 20,26). Ce n'est pas simplement que Yhwh, comme toute autre divinité, aurait besoin d'un peuple qui le reconnaisse comme son Dieu ! Pour nos auteurs, Yhwh est le seul Dieu, et tous les peuples de la terre lui appartiennent. Si donc Yhwh a besoin d'un peuple, c'est en tant que peuple témoin, afin qu'il rende témoignage de sa souveraineté sur l'univers et des valeurs qu'au moment de sa création il avait confiées aux humains en vue de leur permettre d'assurer la bonne gestion de ce monde.

La nécessité pour Yhwh de disposer d'un peuple témoin résulte de ce que le monde n'est plus conforme à ce qu'il était aux origines. Déjà les anciens mythes yahwistes des origines en avaient fait le constat et avaient donné une explication de l'évolution fatale qui allait conduire du jardin d'Éden à la situation de l'humanité telle qu'elle se présentait à l'époque du Yahwiste : Dieu qui, aux origines, résidait sur terre et vivait dans la

10 Dt 4,37 ; 7,6-8 ; 10,15 ; 14,2.
11 Dt 7,6 ; 14,2.21 ; 26,19 ; 28,9.
12 Ceci à l'exception de Dt 26,19 ; 28,9.

proximité des humains, s'était retiré au ciel ; la horde primitive issue de la descendance de Noé, qui jusque-là était regroupée et parlait une même langue, s'était scindée en trois groupes, s'était dispersée sur toute la terre et ne possédait plus de langue commune. Mais l'évolution la plus tragique est celle qui avait vu la violence se répandre sur la terre du fait de ce désir mimétique que René Girard a si bien mis en évidence[13]. Désir qui conduit à vouloir empêcher l'autre d'accéder à ce qu'il désire, à vouloir posséder ce qu'il possède, à vouloir être ce qu'il est et, en fin de compte, à vouloir l'éliminer afin de pouvoir prendre sa place. Malgré la tentative d'éradiquer cette violence destructrice – telle est l'explication que donnent les auteurs sacerdotaux du déluge (Gn 6,9-12) – celle-ci devient inhérente à la nature humaine. Elle pervertit non seulement les relations des êtres humains entre eux et les relations entre les peuples, mais aussi les relations entre les humains et les animaux – ceux-ci dorénavant leur servent de nourriture – et entre les animaux – le lion mange désormais l'agneau. Yhwh qui, originellement, était adoré par toute l'humanité (Gn 4,26) ne l'est plus que par Israël. Yhwh qui, au commencement, résidait sur terre, ne réside plus que sur le territoire d'Israël, dans le lieu qui lui est spécialement consacré.

Pour les auteurs sacerdotaux, parfaitement conscients que le destin d'Israël était étroitement imbriqué dans celui des autres nations – l'histoire récente l'avait d'ailleurs amplement démontré – il paraissait indispensable de tenter d'enrayer une évolution qui ne pouvait conduire à terme qu'à l'autodestruction de l'humanité. Il fallait affirmer l'autorité absolue de Dieu sur l'ensemble de la création, et donc la responsabilité des humains devant Dieu de leur gestion, et proclamer les valeurs originelles d'égale dignité de tous les humains, de solidarité des vivants et de respect de la vie. Ces mêmes auteurs estimaient qu'Israël était tout spécialement investi par Dieu pour ce faire, que Dieu l'avait mis à part en vue de cette mission ; qu'il fallait donc que l'organisation même de la communauté juive postexilique reflète cette conviction et ces valeurs. Qu'elle reflète ces valeurs, et non pas qu'elle les réalise parfaitement. Car vouloir revenir à la situation originelle est chimérique. Ce que plus tard les théologiens chrétiens appelleront la « chute » a créé une situation irrémédiable dont nos auteurs n'ont pas la naïveté de croire qu'une simple charte pourrait permettre de l'enjamber pour revenir aux origines. Tel

13 R. Girard, *La violence et le sacré*, Paris, Grasset, 1972.

ne sera le cas que dans les temps eschatologiques et ce, exclusivement du fait de l'intervention divine. La charte qu'ils rédigent vise uniquement à traduire ces valeurs dans des rites et des lois qui permettront de se rapprocher le plus possible de l'utopie originelle, tout en prenant en compte la réalité de la nature humaine. Tout ceci afin de témoigner de cette utopie et de servir de référence aux autres nations.

La charte n'est donc pas uniquement destinée à organiser la communauté juive postexilique et à adapter les anciennes lois à la nouvelle situation, celle où le peuple juif ne se confond plus avec les habitants d'un royaume mais est devenu une communauté religieuse dont une partie est regroupée autour du temple de Jérusalem et dont l'autre, probablement la plus nombreuse, est largement dispersée. Bien sûr, il fallait organiser ce nouvel ensemble sur ces nouvelles bases. Car si les lois civiles et religieuses du temps de la monarchie pouvaient à la rigueur être transposées, avec quelques adaptations, à la communauté jérusalémite, elles ne pouvaient s'appliquer à la diaspora, soumise à d'autres lois et bien trop éloignée du Temple pour pouvoir accomplir les rites autrefois prescrits. Ce qui fait l'originalité de cette charte par rapport à celles de l'époque royale, c'est qu'elle est liée à un projet dont la communauté juive est le porteur. Ce projet est destiné à promouvoir, au-delà de sa propre communauté, des convictions et des valeurs que les milieux sacerdotaux ont considérées comme universelles et qu'ils ont, en conséquence, fait remonter aux origines du monde. À la différence des précédentes, cette nouvelle charte a donc d'entrée de jeu une fonction kérygmatique à l'égard du reste de l'humanité. En privilégiant des valeurs universelles, plutôt que des valeurs centrées sur la nation, et en chargeant leur communauté de les faire connaître à travers leur exemple, ses auteurs n'ont pas seulement donné une identité forte au peuple juif, ils ont aussi, ce faisant, voulu l'ouvrir, le tourner vers l'universel afin d'empêcher un repli sur soi qui serait suicidaire, un enfermement dans un particularisme étroit et une ghettoïsation, ce à quoi aurait pu conduire le seul sentiment d'être un peuple à part. À ces communautés que leur insignifiance politique et la condition d'immigré des Juifs de la diaspora auraient pu décourager, ils ont ainsi voulu donner la fierté d'être porteuses des valeurs originelles. Et, en les investissant de la charge de rappeler ces valeurs aux autres nations supposées les avoir oubliées, en leur faisant prendre conscience de leur rôle singulier, ils les ont responsabilisé. La conviction d'avoir une mission à accomplir, en leur fixant un but, permet de les motiver et de donner un sens à leur existence. Cette dynamique leur évitera également de s'étioler pour finir par s'assimiler et disparaître. L'identité du judaïsme postexilique est intimement liée à sa vocation de peuple témoin. L'élaboration de cette charte participe de la sorte de manière essentielle à la stratégie identitaire[14].

LE LIVRE DU LÉVITIQUE, CHARTE DU JUDAÏSME POSTEXILIQUE

Ce titre, à vrai dire, n'est pas tout à fait adéquat. Car, à la différence du Code de l'alliance d'Ex 21-23 et du code deutéronomique de Dt 12-26, il ne se trouve dans la couche sacerdotale du Pentateuque aucun ensemble clairement présenté comme une charte et introduit en tant que tel. Mais il est vrai aussi qu'à l'intérieur de cette couche le Lévitique, de par son contenu fait de prescriptions, d'ordonnances et d'instructions (voir Lv 26,46) et par sa conclusion, qui rappelle celle des traités d'alliance, s'apparente à une charte, ce qui autorise ce léger abus de langage[15]. Selon nos auteurs, et comme l'avait été l'ancienne loi, cette charte a été donnée à Israël en un lieu extérieur à son territoire historique, au Sinaï, dans ce sanctuaire mobile qu'est la Tente de la rencontre (Lv 1,1) ; comme pour souligner que Dieu et les dispositions de la charte n'étaient pas liés à un territoire précis : Une mise à distance que l'exil n'a fait que rendre plus nécessaire encore.

Ce qu'à l'époque chrétienne on désignera sous le titre de « livre du Lévitique » s'insère entre le récit de l'édification et de l'ameublement

14 Sur cette tension entre particularisme et universalisme, voir J. D. Levenson, « The Universal Horizon of Biblical Particularism », dans M. G. Brett (éd.), *Ethnicity and the Bible* (Biblical Interpretation Series 19), Leiden-New York-Köln, E. J. Brill, 1996, p. 143-169.

15 Sur le Lévitique, voir les commentaires de J. E. Harley, *Leviticus* (World Biblical Commentary 4), Dallas, Word Books, 1992 ; H. E Gerstenberger, *Das dritte Buch Mose : Leviticus*, (Das Alte Testament Deutsch 6), Göttingen, Vandenhoeck & Ruprecht, 1993 ; J. Milgrom, *Leviticus* (Anchor Bible 3), New York, Doubleday, 1991, 2000 et 2001 et, sur Lv 17-27, A. Marx, *Lévitique 17-27* (Commentaire de l'Ancien Testament 3b), Genève, Labor et Fides, 2011. Voir aussi M. Douglas, *L'anthropologie et la Bible. Lecture du Lévitique*, Paris, Bayard, 2004 (traduction française de *Leviticus as Literature*, Oxford, University Press, 1999 par J. L'Hour) ; C. Nihan, *From Priestly Torah to Pentateuch : A Study in the Composition of the Book of Leviticus* (Forschungen zu Alten Testament 2, 25), Tübingen, Mohr-Siebeck, 2007.

de la Tente de la rencontre, qui clôt le livre de l'Exode (Ex 35-40), et celui du recensement des Israélites préalablement à leur départ, qui ouvre le livre des Nombres (Nb 1-3). Il se présente, pour l'essentiel, comme une série de règles et de préceptes que Yhwh charge Moïse de communiquer aux Israélites supposés être rassemblés au pied du Sinaï. Bien que ces règles soient étroitement reliées entre elles, on y distingue clairement deux parties. La première, constituée par les chapitres 1-16, porte principalement sur le culte sacrificiel et les instructions relatives à la pureté et à l'impureté. Elle se conclut par la description du rituel du Jour de l'absolution, le *Yom kippour*, qui permet chaque année, à la période de l'équinoxe d'automne, au tournant de l'année, de débarrasser le territoire d'Israël de tous les péchés et impuretés qui l'ont souillé au cours de l'année écoulée. La seconde partie, qui va du chapitre 17 au chapitre 25, paraît plus éclectique. Elle comprend, à côté notamment de règles spécifiques aux prêtres, de listes d'interdits et de l'énumération des temps sacrés, des instructions relatives à la vie en société ainsi que des dispositions environnementales et sociales. Comme les traités de vassalité proche-orientaux, l'ensemble débouche sur une liste de bénédictions et de malédictions ou, plus précisément dans ce cas particulier, de promesses et de menaces (Lv 26). Un dernier chapitre, qui fait pendant à la section initiale relative aux sacrifices, porte spécifiquement sur les dons cultuels.

L'objet de cette charte est donc triple : réorganiser le culte, développer une éthique individuelle et sociale, jeter les bases d'une nouvelle organisation de la société.

La *réorganisation du culte* est, pour nos auteurs, un objectif prioritaire. Non pas dans un souci mesquin de défendre des privilèges liés à leur statut, mais parce que, pour eux, l'existence même d'Israël dépend de la bonne administration du culte.

Dans le monde antique, qui dit culte dit sacrifices. Il serait trop long, dans ce cadre, d'exposer en détail le système sacrificiel de l'Israël antique tel que l'ont conçu les auteurs sacerdotaux. Nous l'avons fait ailleurs[16].

16 Sur le culte sacrificiel, voir A. Marx, *Les systèmes sacrificiels de l'Ancien Testament. Formes et fonctions du culte sacrificiel à Yhwh* (Supplements to Vetus Testamentum 105), Leiden-Boston, Brill, 2005. Voir aussi C. Eberhart, *Studien zur Bedeutung der Opfer im Alten Testament. Die Signifikanz von Blut- und Verbrennungsriten im kultischen Rahmen* (Wissenschaftliche Monographien zum Alten und Neuen Testament 94), Neukirchen-Vluyn, Neukirchener Vlg., 2002.

Celui-ci est d'une grande richesse et comprend de nombreuses catégories de sacrifices que nos auteurs ont réparties en deux grands groupes.

D'abord, les sacrifices proprement dits, ceux qui peuvent être offerts spontanément, que nos auteurs qualifient de « sacrifices au parfum lénifiant » (voir Lv 1-3). Considérés comme un repas auquel on convie la divinité, ils sont exclusivement constitués de produits comestibles, présentés sur l'autel sous une forme soit directement consommable – du pain, du vin – soit prête pour une élaboration culinaire – de la farine imprégnée d'huile d'olive, du bétail déjà immolé, dépouillé de sa peau et dépecé. Ce sont : l'holocauste, où la chair et les viscères de la victime sont entièrement brûlés sur l'autel ; plusieurs variétés de sacrifices de communion, où la matière sacrificielle est répartie entre Yhwh, d'un côté, à qui sont attribuées les graisses, les prêtres, le fidèle et ses invités, de l'autre, qui se partagent la viande. Ces deux formes du sacrifice animal correspondent, au plan religieux, aux deux manières en usage dans l'ancien Israël d'honorer un hôte de marque : l'une, particulièrement déférente, qui consiste à préparer un repas à son intention exclusive et à rester à son entière disposition pour le servir (voir Gn 18,2-8 ; 1 S 28,22-25) ; l'autre, plus habituelle, où celui qui invite participe au repas, tout en servant en premier son hôte, qui est installé à la meilleure place, et en lui réservant les meilleurs morceaux (voir par ex. 1 S 9,22-24). À ces sacrifices, les auteurs sacerdotaux ont ajouté, comme accompagnement obligatoire des précédents, différentes variétés d'offrandes végétales – on n'en dénombre pas moins d'une quinzaine – où la même nourriture, en l'occurrence des pains, est partagée entre Yhwh et les prêtres, réalisant ainsi entre eux la communion la plus étroite qu'il est possible de réaliser entre la divinité et des humains.

Le second groupe réunit deux types de sacrifices nouveaux. Ceux-ci, à la différence du premier, doivent être faits dans un certain nombre de circonstances bien définies. Il s'agit des sacrifices que nos auteurs qualifient de « sacrifices d'absolution » (voir Lv 4-5). Le plus important d'entre eux est celui que l'on désigne, d'ailleurs à tort, comme « sacrifice pour le péché » ; en réalité, il intervient principalement, associé à un holocauste, dans tous les rituels de passage ; dans ceux qui accompagnent les passages du temps, à l'occasion des néoménies et des fêtes, dans ceux que réalisent les rituels de consécration, ou encore dans ceux qui servent à réintégrer dans la communauté des personnes qui en avaient été momentanément exclues parce que devenues impures ou s'étant rendues coupables d'un péché. Ces sacrifices manifestent l'exigence de pureté et de parfaite obéissance aux commandements divins, ainsi que la maîtrise de Yhwh sur les différentes articulations de l'année. L'autre sacrifice relevant de ce groupe est le sacrifice de réparation, exigé principalement en cas d'appropriation frauduleuse d'un bien, sacré ou profane ; il accompagne la restitution de ce bien et le paiement à la victime d'une indemnité libératoire équivalente à 20 % de la valeur de l'objet dérobé. Il témoigne ainsi de l'importance que nos auteurs attribuent à la question de la propriété individuelle.

Ces sacrifices, et singulièrement les sacrifices du culte régulier, s'ils procurent des bénéfices à Israël, collectivement, et à chaque fidèle qui en offre, ont toutefois comme fonction première de rendre possible la présence de Yhwh au Temple, présence qui est d'une importance proprement vitale. Plus précisément, ils sont le corollaire de cette présence. De ce lien entre les humains et Dieu dépend toute l'existence humaine, sa fécondité et celle des troupeaux, la fertilité du sol, la bonne croissance des cultures, l'absence de fléaux destructeurs. Il était donc capital d'entretenir ce lien et, plus encore, d'amener la divinité à venir résider parmi les humains, dans une demeure spécialement construite à cet effet, aménagée pour la recevoir, que son luxe rendait particulièrement attrayante. Et, dès lors que la divinité s'était installée dans sa demeure terrestre, il fallait pourvoir à son agrément en y faisant brûler de riches parfums, et à son approvisionnement en lui offrant une nourriture succulente et abondante. Car, comme le montre le discours à valeur paradigmatique que le Chroniste met dans la bouche du roi Ézékias, tous les malheurs – en l'espèce, ceux qui ont frappé Juda du temps de son prédécesseur – viennent de ce que l'on a abandonné Yhwh, que l'on s'est détourné de sa Demeure, qu'on a fermé les portes du sanctuaire, éteint les lumières du chandelier, arrêté de brûler du parfum, et qu'on ne lui a plus apporté d'holocaustes (2 C 29,6-9).

Il fallait donc, en tout premier lieu, pour honorer Yhwh comme il se doit, et tout comme on le ferait pour un roi, lui offrir quotidiennement, matin et soir, aux heures habituelles du repas, un succulent festin. Celui-ci est constitué des trois éléments constitutifs d'un banquet, à savoir de la viande, en l'occurrence celle d'un agneau, des céréales et de l'huile, sous la forme de farine imbibée d'huile d'olive, ainsi que du vin ;

le tout préparé à son intention exclusive et prenant, de ce fait, la forme d'un holocauste (Ex 29,38-42 // Nb 28,2-8). Ce même repas, mais en quantité double, est offert à Yhwh le jour du sabbat (Nb 28,9-10). À ce premier sacrifice, que les prêtres offrent au nom du peuple, vient s'en ajouter un second, apporté par le grand prêtre en personne, au nom des prêtres. Celui-ci, curieusement, est bien plus frugal et ne consiste qu'en une variété de pains faits sur une plaque, exclusivement destinée à cet usage, et intégralement brûlés sur l'autel (Lv 6,13-16). L'importance que nos auteurs ont attribuée à cette dernière offrande, et aux offrandes végétales en général, ne peut manquer de surprendre car son prix et sa saveur sont bien moindres que ceux d'un agneau, et les quantités de farine utilisées sont inférieures de moitié à celles de l'offrande de farine qui accompagne l'holocauste. Cette importance ne saurait donc s'expliquer par de simples considérations matérielles. Sa place éminente provient de sa fonction symbolique, de ce qu'elle représente, à savoir l'utopie primitive d'une nourriture purement végétale, avec les valeurs qui lui sont associées. De sorte qu'en plus de sa fonction première, le sacrifice quotidien apparaît aussi comme l'expression de la tension entre une utopie portée par les prêtres, une utopie brisée – serait-ce ce que veut symboliser la rupture de ce pain préalablement à sa combustion ? –, et la réalité, celle où un agneau d'un an est considéré comme une nourriture particulièrement délicate. Une utopie rappelée jour après jour afin de souligner la distance entre le projet de Dieu et ce qu'il a dû concéder à la violence humaine, mais qui est également destinée à nourrir l'espérance d'Israël et, à travers Israël, celle de l'humanité toute entière.

Cette présence de Yhwh, que les sacrifices quotidiens visent à assurer, se manifeste dans le feu qui doit brûler sans discontinuer, à la vue de tous, sur l'autel du parvis (Lv 6,1-6), à l'extérieur du Temple ; feu que nos auteurs font remonter à Yhwh et dont ils disent qu'il a lui-même enflammé la matière sacrificielle (Lv 9,22-24). Elle est également signifiée par les flammes qui brûlent continuellement au sommet des sept tiges du chandelier disposé dans le Saint (Lv 24,2-4), en face de la table des pains de proposition, où sont déposés les douze pains qui représentent l'offrande des douze tribus d'Israël ; une offrande qui, comme aux origines, est simplement posée devant Yhwh (Lv 24,5-9).

La présence même de Yhwh impose également aux Israélites, qui dans la fiction de nos auteurs forment cercle autour du sanctuaire, des contraintes en matière de pureté et de perfection morale. Concernant la pureté (voir principalement Lv 12-15 ; Nb 19), doivent être exclus de ce cercle et installés à la périphérie les « lépreux » – la « lèpre » étant en réalité une forme de psoriasis –, ceux qui souffrent d'une maladie sexuelle qui provoque des écoulements et, pour une durée de sept jours, ceux qui ont été en contact avec un cadavre (Nb 5,2-3 ; voir aussi Lv 13,45-46). Sont par ailleurs soumis à une quarantaine d'un jour les personnes ayant eu des relations sexuelles ; de sept jours, les femmes pendant leurs règles ; de quarante à quatre-vingt jours, celles qui viennent d'accoucher, selon qu'elles ont donné naissance à un fils ou à une fille. Dans la plupart des cas, une simple ablution et le lavage des vêtements suffisent à retrouver la pureté ; à quoi s'ajoute, pour celui qui s'est rendu impur par le contact avec un cadavre, une aspersion faite avec une mixture spécialement destinée à cet usage. Par contre, une fois guéri, le « lépreux » et ceux qui ont été atteints d'une maladie sexuelle, mais aussi la femme accouchée, devront également apporter des sacrifices en vue de leur réintégration. Contrairement à ce que l'on imagine le plus souvent, la liste de ce que les auteurs du Lévitique tiennent pour impur est très limitée. Car seul, en fait, est considéré comme facteur d'impureté tout ce qui a trait à la sexualité et à la mort – à laquelle est assimilée la « lèpre », au vu de l'aspect de la peau, semblable à celle d'un enfant mort-né (voir Nb 12,10-12). Non que la sexualité constitue un péché : jamais ce terme n'est employé à son propos, mais en tant que la sexualité, comme aussi la mort, reflète les caractéristiques distinctives de la condition humaine par rapport à la condition divine, caractéristiques consécutives à la « chute » (Gn 3) : tandis que Yhwh est immortel et n'engendre pas, les humains, depuis lors, sont mortels et, pour se perpétuer, doivent se reproduire. En somme, c'est seulement lorsque se manifestent concrètement ces caractéristiques distinctives qui rappellent la « chute » que les humains sont écartés du sanctuaire. Pour ce qui est de la perfection morale (Lv 4-5), les auteurs exigent un respect absolu des interdits divins et sanctionnent sévèrement toute transgression. Même en cas de transgression inconsciente ou involontaire d'un interdit, le coupable se voit condamné à apporter un sacrifice « pour le péché », dont la matière est normalement constituée par un agneau ; lequel, en cas de pauvreté, peut être remplacé par deux colombes ; remplacé même, dans les cas extrêmes, par une poignée de farine. Sanction néanmoins très dure vu que le contrevenant ne peut être véritablement tenu pour responsable, sa transgression n'ayant pas été intentionnelle. Celui qui transgresserait délibérément un commandement divin serait, lui, mis au ban (Nb 15,30-31). Le caractère à l'évidence excessif de ces dispositions, l'horizon inatteignable qu'elles fixent, montrent qu'on est ici davantage dans l'utopie que dans le projet de société.

Le souci de garantir la présence de Yhwh conduit également à la mise en place d'un rituel annuel destiné à purifier le territoire ; lequel, comme l'a magistralement démontré Jacob Milgrom[17] – auteur par ailleurs d'un imposant commentaire du Lévitique –, est souillé par toutes les impuretés et tous les péchés de l'année écoulée, que ceux-ci soient délibérés ou non. Considérés comme des substances contagieuses, ces impuretés et ces péchés fonctionnent, croyait-on, à la manière d'une épidémie ; ils se répandent à partir du « foyer d'infection », à savoir l'Israélite en cause, à travers tout le pays et pénètrent jusque dans le sanctuaire, faisant de ce fait obstacle à la présence de Yhwh. De sorte que, pour éviter qu'ils ne finissent par entraîner le départ de Yhwh, il était indispensable d'en débarrasser le pays. Et ce au moment le plus opportun, au tournant de l'année, à l'issue des dernières récoltes, à la fin de l'année agricole et au seuil de la nouvelle année agricole, afin que celle-ci réussisse pleinement. Le rituel mis en œuvre à cet effet est longuement décrit en Lv 16[18].

Bien que, du fait même qu'ils ne vivent pas à proximité du sanctuaire, les Juifs de la diaspora ne soient pas directement concernés, les dispositions concernant le sanctuaire n'en ont pas moins, pour eux aussi, des conséquences décisives car elles modifient fondamentalement le statut de Jérusalem. Jérusalem, désormais, n'est plus simplement l'ancienne capitale du royaume de Juda que l'on évoque avec nostalgie. Elle devient le seul lieu où Yhwh, le créateur de l'univers et le Dieu d'Israël, l'unique Dieu, a choisi de résider, faisant ainsi d'elle un morceau de ciel sur terre et renouant, de la sorte, avec les temps originels où Dieu était présent parmi les humains. Cette fonction spécifique attribuée à Jérusalem

17 J. Milgrom, « Israel's Sanctuary : The Priestly 'Picture of Dorian Gray' », dans *Revue biblique*, vol. 83, 1976, p. 390-399.

18 Pour plus de détails, voir S. Trigano (éd.), *La Bible et l'Autre*, dans *Pardès*, vol. 32-33, 2002, p. 105-172. Sur les fêtes du septième mois en général, voir l'étude très technique de C. Körting, *Der Schall des Schofar : Israels Feste im Herbst* (Beihefte zur Zeitschrift für die alttestamentliche Wissenschaft 285), Berlin-New York, W. de Gruyter, 1999.

contribue à renforcer parmi les Juifs la conscience de leur singularité. Elle crée chez eux un sentiment de fierté du fait que le Dieu unique a choisi d'établir sa demeure terrestre en leur sein, sur leur territoire. Jérusalem, grâce à son temple, devient ainsi le centre de gravité de toute la diaspora : c'est la ville sainte vers laquelle on se tournera pour intercéder auprès de Yhwh (1 R 8,46-50 // 2 C 6,36-39) – en direction de laquelle on priera, au temps de Daniel, soit au IIe s. avant notre ère, trois fois par jour (Dan 6,11 ; *cf.* Tb 3,11) –, à laquelle les relient les dons destinés au Temple (Esd 7,16 ; 8,25-30) et qui deviendra, au fil du temps, un lieu de pèlerinage pour les Juifs pieux. Jérusalem sera de la sorte un facteur de cohésion d'autant plus fort qu'il repose non sur un sentiment passéiste, mais sur un lien vivant avec Yhwh, lien que la prière triquotidienne fortifiera, elle qui unit autour d'elle l'ensemble des Juifs dispersés à travers le monde[19].

Les auteurs sacerdotaux ont aussi eu le souci d'élaborer une *éthique individuelle et sociale.*

La manière même dont nos auteurs ont présenté les règles relatives à l'éthique individuelle manifeste l'importance qu'ils lui ont attribuée. Ils ont en effet placé le passage de la charte ayant trait à l'éthique, Lv 19, au centre d'un ensemble formé par les chapitres 17-22, ensemble auquel ils ont donné une structure concentrique pour le mettre en valeur. Ils l'ont introduit par l'injonction : « soyez saints car je suis saint, moi, Yhwh votre Dieu », laquelle souligne d'emblée que ces règles éthiques sont constitutives de l'identité juive et liées à la singularité qui doit être la sienne par rapport aux autres nations. Ils lui ont donné la forme d'un décalogue, le rattachant ainsi aux exigences premières censées avoir été énoncées de vive voix par Yhwh lui-même, du haut du Sinaï, à tout Israël rassemblé devant lui (Ex 20) ; décalogue dont les interdits balisent le champ de l'action humaine. Et ils ont rythmé chacune des injonctions par la formule « je suis Yhwh (votre Dieu) », répétée pas moins de quinze fois au fil de ce chapitre, lui conférant ainsi une solennité toute particulière tout en rappelant pas à pas le caractère impératif de ces injonctions. En plus des interdits et des commandements positifs directement repris du

19 Sur les liens entre la diaspora et la communauté établie autour de Jérusalem, voir G. N. Knoppers, K. A. Ristau (éd.), *Community Identity in Judean Historiography ; Biblical and Contemporary Perspectives*, Winona Lake, Eisenbraus, 2009. (voir notamment les études de J. Kessler et G. N. Knoppers).

décalogue, sous une formulation nouvelle, les règles données en Lv 19 apparaissent comme une explicitation et un approfondissement de ses lois apodictiques. Corrélativement à l'exigence monolâtre, sont strictement interdites la prostitution sacrée et toute forme de divination. De même, se rattachant à l'interdiction du vol et de la convoitise, sont énumérés tous les moyens illicites mis en œuvre pour s'approprier les biens d'autrui ou pour le priver de ce qui lui revient. Concernant l'interdiction de tuer, sont cités différents stratagèmes permettant d'aboutir subrepticement à la condamnation à mort d'un gêneur. Par delà le souci de protéger le faible de la cupidité du puissant, qui était déjà le souci des prophètes, nos auteurs enjoignent de respecter les groupes sociaux physiquement les plus vulnérables. Leur préoccupation majeure est de conjurer tout ce qui est susceptible de nuire à la bonne harmonie, au premier rang l'insatiable appât du gain, qu'ils considèrent comme la source de tous les maux et qui conduit inexorablement à la dissolution de la vie en société. Placée à l'articulation des deux parties du chapitre 19, leur règle suprême, dont procèdent toutes les autres, est : « tu aimeras ton prochain comme toi-même » (v. 18), règle qu'ils étendent, au-delà des Israélites, aux immigrés (v. 33-34), une catégorie particulièrement vulnérable livrée, de ce fait même, à l'exploitation et à l'oppression.

Nos auteurs ne promeuvent pas une société parfaitement égalitaire : si tous les Israélites, et tous les humains en général, sont égaux devant Dieu, ils ne le sont pas entre eux ; il y a des riches et des puissants, des pauvres et des faibles. Ils n'incitent donc pas à une lutte des classes d'où sortirait une société idéale. La valeur qu'ils privilégient est celle de la fraternité, d'où découlent la solidarité et le respect de chacun, quelle que soit sa condition. L'autre, quel qu'il soit, est d'abord un semblable, il est comme une extension de soi et doit être traité comme on se traiterait soi-même. Cette solidarité qui résulte de la conscience de leur fraternité devra unir les communautés juives jérusalémites à celles de la diaspora, les communautés de la diaspora à celle de Jérusalem, les communautés de la diaspora entre elles, les membres des différentes communautés entre eux. Pour nos auteurs, indépendamment même de l'harmonie sociale qu'elle permet de créer, cette fraternité est, avec d'autres traits, la marque de leur identité, le garant de leur cohésion.

Cette exigence de solidarité et de fraternité trouve aussi sa traduction dans l'instauration, tous les cinquante ans, d'une année jubilaire au bénéfice des plus vulnérables (Lv 25). Celle-ci s'ouvre en automne, au tournant de l'année agricole, et plus précisément au *yom kippour*. Elle est solennellement annoncée par une sonnerie de corne de bélier. Au cours de cette année, toute activité agricole, qu'il s'agisse de semailles ou de récoltes, est interdite. Mais ce qui la caractérise principalement, ce sont les dispositions sociales en faveur des Juifs qui se sont appauvris, qui se sont vus contraints, pour payer leurs dettes, de vendre leur terre patrimoniale ou même de se vendre comme esclaves. Selon ces dispositions, ceux qui ont été obligés de céder des terres patrimoniales les récupèrent d'office au jubilé, sans condition aucune : ils n'ont pas l'obligation de les racheter, elles leur reviennent de droit. De même, ceux qui ont été acculés à se vendre comme esclaves[20] recouvrent leur pleine liberté, sans contrepartie aucune. Et ceci, quel que soit le moment où ils se sont endettés, quels que soient les motifs de leur faillite. L'année jubilaire joue ainsi, d'une certaine manière, au niveau de la société, un rôle analogue à celui du *yom kippour* en remettant périodiquement les compteurs à zéro. Ces dispositions sociales sont motivées à la fois par des considérations humanitaires et par des arguments théologiques. Elles résultent, d'une part, d'une exigence de solidarité qui résulte du fait que tous les Juifs doivent se considérer comme des frères. Elles découlent par ailleurs de l'affirmation de la souveraineté absolue de Yhwh sur la terre et sur ceux qui y habitent. Parce que le pays appartient à Yhwh et qu'il l'a distribué entre l'ensemble des clans qui y habitent comme patrimoine inaliénable, aucune de ces terres ne peut être vendue à titre définitif (v. 23). Et parce que les Israélites ont Yhwh pour unique maître, ils ne peuvent avoir d'autre maître que lui (v. 55). L'année jubilaire marque ainsi l'autorité absolue de Yhwh sur son peuple et sur le pays qu'il lui a attribué en propre, une autorité rappelée tous les cinquante ans[21].

Par ailleurs, et de manière plus surprenante, nos auteurs ont également pris des dispositions concernant les animaux sauvages, et ce en instaurant tous les sept ans une année sabbatique (Lv 25). L'instauration d'une année sabbatique avait déjà été prévue dans le Code de l'alliance,

---

20 Ce terme, en l'espèce, désigne davantage une forme de contrat à durée déterminée qu'un esclavage au sens fort. Ce statut, qui lui garantit un travail, permet à celui qui est en faillite de disposer des ressources nécessaires à sa subsistance.

21 Sur l'année jubilaire, voir l'étude très complète de J.-F. Lefebvre, *Le jubilé biblique. Lv 25 – exégèse et théologie* (Orbis biblicus et orientalis 194), Fribourg, éditions universitaires, Göttingen, Vandenhoeck & Ruprecht, 2003.

en Ex 23,10-11. Il y était prescrit que chaque septième année on laisserait aux pauvres la totalité de la récolte, y compris les raisins et les olives, ce qui en resterait devant être abandonné aux animaux sauvages. Les auteurs du Lévitique reprendront à leur compte cette ancienne règle. Ils préciseront qu'on ne devra pas non plus ensemencer la terre et tailler les vignes, ni récolter ce qui pousse spontanément dans les champs, sur les vignes et sur les arbres. Surtout, ils la compléteront et la modifieront sur deux points. D'abord en énonçant le motif de l'instauration de l'année sabbatique. Alors que dans le Code de l'alliance ce motif était essentiellement charitable, pour nos auteurs l'année sabbatique est destinée en premier lieu à permettre à la terre, la terre nourricière, de se reposer ; repos que, significativement, ils qualifient de « sabbat » et même de « sabbat sabbatique », lui donnant ainsi une portée clairement théologique. Ce repos de la terre ne vise donc pas, comme le ferait une jachère, à permettre au sol de se restaurer et de regagner en fertilité. La précision selon laquelle la récolte obtenue au cours de l'année précédente sera à ce point abondante qu'elle couvrira les besoins pendant trois années (v. 20-22) le montre clairement : l'extraordinaire fertilité du sol ne résulte pas de la mise en place d'une technique agricole, mais provient exclusivement de la bénédiction divine. Les auteurs sacerdotaux, en appliquant à cette année le qualificatif de « sabbat », rattachent délibérément son instauration à la création de l'univers. À l'instar du sabbat, l'année sabbatique marque une limite à la domination que les humains exercent sur la terre. Et, tout comme le sabbat pour les hommes, l'année sabbatique met la terre au bénéfice d'un repos périodique. La seconde modification apportée à l'ancien règlement concerne les bénéficiaires qui, ici, sont exclusivement les animaux, bétail mais aussi animaux sauvages, tous faisant ainsi l'objet de la sollicitude de Yhwh qui, une année sur sept, leur laisse l'intégralité de la végétation, celle qui pousse spontanément, sans intervention humaine, mais aussi celle que les agriculteurs ont laissé repousser. Les indigents, eux, n'en bénéficient pas, contrairement à ce que prévoyaient les dispositions antérieures. Mais, comme l'ordonnait déjà le Deutéronome (Dt 24,19-22), ils se voient attribuer, chaque année, ce qui reste de la moisson et de la vendange des raisins (Lv 19,9-10 ; 23,22). L'année sabbatique vise ainsi à recréer symboliquement l'état originel sur ce petit morceau de terre où Yhwh a établi sa résidence, celui où les humains vivaient de ce que la bénédiction divine faisait pousser spontanément et où humains et animaux partageaient, en solidarité, la même nourriture.

Le caractère assez radical de toutes ces dispositions a fait que l'on s'est souvent interrogé pour savoir si elles ont effectivement été appliquées. L'interrogation n'est pas véritablement pertinente. Les mesures envisagées ne résultent pas d'un projet politique et économique ambitieux, elles découlent de l'utopie selon laquelle Yhwh réside au milieu du peuple qu'il a choisi et sur lequel il règne en suzerain. Comme pour les exigences de pureté et plus encore pour celles concernant le respect strict des interdits divins, nos auteurs ont en vue une situation idéale où les instructions divines seraient pleinement suivies. Il est clair que pour eux, comme le montre la liste des promesses et des menaces figurant en conclusion de la charte (Lv 26), la paix et la prospérité d'Israël, et même sa survie, en dépendent. La réalité est certainement beaucoup moins idyllique. Il n'empêche : l'intention est sans doute plus importante que la pratique. Elle fixe ce qui est la norme, un idéal à atteindre, même si, dans la réalité, il ne peut qu'être approché.

Les auteurs sacerdotaux se sont enfin préoccupés de jeter les bases d'une *nouvelle organisation de la société*, dans la mesure où, du fait de la diaspora, n'existait plus d'organisation centrale, où, de même, les structures villageoises avaient disparu, tout comme, très probablement aussi, les anciennes structures tribales. En conséquence, les auteurs sacerdotaux ont fait de la famille, seule institution encore stable, le fondement de la vie sociale. Une famille dont ils ont dessiné les contours par le biais d'une série d'interdits répartis sur deux chapitres, Lv 18 et 20, qui encadrent le chapitre 19. Il est significatif de l'importance attribuée à ces interdits que ce sont là, à côté des lois apodictiques du décalogue et des tabous alimentaires, les principaux autres interdits édictés par les auteurs sacerdotaux. Cette importance est d'ailleurs soulignée d'emblée par une introduction solennelle qui exhorte les Israélites à observer les instructions de Yhwh, exhortation reprise, qui plus est, en conclusion du chapitre 18, laquelle précise, pour ne laisser aucun doute, que les instructions en question concernent bien les relations sexuelles. En une fastidieuse énumération, nos auteurs passent ainsi en revue tous les partenaires avec lesquels il est interdit d'avoir de telles relations – un rapide décompte permet d'en dénombrer une bonne vingtaine – et, le cas échéant, d'épouser, et toutes les circonstances où cela est interdit. La liste de sanctions qu'ils prévoient en cas de transgression (Lv 20) démontre tout le sérieux de ces interdits. Il serait pourtant faux de ne voir dans cette liste que l'esquisse d'une morale sexuelle. Si tel était le cas, on ne s'expliquerait pas l'absence de condamnation du viol – le récit du viol de la compagne du lévite, en Jg 19, montre toute l'horreur que celui-ci inspire (voir aussi 2 S 13) – ou des relations sexuelles avec une jeune fille déjà fiancée par ailleurs, déjà sévèrement condamnées en Dt 22,23-27 qui prévoit rien de moins que la peine de mort pour le séducteur. Seul l'interdit de l'adultère entre dans cette catégorie.

Ce qui, en fait, est décrit par le biais de cette liste, ce sont les contours de la parentèle. Celle-ci, constituée autour du noyau père-mère-fils-filles-frères-sœurs célibataires, s'élargit aux parents du père, avec ses autres femmes – les auteurs ont en vue une famille polygame – les frères et sœurs du patriarche et ceux de la mère, les conjoints de ses fils et de ses filles et de leurs enfants. La fin de la liste des interdits, qui juxtapose l'interdiction de l'homosexualité et celle de la zoophilie, en donne aussi la clé. La clé, c'est la préservation de la bonne distance. Ce qui est condamné, dans le premier cas, ce sont des relations sexuelles entre « trop semblables » ; ce qui l'est dans le second, ce sont celles entre « trop différents ». C'est donc parce qu'ils sont « trop semblables », parce qu'ils sont parents, que les relations sexuelles entre membres de la parentèle sont interdites. Non pas tant parce qu'ils pourraient créer de la jalousie entre les différents membres, mais, plus fondamentalement, parce qu'ils sont en contradiction avec l'ordre même de la création, fondé sur la différenciation. Pour nos auteurs, dont le récit qu'ils font de la création de l'univers avait déjà manifesté le souci de différenciation, le non-respect de celle-ci apparaît comme un facteur de confusion. Il rompt l'équilibre qui lie entre eux les différents membres de la parentèle, équilibre d'autant plus fragile que ceux-ci sont supposés vivre ensemble. Il introduit d'autres rapports que les rapports naturels qui les relient entre eux. Il conduit, en définitive, à détruire la cohésion de ces groupes qui forment l'unité de base de la société et fragilise, de ce fait même, la société toute entière. Pour nos auteurs, la cohésion de la cellule familiale, étendue à toute la parentèle, doit être une caractéristique distinctive des Israélites. Elle est la marque de leur identité. Elle est considérée comme la condition même de la pérennité d'Israël. L'effacement des frontières ramènerait l'univers au chaos originel où tout était indifférencié ; il conduirait de même à la dissolution d'Israël.

Dans la construction de nos auteurs, toutes ces instructions concernent l'ensemble de la communauté juive regroupée, comme elle l'était autrefois après la sortie d'Égypte, au pied du Sinaï, autour de la Tente de la rencontre où réside Yhwh. Dans leur géographie imaginaire, qui détermine une partie des instructions, le territoire que la communauté occupe est fait de trois cercles concentriques : le premier, au centre, le plus sacré, où se trouve la Tente de la rencontre ; le deuxième, tout autour, où campent les Israélites ; le troisième, extérieur au camp, où sont notamment mis en quarantaine ceux qui se sont rendus impurs, et où est chassé le bouc émissaire, le Jour de l'absolution, après avoir été chargé des péchés et impuretés d'Israël. Il se peut que nos auteurs aient effectivement cru un temps qu'à la suite de l'édit de Cyrus l'ensemble des Juifs de la diaspora reviendrait à Jérusalem pour reconstituer cette communauté rêvée. Mais il est plus probable qu'ils aient tout simplement voulu s'inscrire dans la fiction du mythe fondateur, où le Sinaï était déjà le lieu de la promulgation de la loi divine, et signifier de la sorte que ces nouvelles instructions, également données par Yhwh, supplantaient désormais les anciennes. Il en est toutefois résulté qu'une partie de ces instructions ne concernait de fait, dans l'immédiat, que ceux qui habitaient autour de Jérusalem, dans la province perse de Samarie, et qui vivaient ainsi dans une relative proximité du Temple.

En effet, suite à la réforme de Josias, le culte sacrificiel ne pouvait s'exercer qu'au temple de Jérusalem, tout autre lieu de sacrifice étant considéré comme illégitime. De fait, le seul temple yahwiste de la diaspora qui nous soit connu avec certitude est celui d'Éléphantine, en haute Égypte, à la hauteur de la première cataracte du Nil, où, déjà du temps de Jérémie, était établie ce qui était sans doute la plus importante communauté juive d'Égypte (voir Jr 44,1.15). Les documents où il est question du temple d'Éléphantine datent du Ve s., mais ils révèlent aussi que ce temple est bien plus ancien, qu'en tout état de cause il existait déjà en 525, au moment où le roi perse Cambyse entre en Égypte[22]. Ce temple, dédié à Yahô, appelé « le Seigneur du ciel », et à qui était associée une parèdre, était administré par des prêtres. De même qu'au

22 Document n° 102, ligne 12-13. Voir P. Grelot, *Documents araméens d'Égypte* (Littératures anciennes du Proche-Orient 5), Paris, Cerf, 1972, p. 409.

temple de Jérusalem, on y offrait des sacrifices animaux, et notamment des holocaustes, on y apportait des offrandes végétales et on y faisait des fumigations de parfum. Saccagé en 410, sa reconstruction interviendra quelques années plus tard, suite à une supplique adressée au gouverneur de Judée. Mais, désormais, seuls y seront autorisées des offrandes végétales et des fumigations de parfum, une solution qui satisfaisait à la fois les fidèles égyptiens du dieu bélier, Chnûm, hostiles aux sacrifices d'animaux, et les autorités religieuses de Jérusalem qui voyaient ainsi reconnu leur privilège. Par contre, pour ce qui est des Juifs de Mésopotamie, aucun temple n'est connu. Dans la mesure même où nombre de prêtres faisaient partie de la cohorte des déportés, il était peu probable qu'une quelconque initiative en ce sens, qui aurait été en parfaite contradiction avec la loi de centralisation du Deutéronome, ait pu être prise ; même si, comme pourrait le donner à penser leur conception d'un sanctuaire mobile – la Tente de la rencontre – ils en ont peut-être rêvé. Pour les Juifs de la diaspora, toutes les dispositions liées à la présence du Temple étaient donc, de facto, soit sans objet, soit inapplicables. Tout comme l'étaient celles qui les supposaient établis sur un territoire dont ils étaient les maîtres.

Pour nos auteurs, la communauté jérusalémite représente donc symboliquement toute la communauté juive. Les règles qui lui sont imposées contribuent à forger l'identité du Judaïsme dans son ensemble. Elles visent à créer l'homme juif et à le distinguer des autres, en sus de sa pratique religieuse, par l'importance attachée à la parentèle, par son sens de la justice sociale et par la solidarité qui unit, comme des frères, les uns aux autres. Par le biais de la charte qu'ils ont rédigée à l'intention de leurs contemporains, les auteurs sacerdotaux ont ainsi donné à l'ensemble des Juifs, qu'il s'agisse de la communauté rassemblée autour de Jérusalem ou des Juifs de la diaspora, à la fois un pôle central, le Temple, et, par les exigences imposées à la communauté jérusalémite, un modèle de référence pour leurs relations à Dieu et à l'autre. Ils lui ont donné les bases religieuses et sociales indispensables à leur survie.

DES MARQUEURS IDENTITAIRES

Les valeurs de la création, nos auteurs les traduiront aussi dans les marqueurs identitaires qu'ils imposeront à leur communauté. Car la cohésion ne suffit pas à garantir l'identité[23].

Le risque majeur pour les communautés juives, et en tout premier lieu pour celles de la diaspora, est, il faut le souligner à nouveau, celui de l'assimilation. La fascination pour les cultures prestigieuses environnantes, l'attrait que pouvaient exercer des cultes plus spectaculaires (voir Ez 20,32), le désir d'être comme les autres ou, tout simplement, le nivellement des différences par suite du contact quotidien avec l'entourage non-Juif étaient autant de facteurs susceptibles d'entraîner une perte d'identité. Mais, pour ceux des Juifs du territoire historique, le risque était égal, du fait de l'absence, avant la reconstruction du Temple, d'institutions véritablement fédératrices comme du fait de la vie en symbiose avec les autres peuples de la région. Risque d'autant plus grand que, pour les exilés, leur nostalgie s'éteignait avec eux, qu'au fil des générations le souvenir du pays des ancêtres s'estompait et que les liens de parenté qui les reliaient autrefois à ceux des Juifs restés dans le pays se distendaient, tout comme aussi la solidarité qui, au début, cimentait entre eux ces exilés unis par l'adversité. Les marqueurs naturels de l'identité – tels

23 Sur la question de l'identité, voir Barth, *Ethnic Groups*, *op. cit.*, principalement p. 9-38 ; P Bourdieu, *Esquisse d'une théorie de la pratique*, Paris, Seuil, 2000 (1re édition 1972) ; P. Poutignat, J. Streiff-Fendart, *Théories de l'ethnicité*, Paris, Presses universitaires de France, 1995 (où on trouvera une traduction française de l'étude de Barth) ; D. A. Nestor, *Cognitive Perspectives on Israelite Identity* (Library of Hebrew Bible / Old Testament Studies 519), New York-London, T & T Clark, 2010. Concernant plus précisément Israël, voir Brett, *Ethnicity* (cité n. 11) ; K. L. Sparks, *Ethnicity and Identity in Ancient Israel. Prolegomena to the Study of Ethnic Sentiments and Their Expression in the Hebrew Bible*, Winona Lake, Eisenbraus, 1998 (pour la période exilique, voir p. 285-319) ; C. L. Crouch, *The Making of Israel : Cultural Diversity in the Southern Levant and the Formation of Ethnic Identity in Deuteronomy* (Supplements to Vetus Testamentum 162), Leiden, Boston, Brill, 2014, p. 83-104. Crouch s'intéresse plus spécialement à la stratégie identitaire mise en place au 7e s. par le Deutéronome suite au rétrécissement drastique du territoire de Juda consécutif aux guerres assyriennes et à la confrontation croissante avec d'autres cultures. Il pourra être intéressant de confronter cette problématique avec celle des religions païennes, juives et chrétiennes dans N. Belayche, S. C. Mimouni (éd.), *Entre lignes de partage et territoires de passage. Les identités religieuses dans les mondes grec et romain…*, Paris-Louvain-Walpole, Peeters, 2009.

que la langue ou les anthroponymes[24] – ne suffisaient pas à le garantir. Même s'il restait un puissant facteur de cohésion, l'hébreu était de moins en moins parlé dans la diaspora, et en Juda même, il cédait la place à l'araméen et aux langues vernaculaires. Déjà Néhémie se plaignait de ce qu'à son époque, au ve s., les enfants issus de mariages mixtes ne parlaient plus le « judéen » (Ne 13,23-24). Or, l'hébreu était aussi la langue dans laquelle étaient rédigés tous les livres qui faisaient partie du patrimoine. Dans le *livre des Jubilés*, il est considéré comme la langue de la création (!), parlée jusqu'à l'épisode de la tour de Babel et révélée par un ange à Abraham (*Jub* 12,25-27). Quant aux anthroponymes traditionnels qui évoquaient les grandes figures de leur histoire ou rendaient témoignage, par leur forme théophore, à Yhwh, sans disparaître totalement, ils finissaient, dans bien des cas, par être remplacés par des noms empruntés au milieu ambiant[25]. Au IIe s., les compagnons de Daniel portaient des noms babyloniens et perses (Dn 3) et le nom des héros juifs du livre d'Esther, Esther et Mardochée, reprenait celui des principales divinités du panthéon babylonien, Ishtar et Marduk. Le colophon placé à la fin de la traduction grecque du livre d'Esther est tout à fait intéressant à cet égard car il témoigne de cette évolution : alors que le nom du père reflétait encore la foi ancestrale en Yhwh – son nom, Dosithée, est la traduction grecque de l'hébreu Mattaniah, don de Yhwh – le nom que ce prêtre et lévite donne à son fils, Ptolémée, est celui des rois ptolémaïques qui régnaient en Égypte ; il n'a plus donc rien à voir avec la tradition juive. Sans doute, et le cas des compagnons de Daniel et des héros juifs du livre d'Esther le montre bien, ces nouveaux noms n'impliquaient pas pour autant l'abandon de la religion ancestrale. Mais le risque restait grand de se couper de l'héritage religieux qui façonnait l'identité juive et, en remplaçant les héros juifs par des héros païens, d'ouvrir la voie

24 À quoi on peut ajouter notamment la forme de la coiffure ou encore les vêtements (voir M. Wäfler, *Nicht – Assyrer neuassyrischer Darstellungen*, Alter Orient und Altes Testament 26, Kevelaer, Butzon & Bercker, Neukirchen-Vluyn, Neukirchener Vlg., 1975, t. 1, p. 42-76 et t. 2, planches 2-3 pour les représentations des Israélites et des Judéens dans l'iconographie néo-assyrienne). Dans un discours attribué par Hérodote aux Athéniens, ceux-ci citent comme facteurs de cohésion du monde grec la langue, les liens de sang, les sanctuaires et les sacrifices, ainsi que les mœurs communes (Hérodote, *Histoire*, viii, 144).

25 Pour ce qui est du monde perse, voir l'étude de P.-A. Beaulieu, dans Lipschits e.a., *Judah and the Judeans*, *op. cit.* ; pour la situation dans la colonie juive d'Élephantine, voir Grelot, *Documents araméens*, *op. cit.*, p. 455-502.

à l'assimilation. Les persécutions dont témoignent les livres d'Esther, récit du tout premier pogrome anti-juif, et des Maccabées, contribueront, certes, et puissamment, à la prise de conscience de leur différence et au renforcement de leur cohésion. C'est ainsi qu'Esther, qui avait caché jusque-là son identité juive (Est 2,10), prend véritablement conscience de sa judéité et se montre pleinement solidaire des siens au moment où le roi prend le décret autorisant l'extermination des Juifs de son royaume (Est 4). Mais même si ces effroyables catastrophes pouvaient alimenter une réaction identitaire, elles ne pouvaient, bien évidemment, se substituer à une stratégie identitaire élaborée par les Juifs eux-mêmes, et non imposée de l'extérieur par les circonstances. Le regard des autres, même et surtout s'il est caricatural, souligne ce qui différencie, mais est stigmatisant. Il ne fonde pas une identité positive.

Il apparaissait donc indispensable de fortifier l'identité par des marqueurs. Non pas seulement par ces marqueurs formels que sont la langue, les anthroponymes ou les pratiques vestimentaires, mais par des marqueurs qui renvoient à ce qui fait réellement l'identité juive, à savoir sa religion, et à ce qui, de manière ostentatoire, porte publiquement témoignage des convictions de ceux qui les adoptent. Pas simplement ces marqueurs occasionnels que constituent les trois grandes fêtes que sont la fête des Azymes, Pentecôte et la fête des Huttes, qui rassemblent périodiquement les Juifs, ou du moins certains d'entre eux, autour du Temple, mais des marqueurs qui imprègnent la vie quotidienne au point qu'elle devient coextensive à la vie religieuse.

LE LIVRE DE LA LOI

Il est probable que les auteurs sacerdotaux ont commencé par constituer le corpus de ce qu'ils considèrent comme « écriture sainte » en partant de ce que, à l'époque de Josias, on désignait comme « le livre de la Loi » ou encore « le livre de l'Alliance » (2 R 22-23) – qui correspond à une forme ancienne de ce qu'on appellera le « Deutéronome » – ; en y intégrant les écrits antérieurs et en complétant le tout par leurs propres écrits, par ce qui constitue ce que les exégètes appellent « la couche sacerdotale ». Ainsi que l'atteste le livre de Néhémie, qui lui est postérieur, un tel ensemble normatif, qualifié de « livre de la loi de Moïse » et également de « livre de la loi de Dieu / de Yhwh », est connu dès le Ve s. : il fait l'objet d'une lecture solennelle, à l'occasion du pèlerinage de la fête des Huttes, qui débouche sur un culte pénitentiel (Ne 8-9). Quelques siècles plus tard, au IIe s., de tels livres de la Loi paraissent déjà assez largement répandus ; suffisamment en tout cas pour que le roi Antiochos envisage de faire mettre à mort tous ceux qui en possédaient un exemplaire (1 M 1,56-57). Et, sans doute à la même époque, leur autorité s'était déjà largement imposée, comme le montre le réquisitoire prononcé par Haman, le favori du roi. Pour obtenir du roi perse le décret autorisant l'extermination de tous les Juifs du royaume, celui-ci les décrit, en effet, comme « un peuple dispersé, vivant à part au milieu des peuples, dans toutes les provinces du royaume, dont les lois diffèrent de celles de tous les peuples et qui n'observent pas les lois du roi » (Est 3,8). L'identité juive, telle que la perçoivent les auteurs juifs, c'est d'abord leur Loi, la Tora. C'est elle qui singularise les Juifs par rapport au reste de l'humanité. C'est elle qu'ils considèrent comme leur Loi suprême, qui l'emporte sur toutes les autres. Et c'est à cause d'elle qu'ils sont persécutés. Il est tout à fait significatif de l'importance de la Tora qu'Esdras, bien qu'appartenant à la classe sacerdotale et se rattachant à la lignée prestigieuse d'Aaron (Esd 7,1-5), soit surtout présenté comme le porteur et le promoteur de la Tora (Esd 7,6 ; Ne 8,1-8).

L'importance de la Loi explique le souci qu'ont eu les milieux sacerdotaux de sa transmission. Les auteurs des parties parénétiques du Deutéronome, par la bouche de Moïse, en avaient déjà particulièrement souligné la nécessité. Ils en prévoyaient une lecture publique tous les sept ans, à l'occasion de la fête des Huttes (Dt 31,9-13), ce que d'ailleurs fera Néhémie. Ils enjoignaient à maintes reprises aux pères de la faire connaître à leurs fils, de leur expliquer ses préceptes (ainsi, par ex. Dt 4,10[26]) et de leur en parler en toute occasion (Dt 6,7 ; 11,19). Transmission orale, mais aussi écrite. Pour rappeler constamment aux uns et aux autres les préceptes de la Tora, ils prescrivaient même de les inscrire sur les montants et les portes de leur maison, d'en lier des extraits sur les mains et d'en porter comme phylactères entre les yeux (Dt 6,8-9 ; 11,18-20), soulignant que le bonheur d'Israël dépendait de leur observance. Cette exigence présuppose, au demeurant, que les Israélites, ou du moins les hommes, savaient pour la plupart d'entre eux lire et écrire. Simple vœu pieux ? Probablement (voir Es 29,11-12), même s'il est impossible d'en décider à coup sûr ; encore que le fait de disposer d'un alphabet de

26 Voir aussi, dans la couche deutéronomiste de l'Exode, Ex 12,26-27 ; 13,14-15.

vingt-deux lettres devait faciliter un tel apprentissage. Il est toujours frustrant, pour les lecteurs de la Bible, de ne connaître de l'Israël antique que ce qu'elle en dit, en laissant de côté nombre d'aspects qui relèvent de la vie quotidienne et qui étaient évidents pour ses auteurs ! Toujours est-il que l'exigence de transmission constituera un puissant facteur d'alphabétisation. C'est ainsi que le traité *Baba Bathra* 21a du Talmud de Babylone loue Yehoshua ben Gamla, un grand-prêtre du premier siècle de notre ère, pour avoir demandé que soit ouverte une école dans chaque ville et pour avoir ainsi sauvé la Tora de l'oubli.

La place singulière qu'occupe la Tora dans la piété juive conduira les auteurs sacerdotaux de l'époque perse à introduire un autre signe destiné à l'évoquer, un signe qui, dans la fiction du récit de son institution, est réclamé par Yhwh lui-même (Nb 15,37-41). Ils exigeront de chaque Juif qu'il insère un fil bleu-violet dans la frange de son vêtement, en sorte que, chaque fois qu'il verra ce fil, il se remette en mémoire les préceptes de Yhwh et, qu'à l'inverse, il se détourne des mauvaises pensées qu'il pourrait avoir. En faisant directement remonter ce signe à une initiative divine, nos auteurs tendent à le placer au-dessus des signes précédents. On peut s'interroger sur les raisons qui ont pu les conduire à ajouter une marque mnémotechnique supplémentaire, laquelle, qui plus est, semble faire double emploi avec celles prescrites par le Deutéronome. On ne voit pas très bien, de prime abord, en quoi ce nouveau signe serait supérieur à ceux qui, déjà, accompagnaient le Juif dans toute son existence, dès le moment où il se levait et mettait ses phylactères, chaque fois qu'il franchissait la porte de sa maison et chaque fois que, entreprenant un quelconque travail, il apercevait ces paroles de la Tora qu'il portait sur ses mains. En fait, c'est probablement la couleur de ce fil qui fournit la raison. La couleur bleu-violet est en effet étroitement associée au sanctuaire. Elle est intégrée dans les tentures de la Tente de la rencontre (Ex 26,1), dans les voiles qui en séparent les différentes parties (Ex 26,31-33.36 ; 27,16) et dans le vêtement du grand-prêtre (Ex 28,5), un fil de cette même couleur étant utilisé pour fixer sur le devant de son turban une lame d'or portant l'inscription « saint pour Yhwh » (Ex 28,36-38) ; c'est aussi la couleur des tissus qui servent à envelopper le mobilier et les ustensiles sacrés (Nb 4,7-12) – tissus qui sont ainsi en contact direct avec eux – et celle du drap extérieur, et donc visible, qui entoure l'arche (Nb 4,6). En plus de sa fonction mnémotechnique, ce fil, de par sa couleur même, relie chaque Juif, individuellement, au sanctuaire et, par delà, à Yhwh qui y demeure. Il rappelle, par ce biais, l'origine divine des commandements qui lui sont imposés, laquelle leur confère de la sorte une autorité absolue. Du fait de ce lien avec Yhwh, le fil manifeste également la mise à part des Juifs. Comme l'est le grand-prêtre, ainsi que le proclame la lame attachée à son turban, ils sont appelés à être saints ; autrement dit, à prendre conscience de ce qu'ils font partie d'un peuple que Yhwh a choisi pour en faire son peuple, et en conséquence, à se distinguer du reste de l'humanité. Parce qu'il renvoie ainsi à la source même de ce qui fait leur identité, ce signe occupe effectivement une place fondamentale puisqu'il est celui qui, en dernière instance, justifie les signes plus anciens.

En plus de leur fonction première, tous ces marqueurs désignent ceux qui les portent comme Juifs. Ils n'ont, est-il besoin de le dire ? rien de stigmatisant, car ils sont librement choisis et non imposés par un pouvoir extérieur à la communauté. Ils affichent, bien au contraire, la fierté d'appartenir à une communauté que les autres nations admirent précisément pour les lois auxquels ces marqueurs renvoient. Car, comme il est dit dans l'introduction du livre du Deutéronome, ces nations, en prenant connaissance de ces lois, ne peuvent que s'écrier : « Assurément c'est un peuple sage et intelligent que cette grande nation ! {.}. Car quelle est la nation assez grande pour qu'elle ait des préceptes et des sentences aussi justes que toute cette Loi… ? » (Dt 4,6-8). À la fois marqueurs identitaires et discrets signes de reconnaissance entre Juifs des différentes communautés, ils servent ainsi aussi à renforcer, par-delà les particularismes, la cohésion du monde juif et ils constituent de puissants freins à l'assimilation.

À ces premiers marqueurs, qui sont principalement à usage interne, les auteurs sacerdotaux en ont ajouté d'autres, plus démonstratifs, davantage destinés à manifester la mise à part d'Israël.

LES INTERDITS ALIMENTAIRES

La nourriture unit, mais aussi sépare. Pour les Égyptiens, manger avec les Hébreux est une abomination (Gn 43,32). Daniel et ses compagnons préfèrent des légumes et de l'eau à la riche nourriture et au vin que leur fait parvenir le roi ; ce afin de ne pas se souiller (Da 1,8-16). Sans doute pour les mêmes raisons, Tobit se flatte de ne pas manger la nourriture des païens (To 1,10-11). Dans l'un des cas, c'est la commensalité en elle-même qui est refusée ; dans l'autre c'est la nature de la nourriture qui rend impossible la commensalité. Le repas est ainsi le lieu où s'établissent des barrières. Rares, sans doute, sont les peuples qui consomment toutes les espèces animales qu'ils trouvent dans leur environnement. Tous, probablement, écartent de leur alimentation un certain nombre d'espèces, soit qu'ils en interdisent expressément la consommation, soit qu'une antique tradition, dont on ignore l'origine et le motif, fait qu'on ne les mange pas. Dans nos sociétés occidentales, on mange des mammifères mais, parmi eux, pas les chiens ; les lapins, mais pas les chats ; les anguilles, mais pas les serpents ; les canards sauvages, mais pas les cigognes, etc. Les qualités gustatives n'ont le plus souvent rien à voir avec ces pratiques alimentaires, car ce qui chez les uns provoque le dégoût est considéré chez d'autres comme une nourriture particulièrement délicate. Ainsi, de fait, les pratiques alimentaires font-elles aussi partie des marqueurs identitaires[27]. À l'époque monarchique, pour autant que les textes bibliques permettent de l'affirmer, les Israélites mangeaient les animaux d'élevage, gros et menu bétail, les volailles, le gibier, tel les cerfs, les daims ou les gazelles (voir par ex. 1 R 5,2-3). Mais ils ne mangeaient pas les ânes, les chameaux, les chevaux, les porcs, les chiens, les rats, les taupes, les serpents, les ours, les lions et bien d'autres espèces encore, qui pourtant leur étaient familières ; sans que cette abstinence ne soit justifiée ; sans que d'ailleurs l'on trouve une liste des animaux pouvant être mangés et une de ceux dont la consommation est interdite – mise à part celle que l'on trouve en Dt 14, mais qui date probablement de l'époque postexilique et qui n'a été insérée qu'ultérieurement dans le Deutéronome par des rédacteurs sacerdotaux, comme le suggère l'étroite analogie avec la liste donnée dans le Lévitique. De toute évidence on savait, par la coutume, ce qui se mangeait et ce qui ne se mangeait pas.

Ce qui était coutume devient chez les auteurs sacerdotaux loi divine et reçoit un fondement théologique. Pour ce faire, ils ont inscrit les instructions relatives à la nourriture dans la série des prescriptions données par Dieu, d'abord à l'humanité, dès les origines, aussitôt après avoir créé les êtres humains, puis à l'issue du déluge. Et ils ont expressément fait

27 Pour la nourriture comme marqueur identitaire, voir C. Grottanelli, L. Milano (éd.), *Food and Identity in the Ancient World* (History of the Ancient Near East / Studies 9), Padova, S.A.R.G.O.N., 2004.

de la distinction entre animaux purs et impurs un marqueur identitaire destiné à témoigner que Yhwh a mis à part Israël (Lv 20,25-26). En conséquence, ils se sont tout particulièrement souciés d'établir la liste des animaux que les Israélites ont le droit de manger – les animaux purs – et celle de ceux qu'ils doivent s'abstenir de consommer – les animaux impurs. À ces questions ils ont consacré, en Lv 11, l'un des plus longs chapitres du Lévitique[28]. Signe de l'importance qu'ils leur accordent, ils reviendront même brièvement, à la fin du ch. 20, dans le cadre d'une section parénétique, sur la nécessité de distinguer les deux catégories de nourriture. Disons-le d'emblée, les qualificatifs « pur » et « impur » qu'ils emploient sont généralement source de malentendus, car ils laissent entendre qu'il existerait des animaux qui, par nature, seraient purs, et d'autres qui seraient impurs ; ce malentendu se trouve d'ailleurs conforté par le fait que les chapitres qui suivent Lv 11 traitent tous de cas d'impureté. Or, outre qu'on aurait dû s'étonner de ce que le récit sacerdotal de la création ignore une telle distinction, on n'a pas assez prêté attention au fait que, contrairement à tous les autres cas d'impureté, l'impureté des animaux qualifiés comme tels n'est jamais contagieuse : seul leur cadavre est impur et rend impur ; mais c'est aussi le cas des animaux dits purs. Par ailleurs, alors même que ce premier constat aurait dû alerter les commentateurs, on n'a pas non plus été assez attentif au fait que le qualificatif « impur » n'est quasiment jamais utilisé dans l'absolu, mais presque toujours avec la précision « pour vous », suivie de cette autre précision « vous n'en mangerez pas ». De fait, contrairement à ce que l'on pense habituellement, nulle part dans la Bible hébraïque, y compris dans la liste parallèle de Dt 14, on ne rencontre l'idée qu'il existerait des animaux intrinsèquement impurs. En bref : il n'existe pas d'animaux purs ou impurs ; il n'y a que des animaux que les Israélites ont le droit de manger et d'autres dont la consommation leur est interdite[29].

---

28 Pour une étude détaillée de ce chapitre, voir J. Moskala, *The Laws of Clean and Unclean Animals of Leviticus 11*, Berrien Springs, Adventist Theological Society Publications, 2000.

29 Selon J. Soler, « Sémiotique de la nourriture dans la Bible », *Annales*, vol. 28, 1973, p. 943-955, les animaux autorisés à la consommation sont ceux qui, à la fois, sont végétariens et n'appartiennent pas, de par leurs caractéristiques physiques et physiologiques, à deux classes différentes. Mais ces critères ne valent que pour les animaux terrestres, et pas pour les oiseaux et les poissons, qui ne sont pas de purs végétariens.

Sont ainsi passés en revue par nos auteurs, d'abord les animaux terrestres, puis ceux qui vivent dans l'eau, ensuite les oiseaux et les insectes, en somme tout ce qui vole, et enfin, clairement isolées des autres, les bestioles qui vivent au ras du sol. Comme dans le récit de la création de l'univers, en Gn 1, nos auteurs ont associé les animaux vivant dans l'eau et ceux qui volent dans les airs, tous créés le cinquième jour. Et ils ont placé aux deux extrémités de leur liste les créatures du sixième jour, celles qui vivent sur terre, en mentionnant en premier les mammifères et en dernier les bestioles. Leur traitement des différentes catégories n'est, à vrai dire, pas très cohérent. Tantôt, dans le cas des oiseaux et des bestioles, ils se sont contentés d'énumérer celles des espèces qui sont « impures ». Tantôt, pour ce qui est des poissons, ils n'ont mentionné que les critères permettant de déterminer lesquels sont « purs » et lesquels ne le sont pas. Concernant les insectes, ils ont indiqué les critères, tout en listant les espèces « pures ». Et, s'agissant des mammifères, ils ont indiqué les critères et, pour ceux qui sont « impurs », donné en plus leur liste. Ces critères, au demeurant, sont fort complexes. Interviennent, pour ce qui est des mammifères, la rumination, la forme des sabots et des pieds ; pour les poissons, la présence ou l'absence de nageoires et d'écailles ; pour les insectes, le fait qu'ils marchent ou qu'ils sautent, sans que l'on comprenne véritablement en quoi le fait de posséder ou non telle ou telle caractéristique rend « pur » ou « impur ». De ces critères, à vrai dire, on ne voit pas très bien l'utilité, surtout dans les cas où la liste des espèces concernées est expressément donnée. D'autant qu'on a plutôt l'impression qu'ils ont été élaborés après coup, à partir de la liste des animaux habituellement consommés en Israël. Seraient-ils destinés à permettre aux Juifs de la diaspora de déterminer, parmi les espèces nouvelles qu'ils pourraient rencontrer, celles qu'ils ont le droit de manger et celles qui leur sont interdites ? Quoi qu'il en soit, ces critères ne sauraient expliquer pourquoi tel animal peut être consommé et tel autre non.

Pour comprendre le sens de cette distinction, il faut remonter au mythe des origines. Comme nous l'avons vu, Dieu avait originellement attribué à l'humanité une nourriture exclusivement végétalienne, parfaitement identique à celle des autres êtres vivants ; et ce en relation avec les valeurs de solidarité entre vivants, de respect de la vie et de non-violence. Or, après le déluge, Dieu avait accordé à la nouvelle humanité issue de

Noé et de ses fils l'autorisation de manger de la viande, toute viande, et donc de tuer à cet effet toutes les espèces animales, sans exception (Gn 9,1-3). Décision en rupture totale avec son projet initial, renoncement aux valeurs qu'il avait alors promues.

On ne peut manquer de s'interroger sur ce qui pourrait apparaître comme une récompense, puisque le champ de ce qui peut servir de nourriture est ainsi considérablement élargi et que, par ailleurs, les humains ont toujours considéré la viande, et, à l'époque, surtout la viande bien grasse, comme une nourriture particulièrement succulente, réservée aux grandes occasions. Y voir une conséquence de l'holocauste offert par Noé à Yhwh à l'issue du déluge (Gn 8,20), lequel le rendrait particulièrement bien disposé à l'égard des humains, laisserait penser qu'il ne l'était pas lorsqu'il leur avait attribué une nourriture uniquement végétalienne ! Ce revirement, en réalité, consacre bien plutôt un échec. Il résulte de la prise de conscience par Dieu de la nature foncièrement violente des humains, au point que la violence avait fini par envahir toute la terre ; ce qui l'avait conduit à se résoudre à détruire toute vie sur la terre de manière à permettre un nouveau départ (Gn 6,11-13). Dans cette perspective, l'autorisation de consommer tous les animaux, et donc de les tuer, permet de détourner la violence inhérente à la nature humaine sur les animaux, conduits ainsi à jouer le rôle de bouc émissaire, au sens que l'on donne communément à cette expression. Cette fonction a été particulièrement mise en évidence par René Girard, mais à propos du meurtre d'Abel par Caïn. Il écrivait ceci : « On ne peut tromper la violence que dans la mesure où on ne la prive pas de tout exutoire, où on lui fournit quelque chose à se mettre sous la dent. C'est là peut-être ce que signifie, entre autres choses, l'histoire de Caïn et d'Abel. Le texte biblique ne donne sur chaque frère qu'une seule précision. Caïn cultive la terre et il offre à Dieu les fruits de sa récolte. Abel est pasteur ; il sacrifie les premiers-nés de ses troupeaux. L'un des deux frères tue l'autre et c'est celui qui ne dispose pas de ce trompe-violence que constitue le sacrifice animal[30] ». Parce qu'elle est consubstantielle à la nature humaine, la violence ne peut être anéantie. C'est une donnée irréversible. Or, parce qu'elle représente un danger mortel pour la société, il est indispensable à la fois de la canaliser par des lois et de lui permettre de se décharger sur une victime, non pas humaine – ce qui engendrerait un cycle infini

30 René Girard, *La violence*, *op. cit.*, p. 14.

de vengeance (voir Gn 4,24 !) – mais animale, et ce en mettant à mort un animal et en dévorant sa chair.

Ainsi, par rapport au végétalisme originel, qui excluait tout animal de la nourriture humaine, et par rapport à l'autorisation accordée par Dieu après le déluge de manger tout animal, Israël occupe une position médiane. Même si, en principe, et comme toutes les autres nations, les Israélites auraient le droit de se nourrir de tout, Yhwh leur a imposé, à eux et à eux seuls, des limites ; et ce, en vue de les séparer des autres nations. Parce qu'ils forment son peuple, ils ne peuvent, en matière d'alimentation, faire comme les autres peuples. Leur alimentation contribuera à manifester leur appartenance à Yhwh, mais aussi leur particularisme. L'interdiction de manger certains animaux empêche ou du moins contrarie les relations avec les non-Juifs et les isole, les contraignant ainsi à se replier sur leur groupe. Cette mise à part d'entre les nations est présentée comme la raison même de ces interdits alimentaires (Lv 20,25-26). Elle constitue de la sorte un marqueur identitaire déterminant. Dans le même temps, la restriction que Yhwh impose aux Israélites renvoie à l'utopie originelle, où la violence, dont un mythe plus ancien avait précisé qu'elle avait été introduite dans le monde par Caïn (Gn 4), n'existait pas encore. Car manger n'est pas simplement s'alimenter mais renvoie à des valeurs. Par leur alimentation, les Israélites témoignent ainsi également des valeurs originelles qui sous-tendaient le végétalisme.

Les auteurs sacerdotaux ont en outre réinterprété une autre coutume alimentaire, celle qui interdit de boire le sang.

Le *tabou du sang* est connu en Israël, bien avant que les auteurs sacerdotaux ne le formalisent. Il est déjà expressément cité en Dt 12,23-24. Lorsque les promoteurs de la réforme deutéronomique avaient décidé de n'autoriser le culte sacrificiel qu'en un lieu unique, et alors que jusque-là tout abattage d'une pièce de bétail prenait nécessairement la forme d'un sacrifice, ils avaient aussitôt pris des dispositions particulières portant sur l'usage du sang. Celui-ci, dans le cas d'un sacrifice, devait être versé sur l'autel (Dt 12,27) ; dans le cas d'un abattage profane, qu'il s'agisse d'un animal du troupeau ou de gibier, il devait être répandu à terre, comme de l'eau (Dt 12,15-16.20-24 ; 15,22-23). Cette dernière disposition sera reprise par les auteurs sacerdotaux et complétée par une autre : le sang devra être recouvert de poussière (Lv 17,13 ; voir aussi Ez 24,7). Déjà du temps de Saül, à en croire le récit de 1 S 14,32-35, le fait de manger un animal sans l'avoir préalablement complètement vidé de son sang, et ce en l'abattant sur un rocher, était considéré comme un péché. Les raisons qui motivaient ce tabou ne sont pas expressément formulées. Mais tout donne à penser que, le sang étant considéré comme vecteur de la vie et donc regardé comme sacré, le consommer revenait à s'approprier une substance appartenant à la divinité et donc constituait un sacrilège. De fait, dans les anciens textes de lois Yhwh en parle, s'agissant du sang sacrificiel, comme de « mon sang » (Ex 23,18 // 34,25). Puisqu'il lui appartient par nature, qu'il lui revient de droit, il ne peut faire l'objet d'un sacrifice. Il n'est d'ailleurs jamais brûlé sur l'autel, comme l'est habituellement la matière sacrificielle. Et, significativement, les rares descriptions du rituel sacrificiel que l'on peut trouver dans des narrations n'en parlent jamais. Sa mise en relation avec l'autel, qu'antérieurement au code sacerdotal seuls deux textes prescriptifs mentionnent (Dt 12,27 ; 2 R 16,13.15), apparaît davantage comme un moyen de disposer d'une matière sacrée que comme une véritable offrande.

Pour les auteurs sacerdotaux, le tabou du sang est universel. L'est-il réellement ? Il est impossible de l'affirmer, les autres écrits du Proche-Orient ancien ne faisant pas référence à un tel tabou – peut-être d'ailleurs, tout simplement, parce qu'il allait de soi. Selon toute vraisemblance, nos auteurs auront repris un tabou traditionnel en Israël pour lui donner une valeur universelle. Quoi qu'il en soit, ils l'ont fait remonter au déluge, au moment où Dieu accordait à la nouvelle humanité la permission de pouvoir désormais manger tout animal. À cette permission, Dieu assortissait toutefois une restriction : on ne devra pas manger – c'est bien ce verbe qui est utilisé – le sang (Gn 9,4). Interdit que nos auteurs reprendront plus tard, dans le cadre des lois sacrificielles propres à Israël, d'abord en Lv 3,17 ; 7,26, puis en Lv 17,12.14, en l'accompagnant d'une menace qui, pour être elliptique, n'en est pas moins inquiétante : Dieu réclamera le sang, il s'en fera le vengeur (Gn 9,4-5). Cette menace, dans le cas d'Israël, se fait plus précise : Dieu retranchera le coupable de son peuple ; autrement dit, il l'exclura (Lv 7,27 ; 17,10.14).

Déjà le Deutéronome avait justifié l'interdiction de consommer le sang par le fait que celui-ci contenait l'âme, le principe vital (Dt 12,23). Les auteurs sacerdotaux reprendront expressément cette idée (Gn 9,4 ; voir aussi Lv 17,11.14). Le sang, c'est la vie. Or la vie, toute vie, est sacrée. Elle n'appartient qu'à Dieu. Tuer un animal, c'est donc commettre un sacrilège. Et puisque l'animal a le même sang qu'un être humain, théologiquement parlant s'entend, tuer un animal, c'est tout comme tuer un être humain, perpétrer un meurtre. Tuer un animal n'est donc pas un acte banal. C'est attenter à la vie d'un être que Dieu a créé et qu'il a béni. Mais tandis qu'un homicide appelle vengeance, comme l'exprime l'adage cité au v. 5 « qui verse le sang, *dam*, d'un homme, *adam*, par un homme, *adam*, son sang, *dam*, sera versé », l'abattage d'un animal, par contre, est expressément autorisé par Dieu. Et ce, nous l'avons vu, dans l'unique but d'offrir un dérivatif à la violence, comme une concession à laquelle Dieu a dû se résoudre afin d'empêcher que la société humaine ne sombre dans la violence. Si les humains doivent s'abstenir de consommer le sang de l'animal qu'ils mettent à mort en vue de se nourrir de sa chair, ce n'est donc pas parce qu'il serait impur[31], comme le voudrait l'hymne national français. En s'abstenant de consommer le sang, les humains manifestent, très concrètement, qu'ils n'ont aucun droit sur la vie d'un être vivant, quel qu'il soit. Car manger, c'est s'approprier et c'est détruire. Ils rendent ainsi témoignage au Dieu créateur. Ils expriment leur consentement à la limite que Dieu leur a imposée. Et, en reconnaissant de la sorte le caractère sacré de la vie, ils renvoient, une fois de plus, aux valeurs portées par le végétalisme originel.

À cette première raison nos auteurs en ajoutent une seconde, qui concerne spécifiquement Israël, et plus particulièrement la communauté jérusalémite : Si Yhwh, le Dieu d'Israël, a interdit de consommer le sang, c'est aussi parce qu'il a attribué au sang une fonction particulière. Ce point fait plus précisément l'objet de Lv 17, chapitre qui, significativement, fait immédiatement suite à la description du rituel du *yôm kippour* donnée au chapitre 16.

Une lecture rapide de Lv 17 montre que le problème principal qui préoccupe véritablement nos auteurs est celui de la consommation du sang. Dans la première partie du chapitre, ils insistent sur le fait que, sous peine de mise au ban, l'abattage d'une pièce de bétail doit obligatoirement se faire au sanctuaire et prendre la forme d'un sacrifice, ce qui implique que le sang en est nécessairement aspergé contre l'autel. Dans la dernière partie, ils précisent que, pour ce qui est du gibier, le

31 Le sang n'est considéré comme impur que s'agissant du sang menstruel (Lv 12,2 ; 15,19-24), de celui de la femme accouchée (Lv 12,4-5) et de celui de la femme souffrant d'un flux de sang (Lv 15,25-27).

sang doit être répandu à terre et recouvert de poussière, sous peine de bannissement. La répartition de ces instructions sur deux parties placées en début et en fin de chapitre n'est pas indifférente, car elle a pour effet d'encadrer les v. 10-12 en sorte de les mettre en valeur. Ces versets sont eux-mêmes construits de manière à attirer l'attention sur le motif théologique qui fonde, pour Israël, l'interdiction de manger le sang : le v. 10, précise ce que serait la sanction infligée au contrevenant, et le v. 12, rappelle l'énoncé du tabou ; ces deux versets forment le cadre du v. 11, au centre, où le motif est énoncé. Ce dernier est lui-même rédigé de façon à faire ressortir l'affirmation centrale, celle qui donne la clé de cet interdit : « car la vie de la chair est dans le sang. *Et moi, je vous l'ai donné sur l'autel pour faire l'absolution de vos personnes.* Car c'est le sang qui, par la vie, réalise l'absolution ». Cette surprenante structuration du chapitre en une succession de cercles concentriques a ainsi pour effet de diriger l'attention sur la phrase signalée en italique. Elle témoigne également, il faut aussi le souligner en passant, de l'art de la composition que possèdent nos auteurs.

Si donc Israël doit s'abstenir de manger le sang, c'est aussi parce que, pour la communauté rassemblée autour du Temple, le sang sert à l'absolution des personnes. Le verbe hébreu que nous traduisons par « faire l'absolution » a généralement été rendu par « faire l'expiation », traduction qui est pour beaucoup dans l'image négative que l'on se fait souvent du Dieu de l'Ancien Testament. Car, si on consulte les dictionnaires, « expier », c'est soit s'imposer une souffrance en réparation de ses péchés, soit apaiser une divinité dont la colère s'est enflammée – ce qui revient à faire de Yhwh, au mieux, un Dieu impitoyable dont il faut constamment apaiser la colère, au pire, un Dieu sadique qui regarde avec complaisance la souffrance de ses fidèles. Or, dans le cas présent, ce que permet précisément le sang, c'est la réintégration dans la communauté cultuelle de celui qui s'en est trouvé momentanément exclu du fait de son impureté ou parce qu'il aurait transgressé involontairement ou inconsciemment un interdit divin. Par ailleurs, et c'est là la raison pour laquelle nos auteurs ont inséré ce chapitre aussitôt après la description du rituel du *yôm kippour*, ce sang permet également de nettoyer le sanctuaire et, par ricochet, l'ensemble du territoire de tout ce qui l'avait souillé au cours de l'année écoulée, en préalable à sa régénération. Le sang a donc pour les auteurs sacerdotaux une fonction éminemment positive, et proprement vitale, puisqu'il assure la pérennité d'Israël dans la mesure où, en l'absence de rites appropriés, Israël serait condamné à disparaître, et son territoire à devenir un désert. Bien plus, exécuté dans le cadre du culte régulier aux néoménies et aux fêtes, ce rite du sang permet l'alternance régulière des temps et des saisons. Manger du sang, dans ces conditions, serait banaliser une matière à laquelle Yhwh a réservé un plus noble usage et reviendrait à mépriser le don qu'il a fait à Israël.

Ce qui, dans le récit de son institution, servait à motiver le tabou du sang, à savoir qu'il contient la vie, est précisément ce qui ici est mis au service d'Israël. C'est la vie qu'il fait circuler à travers le corps qui donne au sang son efficacité. Antidote à la mort, le sang, par la vie qu'il contient, permet de repousser tout ce qui est facteur de mort et, dans le cadre des rites de passage, de réaliser la phase de la séparation d'avec l'état antérieur. Mais le sang n'agit pas comme une substance magique, en vertu d'une puissance qui lui serait naturellement inhérente. La vie dont il est le support appartient à Yhwh. Si le sang agit, c'est uniquement parce que Yhwh l'a mis à la disposition d'Israël, l'a « donné sur l'autel » à cet effet.

À l'interdit de manger le sang, nos auteurs ont associé celui de manger la *graisse* des victimes apportées en sacrifice (Lv 3,17 ; 7,23-25) ; dans l'un et l'autre cas est menacé de bannissement celui qui transgresserait le tabou. La graisse doit être strictement réservée à Yhwh et brûlée sur l'autel. Comme le montrent notamment 1 S 2,15-16, ou encore Es 1,11, il s'agit là aussi d'un tabou ancien que les auteurs sacerdotaux n'ont fait que reprendre, tout en donnant une définition plus restrictive de ce qui est considéré comme graisse ; en gros les viscères (Lv 3,3-4.9-10)[32]. Aucune raison n'est donnée, qui justifie cette interdiction et cette délimitation précise, en sorte qu'on en est réduit aux spéculations. Est-ce que la graisse était considérée comme ce qu'il y a de meilleur, et qu'il convenait, pour cette raison même, de la réserver à Yhwh ? Ce point de vue pourrait expliquer que, dans le cas d'un agneau, on en attribuait également à Yhwh la queue, qui est particulièrement grasse.

32 Ce qui est qualifié de « graisse » est scrupuleusement défini par nos auteurs et consiste en : « la graisse qui recouvre l'intestin et toute la graisse qui est au-dessus de l'intestin, les deux rognons et la graisse qui est sur eux, près des lombes, ainsi que le lobe du foie », à quoi s'ajoute, dans le cas d'un agneau, sa queue (Lv 3,3-4.9-10). La consommation de la graisse, et du sang, est strictement interdite aux humains (Lv 3,17), sous peine de mise au ban (Lv 7,23-27).

Cette explication ne permet toutefois pas de rendre compte du fait que seule une partie de la graisse de la victime fait l'objet de ce tabou. Par contre, dans la mesure où la graisse destinée à Yhwh est physiquement associée aux organes considérés comme vitaux, y compris ceux que l'on associait à la fonction reproductrice, on peut penser que, tout comme dans le cas du sang, c'est en fait le lien avec la vie qui motive en dernière instance ce tabou.

Les différents interdits alimentaires que nous avons passés en revue ne se situent donc pas tous sur le même plan. Le tabou du sang est censé s'imposer à l'ensemble de l'humanité. Par contre, l'interdiction de manger la graisse des victimes sacrificielles et le contingentement des espèces animales ne concernent qu'Israël. Mais tous les trois s'enracinent dans le mythe de la création de l'univers, tel que l'ont rédigé les auteurs sacerdotaux. Les deux premiers de ces interdits veulent rappeler que la vie appartient en propre à Dieu qui l'a créée, non pas, comme l'univers matériel, à partir d'une matière préexistante, mais à partir de rien. Le dernier, en préservant de nombreuses catégories animales, veut évoquer la volonté originelle de Dieu de les préserver toutes. Et tandis que, par le biais du tabou du sang, Israël est relié au reste de l'humanité, les autres tabous lui permettent de marquer sa différence et d'affirmer sa singularité.

LES MARQUEURS CORPORELS

Autres marqueurs, les marqueurs corporels. Alors que Jérusalem était assiégée par les troupes babyloniennes, le prophète Ézéchiel voyait en vision un mystérieux personnage céleste mettre une marque en forme de X sur le front de ceux de ses habitants qui s'étaient opposés à l'idolâtrie, cette marque virtuelle étant destinée à les préserver de la mort (Ez 9). Dans la réalité, l'unique marqueur corporel connu que s'imposent les Israélites est la circoncision[33]. Dès les tout débuts de l'installation dans le pays de Canaan, celle-ci sera perçue par les tribus du futur Israël comme une marque distinctive par rapport, non aux Cananéens, mais aux Philistins, qualifiés à de multiples reprises d'« incirconcis ». Un épisode quelque peu scabreux illustre cette particularité des Philistins.

33 Sur la circoncision, voir K. Grünwaldt, *Exil und Identität. Beschneidung, Passa und Sabbat in der Priesterschrift* (Bonner Biblische Beiträge 85), Frankfurt a.M., A. Hain, 1992, p. 6-70.

Après la victoire que David venait de remporter en combat singulier sur le géant philistin, le roi Saül lui avait promis sa fille en mariage, en échange d'une dot consistant en cent prépuces de Philistins, une dot que David allait s'empresser de réunir, la doublant et livrant deux cents prépuces (1 S 18,22-27) ! Cet épisode, de par son lien avec le mariage, laisse entrevoir, au demeurant, ce qu'était la fonction originelle de la circoncision, à savoir un rite marquant le passage de l'état sexuellement indifférencié de l'enfance à celui de la masculinité et de la maturité sexuelle. La pratique de la circoncision semble ainsi tout à fait habituelle parmi les Israélites. De même que chez les peuples alentours, les Philistins mis à part, elle y était observée traditionnellement, comme un rite profane, sans qu'il ait été besoin de la justifier. Ce n'est qu'à l'époque perse qu'elle deviendra un marqueur identitaire. Tout comme ils l'avaient fait pour les interdits alimentaires, les auteurs sacerdotaux vont donner à la circoncision un fondement théologique en précisant qu'elle a été expressément instituée par Dieu, et ce en vue d'en faire le signe de son alliance avec les ancêtres des Israélites.

Selon nos auteurs, Dieu avait conclu plusieurs alliances avec les humains. La première l'avait été par Dieu, désigné par le terme générique *Elohim*, aussitôt après le déluge (Gn 9). Cette alliance, dont il avait fait de Noé et de ses fils les témoins, avait été conclue avec l'ensemble des êtres vivants, humains et animaux. Au terme de cette alliance, ou plutôt de cette promesse unilatérale, Dieu s'engageait à ne plus jamais utiliser l'arme du déluge pour anéantir toute vie sur terre et la dévaster. En signe de cet engagement irrévocable, afin de s'en souvenir à tout jamais mais également en vue de le manifester publiquement, Dieu avait placé dans le ciel son arc, ce que l'on appellera « l'arc-en-ciel ».

C'est à la deuxième alliance, celle avec Abraham (Gn 17), que nos auteurs font remonter l'institution de la *circoncision*. Le choix d'associer la circoncision à Abraham, et non à Jacob, l'ancêtre des douze tribus d'Israël, est, à vrai dire, plutôt surprenant s'agissant d'un marqueur identitaire d'Israël. Certes, nos auteurs savaient que la circoncision n'était pas spécifique aux Israélites, que les peuples voisins la pratiquaient eux aussi. Mais il est fort peu probable qu'ils se soient laissé guider par de simples considérations de fidélité à la réalité. Leur choix révèle bien plutôt leur souci d'inscrire Israël dans un ensemble plus vaste, sans pour autant nier sa particularité. De manière significative, le nom qu'ils donnent ici à la divinité est *El Shadday*, et non Yhwh, désignation qu'ils réserveront strictement au Dieu d'Israël et qui, selon eux, ne sera révélée que bien plus tard, à Moïse, au moment où Dieu s'apprête à libérer Israël de l'oppression égyptienne (Ex 6,2-3). Par l'utilisation du nom d'El Shadday, nos auteurs indiquent d'emblée que l'alliance dont il va être question dépasse le seul Israël.

À cette alliance, et c'est là une nouveauté par rapport aux interdits alimentaires, est associée une double promesse. La première de ces promesses est de multiplier la descendance d'Abraham ; plus précisément, de le faire fructifier, l'emploi de ce verbe faisant implicitement référence à la bénédiction que Dieu avait prononcée sur l'ensemble de l'humanité au moment de sa création (Gn 1,28), puis à l'issue du déluge (Gn 9,1). Cette bénédiction, dont le verbe « fructifier » était le premier terme, est ici focalisée sur Abraham, soulignant par là même la place privilégiée que Dieu lui assigne. Elle est exprimée, d'une autre manière, par sa promesse de faire d'Abraham le père, *ab*, d'une multitude, *hamôn*, de nations, promesse qui va s'inscrire dans le nouveau nom qu'El Shadday lui impose : appelé jusque là Abram, il s'appellera désormais Abraham, le *h* ajouté au nom référant au *hamôn*, multitude, de la promesse. À cette première promesse s'en ajoute une seconde, celle de donner à sa descendance, comme propriété perpétuelle, l'ensemble du pays de Canaan.

Nos auteurs reprennent ainsi la double promesse que l'on trouve déjà dans les couches plus anciennes[34]. Mais ils l'assortissent d'une contrepartie, qui en est la condition sine qua non, à savoir l'obligation de circoncire tous les enfants mâles. Celle-ci devra intervenir au huitième jour de la naissance, sous peine, pour le non circoncis, d'être retranché du peuple, donc d'être exclu de cette double promesse. En exigeant que cette circoncision soit pratiquée le huitième jour, nos auteurs lui ôtent sa signification première. Elle ne marque plus, de toute évidence, le passage à la maturité sexuelle. Elle devient exclusivement le signe de l'alliance entre El Shadday et Abraham. Mais, de même que la circoncision traditionnelle – et telle est probablement la raison pour laquelle nos auteurs l'ont reprise –, la circoncision au huitième jour exprime le passage d'un état indifférencié à un nouvel état. Elle sépare ce nourrisson de la multitude des autres nourrissons et en fait un membre du peuple de Dieu. Elle signifie cette mise à part. Et elle devient la marque de cette nouvelle appartenance.

34 Ainsi Gn 12,2-3.7 ; 13,14-16 ; 15,5.18-21.

Nous l'avons déjà dit, mais il convient d'insister sur ce point, l'alliance avec Abraham concerne l'ensemble de ses descendants. Pas uniquement Isaac, dont sera issu Jacob qui, lui-même, donnera naissance aux ancêtres des douze tribus, mais aussi Ésaü, l'autre fils d'Isaac, dont est issu Édom – nos auteurs donneront la liste des peuples qui descendent de lui en Gn 36. Et pas seulement cette lignée, mais également celle issue d'Abraham et de Hagar, la servante de Sara, dont Ismaël, le fils premier-né d'Abraham, sera l'ancêtre (la liste de ses descendants sera donnée en Gn 25,12-18) et que, ainsi que le précisent nos auteurs, Abraham circoncit lui-même. Mais aussi la lignée issue du mariage, après la mort de Sara, d'Abraham avec Qetoura (voir Gn 25,1-4). Pour nos auteurs, tous ces peuples – qu'ils énumèrent expressément – sont au bénéfice de la promesse d'une descendance nombreuse assortie de celle d'un territoire dont le pays de Canaan dessine les contours ; mais ils n'oublient pas d'insister sur le fait que, parmi tous ces peuples, la descendance d'Isaac occupe une place prééminente ; ils insistent là-dessus en mettant dans la bouche de Dieu l'annonce d'une autre alliance qu'il établira spécifiquement avec Isaac et sa descendance (Gn 17,19) – plus précisément Israël. Il ne s'agit pas seulement de théologie. Les auteurs sacerdotaux ont aussi une vision politique de l'avenir d'Israël. Ce qu'ils envisagent, ce n'est pas un splendide isolement qui ferait d'Israël une forteresse parfaitement hermétique. S'ils rattachent l'institution de la circoncision à Abraham et énumèrent en une fastidieuse litanie tous les peuples qui en sont issus, c'est parce qu'ils sont convaincus que la paix et la prospérité d'Israël dépendent de la solidarité avec ces autres descendants d'Abraham. Même si Israël doit posséder une identité particulière, il n'en fait pas moins partie de la grande famille des fils d'Abraham. Son destin dépend certes de son obéissance aux commandements que, plus tard, au Sinaï, Yhwh lui imposera, mais il est aussi intimement lié à celui des autres fils d'Abraham qui vivent à ses côtés dans le pays de Canaan.

Il est tout à fait significatif que ces deux marqueurs identitaires que sont les interdits alimentaires et la circoncision ont été choisis en raison du fait qu'ils jouent sur le double registre de la mêmeté et de l'altérité. De par le tabou du sang, Israël est uni au reste de l'humanité, avec laquelle il partage ce même tabou. Mais, par ailleurs, d'autres tabous lui sont imposés en propre. À travers la circoncision, il est rapproché des autres fils d'Abraham, mais, en même temps, il est le bénéficiaire d'une alliance qui lui est spécifique. Il occupe une place à part parmi tous les peuples de la terre, mais n'en est pas pour autant entièrement isolé. Peuple choisi par Dieu parmi tous les peuples pour être son peuple, il n'en fait pas moins d'abord partie de cette humanité créée par Dieu, que Dieu a bénie et dont il a fait son image, son représentant, pour gérer la terre en son nom. Ces deux marqueurs identitaires ont ainsi pour but, à la fois de préserver Israël d'un repli sur soi, d'un enfermement qui lui ferait oublier son appartenance à un ensemble bien plus large qui englobe l'humanité toute entière, et de mettre en lumière sa différence, de manière à empêcher son assimilation, et donc sa disparition. Pour nos auteurs, particularisme et universalisme, loin de s'opposer, sont étroitement liés et complémentaires l'un de l'autre. Toute majoration unilatérale de l'un de ces deux pôles remettrait inévitablement en cause l'existence même d'Israël.

LES MARQUEURS TEMPORELS

Pour nos auteurs, le marqueur le plus important, celui qui véritablement caractérise Israël, est un marqueur temporel. Celui-ci a été imposé à Israël à l'occasion d'une troisième alliance ; laquelle, à la différence des deux précédentes, le concerne exclusivement. Cette ultime alliance, qui marque le point d'aboutissement de ces alliances concentriques successives, a été conclue selon nos auteurs au Sinaï, par l'intermédiaire de Moïse, peu après la sortie d'Égypte. Alors que Dieu s'était présenté à Abraham sous le nom d'El Shadday, il se présente cette fois-ci sous celui de Yhwh, nom qu'il avait révélé il y a peu à Moïse et sous lequel il sera désormais connu d'Israël. Les auteurs sacerdotaux ne décrivent pas la conclusion de cette alliance, se contentant de reprendre le récit plus ancien qui en avait été fait en Ex 24. Par contre, et comme ils l'avaient fait pour les deux précédentes, ils y associent un signe. Ce signe, ce sera le sabbat[35].

L'exigence d'un *repos sabbatique* après six jours de travail est déjà attestée dans les couches antérieures du Pentateuque. Elle apparaît dès la plus ancienne formulation des conditions de l'alliance en Ex 34,21. Elle

35 Pour une étude d'ensemble voir en dernier lieu A. Grund, *Die Entstehung des Sabbats. Seine Bedeutung für Israels Zeitkonzept und Erinnerungskultur* (Forschungen zum Alten Testament 75), Tübingen, Mohr, 2011. Voir aussi J. Briend, « Sabbat », dans *Supplément au Dictionnaire de la Bible* 10 (1985), col. 1132-1170 ; Grünwaldt, *Exil*, *op. cit.* p. 122-219.

est reprise dans le Code de l'alliance, en Ex 23,12, où elle est motivée par la nécessité d'accorder du repos au bétail et aux serviteurs, puis, de même, en Dt 5,12-15, dans le cadre du décalogue, et associée au rappel de la situation d'esclave qui était celle des ancêtres d'Israël. Son origine est probablement à chercher dans le monde mésopotamien. En général, on rapproche le sabbat, soit du *šabattum*, une fête célébrée au moment de la pleine lune, le 15 du mois lunaire, soit de ces jours considérés comme néfastes, à savoir le septième, le quatorzième, le dix-neuvième, le vingt et unième et le vingt-huitième de la plupart des mois, où les dieux conseillent de s'abstenir de toute activité. Quoi qu'il en soit, et comme ils l'avaient fait pour les interdits alimentaires et la circoncision, nos auteurs attribuent à ce jour une signification nouvelle. Celle-ci est donnée en Ex 31, en conclusion des instructions relatives à l'édification et à l'aménagement de la Tente de la rencontre (Ex 25-31).

Au vu de l'importance de ce passage, il nous a paru utile d'en donner la traduction littérale et d'en présenter les grandes lignes.

« 12. Yhwh s'adressa à Moise en ces termes. 13. Toi, parle aux fils d'Israël en ces termes : Assurément, vous observerez mes sabbats, car c'est le signe entre moi et vous pour (toutes) vos générations, pour connaître que moi, Yhwh, je vous sanctifie. 14. Vous observerez le sabbat (en hébreu : *šabbat*), car il est saint pour vous ; celui qui le profane sera puni de mort, car quiconque y fera un ouvrage, cette personne sera retranchée du milieu de son peuple. 15. Six jours on fera un ouvrage, mais le septième jour sera sabbat sabbatique, saint pour Yhwh ; quiconque fera un ouvrage le jour du sabbat sera puni de mort. 16. Les fils d'Israël observeront le sabbat pour faire le sabbat pour (toutes) leurs générations, alliance éternelle 17. entre moi et les fils d'Israël, c'est un signe pour l'éternité. Car en six jours Yhwh a fait les cieux et la terre, et le septième jour il s'est arrêté (en hébreu : *šabat*) et a repris souffle ».

Le texte, de prime abord, semble plutôt lourd et confus. On passe ainsi, sans raison apparente, de la deuxième personne du pluriel à la troisième personne du pluriel pour terminer par un verset à la troisième personne du singulier soit, d'un discours direct adressé par Moïse à Israël à un discours de Yhwh qui paraît uniquement destiné à Moïse, en concluant le tout par une affirmation dont on ne sait trop qui est en l'auteur, Yhwh qui parle de lui-même à la troisième personne, Moïse ou encore les auteurs de ce texte qui font part de leur propre réflexion.

Qui plus, le texte est particulièrement redondant, les mêmes idées, et jusqu'aux mêmes mots et expressions, s'y retrouvant à deux ou parfois même à trois endroits différents.

Pourtant, à y regarder de plus près, on constate qu'en réalité le texte est, une fois de plus, fort soigneusement construit – il est vrai selon une technique de composition qui, si elle est fréquente dans les écrits bibliques, nous est beaucoup moins familière –, en répartissant la matière de manière à l'inscrire dans une structure concentrique, une technique que nous avions déjà rencontrée en Lv 17. À ses deux extrémités, v. 13 et 17, formant ainsi son cadre, nos auteurs ont souligné l'importance particulière du sabbat pour Israël en en faisant le signe même de l'alliance de Yhwh avec Israël[36]. Au v. 13, cette caractéristique, dont il est précisé qu'elle exprime la mise à part d'Israël, motive l'injonction faite par Yhwh à Israël d'observer le sabbat ; son correspondant, au v. 17, en donne la raison ultime, à savoir que Yhwh s'est lui-même reposé le septième jour, après avoir créé l'univers. Le début du deuxième verset et l'avant-dernier verset, v. 14a et 16, reprennent l'injonction divine d'observer le sabbat, le v. 14a, motivant cette injonction par le fait que le sabbat est saint, le v. 16 insistant sur le caractère éternel de l'alliance dont le sabbat est le signe. La seconde partie du deuxième verset et la seconde partie de l'avant-dernier verset, v. 14b et 15b, énoncent la sanction qui frapperait celui qui profanerait le sabbat en travaillant ce jour-là : il serait retranché de son peuple ce qui, comme le précise le v. 15b, signifie très concrètement qu'il subirait la peine de mort. Enfin, placé presqu'exactement au centre de cette structure concentrique, v. 15a, se détachant par sa formulation impersonnelle, on trouve l'énoncé, sous forme apodictique, du commandement du sabbat « six jours on fera un ouvrage, mais le septième jour sera sabbat sabbatique » ; énoncé complété par la précision, reprise du tout début du texte, « (il est) saint pour Yhwh ». Indice supplémentaire du soin apporté par nos auteurs à la composition de ce passage : le mot « sabbat » y est employé sept fois (dont une fois, au tout début, au pluriel, et une fois, à la fin, comme verbe), ce qui peut difficilement être considéré comme un simple hasard. Et ce n'est d'ailleurs pas non plus un hasard si cette structure en a-b-c-d-c'-b'-a', en basculant le texte pour le redresser, dessine la forme du chandelier à sept branches placé dans le Saint, au cœur du sanctuaire

36 De même, Ez 20,12.20.

(Ex 25,31-39), symbole de la présence de Yhwh ; comme pour imprimer le sceau de Yhwh sur ce texte.

La manière même dont nos auteurs ont composé le texte en permet une double lecture. L'une, induite par la structure concentrique, met au centre du texte l'énoncé du commandement. L'autre, linéaire, souligne que les instructions que doit transmettre Moïse à Israël ne valent pas seulement pour ses interlocuteurs mais pour toutes les générations futures – de là le passage à la troisième personne du pluriel –, et fait de la référence à la création de l'univers son point culminant. Même si la plupart de ses éléments sont repris du décalogue dans sa version sacerdotale (Ex 20,8-11), ce texte n'en est pas pour autant un simple doublet où les mêmes matériaux seraient seulement arrangés différemment. Il énonce la sanction à laquelle s'expose le contrevenant. Surtout, il précise ce qui rend l'observance du sabbat particulièrement importante pour Israël : le sabbat est le signe de l'alliance de Yhwh avec Israël. Il peut d'autant plus jouer ce rôle que la ritualisation du repos originel de Dieu, semaine après semaine – l'alignement des Israélites sur l'attitude de Dieu –, fait que, en se modelant sur lui, les Israélites s'en approchent et s'en imprègnent.

Ce troisième marqueur identitaire se distingue clairement des précédents. Il est, et telle est sa caractéristique fondamentale, le seul à être expressément qualifié de saint – Ne 9,14 en parlera comme du « saint sabbat ». Et s'il l'est, nous explique le mythe, c'est parce que Dieu, au terme de son activité créatrice, a consacré, littéralement « a rendu saint », le septième jour (Gn 2,3). À la différence des autres marqueurs identitaires, l'institution du sabbat est ainsi expressément rattachée à la création de l'univers. Le sabbat est saint, comme l'est le sanctuaire et tout ce qui s'y trouve – significativement Lv 26,2, qui introduit la liste des promesses et des menaces formant la conclusion du Lévitique, associe l'observance du sabbat et la révérence du sanctuaire (voir aussi Lv 19,30) – et comme le sont les divers dons apportés à Yhwh. Comme doivent l'être les prêtres (Lv 21,6) et comme doit également l'être Israël, que Yhwh a sanctifié, littéralement « a fait saint ». Le sabbat s'inscrit ainsi dans cette sphère de sainteté qui englobe Yhwh, l'espace sacré du sanctuaire, le personnel du culte et Israël. On aurait pu penser que le sang, support de la vie, laquelle est considérée comme sacrée, serait lui aussi qualifié de saint, et ce d'autant plus qu'il appartient, lui aussi, à

Dieu et que son usage profane est strictement prohibé. Que néanmoins nos auteurs ne l'aient pas qualifié de tel ne peut être que délibéré ; cela résulte, selon toute probabilité, de leur volonté de réserver ce qualificatif à ce qui touche aux rapports de Yhwh avec Israël, à ce qui signifie sa mise à part. De cette sainteté du sabbat résulte aussi l'extrême sévérité de la sanction qui frappe le contrevenant. Tandis que la transgression du tabou du sang et l'incirconcision sont sanctionnées par la mise au ban du coupable, le non-respect du sabbat l'est, quant à lui, par la peine de mort. Pour nos auteurs, il ne s'agit donc pas simplement d'une infraction. Ce qui rend cette transgression à ce point grave, indépendamment même du fait qu'elle signifie une rupture d'alliance, c'est qu'elle constitue une profanation. Elle attente à ce qui appartient en propre à Dieu. Il ne saurait y avoir d'autres sanctions pour une telle profanation que la mort.

On constate ainsi, une fois de plus, la volonté des auteurs sacerdotaux de donner aux marqueurs identitaires d'Israël une portée à la fois particulariste et universelle, particulariste en ce que le sabbat est le signe de cette relation privilégiée que Yhwh a spécifiquement contractée par l'alliance avec Israël, universaliste en ce que ce signe se rattache directement à la création de l'univers. La comparaison avec Dt 5,12-15, où l'institution du sabbat est liée au mythe national, permet de prendre la mesure du pas ainsi franchi en même temps que l'audace de nos auteurs ! L'alliance du Sinaï conduit, certes, à mettre Israël à part, mais non en vue de l'isoler des autres peuples, non pour le confiner dans l'entre-soi. En liant, par ce signe même, cette alliance à la création et non, comme on aurait fort bien pu l'envisager, au mythe fondateur d'Israël, nos auteurs veulent rappeler à Israël, semaine après semaine, qu'il fait partie de cette humanité créée par Dieu et dont il partage aussi la destinée.

Mais, de quoi au juste faut-il s'abstenir au jour du sabbat ? De tout ouvrage. Mais qu'est-ce qu'un ouvrage ? Il faut croire que ce point a déjà fait question pour les anciens, troublés par le fait qu'un interdit aussi crucial soit laissé dans un vague pareil. Au IIe s. avant notre ère, l'auteur du livre des *Jubilés* mentionne ainsi l'interdiction de puiser de l'eau, de faire entrer dans ou sortir quelque chose de la maison, et en particulier de la nourriture et de la boisson, d'allumer un feu, d'avoir des relations sexuelles, de charger un animal, de parler d'affaires, de voyager, de chasser, de jeûner ou encore de faire la guerre (*Jub* 2,17-33 ; 50,6-13). Il précise par ailleurs que ce jour-là on bénira le Créateur de toutes choses (*Jub* 2,21). De son côté, l'auteur de *l'Écrit de Damas*, sans doute composé au Ier s. de notre ère, n'énumère pas moins d'une vingtaine de choses qu'il est interdit de faire (*Écrit de Damas* 10,14-11,18). Citons, parmi d'autres, l'interdiction de cuisiner, de se parfumer, d'ouvrir un vase fermé par un enduit, de soulever dans sa maison une pierre ou de la poussière, d'aider un animal à mettre bas ou de le retirer d'un trou où il serait tombé, de se promener hors de la ville au-delà de mille coudées (soit env. cinq cents mètres), de prêter, de discuter affaire, mais aussi de prononcer une parole vaine (*cf.* Es 58,13) ou insensée, ou encore d'irriter ses serviteurs. Dans la Bible hébraïque même, en dehors des textes sacerdotaux, on avait compris l'interdiction de travailler comme s'appliquant en particulier aux labours et aux récoltes (Ex 34,21), au transport des marchandises (Jr 17,21-27) et, plus généralement, au commerce (Ne 10,32 ; 13,15-22 ; voir aussi Am 8,5) ; en somme, à toute production de biens et à toute activité économique.

Les auteurs sacerdotaux, alors même qu'ils connaissaient la tradition du repos sabbatique, n'ont, fort curieusement, jamais cité ces exemples et se sont d'ailleurs généralement contentés de formulations générales : observer le sabbat, ne faire aucun ouvrage. Ceci, à une seule exception près, en Ex 35,1-3. Ce bref passage, qui se situe au début du récit de l'édification et de l'aménagement de la Tente de la rencontre, est le correspondant d'Ex 31,12-17 qui concluait les instructions données à ce sujet. Il se présente comme l'exécution de l'ordre donné à Moïse de transmettre aux Israélites les instructions relatives au sabbat. De ce passage, seul est repris, quasiment mot pour mot, le v. 15. Mais l'énoncé de l'interdit et de la sanction est ici suivi d'une précision inédite : « vous n'allumerez de feu dans aucune de vos habitations au jour du sabbat ». De prime abord, on ne s'attendrait pas à ce que cette activité soit prohibée au premier chef. Deux narrations, également d'origine sacerdotale, apportent des informations supplémentaires sur ce qu'il ne faut pas faire le sabbat. La première est située aussitôt après la sortie d'Égypte – le quinzième jour du second mois, précisent nos auteurs ! –, au moment où les Israélites arrivent dans le désert de Sin (Ex 16). Affamés, et regrettant déjà les « pots de viande d'Égypte », ils se plaignent auprès de Moïse et d'Aaron, ce qui conduit Yhwh à les nourrir de manne, une substance dont il est dit qu'elle ressemble à des grains de coriandre, qu'elle est blanche et qu'elle a le goût d'une galette au miel. Ce qui fait pour nous l'intérêt de ce récit, c'est que ce miracle fonctionne selon les principes du sabbat : la manne apparaît pendant six jours, mais pas le septième ; en conséquence, il est demandé aux Israélite d'en ramasser le double la veille du sabbat, et, de plus de la faire cuire ou bouillir le sixième jour, ce qui laisse entendre que cela ne devait pas se faire le septième jour. L'autre épisode intervient sur le chemin qui mène du Sinaï à la Terre promise (Nb 15,32-36). Un homme est surpris en train de ramasser du bois un jour de sabbat. Amené devant Moïse et Aaron il est aussitôt lapidé, suite à l'arrêt divin. Les trois passages portent en fait sur la même interdiction. Les activités prohibées dont il est question dans les narrations, à savoir ramasser du bois et faire cuire de la nourriture, se situent, en effet, en amont et en aval de l'interdiction d'allumer un feu, le bois étant destiné à l'entretenir, la cuisson en étant le mode d'utilisation principal. Reste qu'on ne voit pas très bien, de prime abord, en quoi faire du feu est un travail.

Il est fort vraisemblable que l'importance attribuée au feu par les auteurs sacerdotaux dénote une influence perse, où le feu était tenu pour sacré[37]. Mais, déjà dans la tradition hébraïque, le feu était étroitement associé à la divinité. Au Mont Horeb, un ange de Yhwh apparaît à Moïse sous la forme de flammes de feu (Ex 3,2). Au Sinaï, Yhwh descend dans le feu sur la montagne (Ex 19,18). Au Mont Carmel, il révèle sa divinité en enflammant l'holocauste préparé par Élie (1 R 18,38-39). On pourrait multiplier les exemples. Selon les auteurs sacerdotaux, le feu qui brûle sur l'autel du parvis, celui où l'on offre les sacrifices, a été allumé par Yhwh (Lv 9,23-24), et ce feu devra être entretenu de manière à brûler sans discontinuer, nuit et jour (Lv 6,1-6). Ce feu-là, qui rend visible la gloire de Yhwh (Ex 24,17), manifeste ainsi aux yeux de tous la présence de Yhwh dans le sanctuaire. Il est au parvis ce que les flammes du chandelier sont au Saint. Il révèle publiquement ce qui, là, ne l'était qu'aux seuls prêtres. Dès lors, on peut comprendre que nos auteurs aient insisté sur l'interdit de faire du feu le jour du sabbat. Pour eux, le faire ce jour-là était une provocation. Alors que le sabbat devait être entièrement rempli de la seule présence de Yhwh, dont le feu est la face visible, allumer ce même jour un autre feu reviendrait à allumer un feu concurrent et constituerait un acte délibéré de rébellion. Non pas que tout feu fût sacré. Le feu, en lui-même, est entièrement profane.

37 Voir P. Briant, *op. cit.*, p. 260-262.

La Bible hébraïque ne connaît aucun mythe qui rapporterait qu'il a été dérobé aux dieux, ni d'ailleurs aucun récit étiologique qui expliquerait comment le feu est parvenu aux humains. Il peut être utilisé tous les jours pour toutes les activités humaines. Mais le septième jour, seul doit brûler le feu sacré, signe de la présence de Yhwh et marque de cette revendication divine de retirer ce jour du domaine profane.

Toutes les autres définitions du travail ne sont, en fin de compte, qu'une exégèse de ce principe fondamental que les auteurs sacerdotaux ont concentré dans l'interdiction de faire du feu.

À bien y réfléchir, le choix de faire des interdits alimentaires, de la circoncision et du sabbat des marqueurs identitaires est plutôt surprenant. Car, ce qui frappe, dans ces marqueurs, c'est leur vacuité. Sauf pour ce qui est de la circoncision, nos auteurs ont surtout précisé ce qu'il ne fallait pas faire – ne pas boire le sang, ne pas manger la graisse, ne pas consommer certains animaux, ne faire aucun ouvrage – mais n'ont rien dit sur ce qu'il fallait faire. Et même en ce qui concerne la circoncision, celui qui est circoncis n'a rien d'autre à faire sinon, une fois devenu le père d'un garçon, de le circoncire à son tour. Cette vacuité est particulièrement déroutante dans le cas du sabbat, car, en l'absence d'indications précises, on ne sait pas trop ce qu'on a le droit de faire, à quelle activité on peut s'adonner qui ne soit pas considérée comme un ouvrage, et ce en quoi consiste ne rien faire, à part manger – mais uniquement ce qui a été préparé la veille. Vacuité d'autant plus déroutante qu'elle n'est pas remplie, comme on aurait pu s'y attendre, par des obligations religieuses. Jamais nos auteurs ne prescrivent aux fidèles de consacrer ce temps libre de toute activité profane à la méditation, à la lecture des textes sacrés ou à l'édification de leurs enfants. Nulle part il n'est recommandé de dédier ce jour à la prière : ce n'est qu'à l'époque de Daniel qu'est attestée la pratique de la prière triquotidienne. Il n'est pas davantage ordonné aux fidèles de se rendre au Temple en vue d'y offrir des sacrifices : les seuls sacrifices prescrits le jour du sabbat sont ceux que doivent offrir les prêtres ; ni profiter pour consulter un homme de Dieu, comme on le faisait au IXe s. (voir 2 R 4,22-23). Par ailleurs, il n'est fait nulle mention d'une quelconque prière qui accompagnerait le déversement du sang animal ou l'acte de circoncision ; pas même d'une formule liturgique qui expliquerait le sens de ces gestes. On peut, certes, considérer que cela va sans dire. Mais n'est-ce pas là projeter sur le texte biblique nos propres conceptions du religieux ? L'apparence purement profane de ces marqueurs ne peut être le fait que d'une volonté délibérée de la part de nos auteurs. Elle résulte, certes, de ce que nos auteurs ont repris, pour en faire des marqueurs identitaires, des pratiques traditionnelles fortement ancrées dans les mœurs – ce qui, au demeurant, était la plus sûre garantie de leur mise en œuvre – en se contentant de leur donner une nouvelle interprétation, laquelle allait s'imposer progressivement. Il n'en reste pas moins qu'ils n'y ont ajouté aucun marqueur nouveau auquel ils auraient attribué une dimension exclusivement religieuse, telle cette marque sur le front des élus qu'avait aperçu en vision le prophète Ézéchiel. Comme l'écrivait Jean Duvignaud : « Les sociétés se conservent [...], tout autant que les institutions, par la transmission initiatique ou pédagogique de ces attitudes, comportements, gestes et croyances, reconstitués de génération en génération, et des plus âgés aux plus jeunes[38] ». La démarche des milieux sacerdotaux trace ainsi un cercle vertueux où les anciennes coutumes servent de support aux nouvelles conceptions théologiques et contribuent à leur diffusion, et où, en retour, celles-ci contribuent à la pérennité de ces coutumes qui structurent et renforcent l'identité.

Le choix d'inscrire le religieux dans le quotidien est particulièrement judicieux[39]. Et pas seulement parce qu'il permet d'éviter cette dichotomie, souvent dénoncée par les prophètes, qui isole culte et vie de tous les jours. Il l'est aussi parce qu'en dissociant les marqueurs identitaires de tout culte, il les rend indépendants d'un sanctuaire, d'un territoire précis, et permet leur mise en œuvre en tous lieux ; pas seulement au Temple, mais aussi à domicile, au sein de la famille et dans l'ensemble du territoire, en Yehud tout comme dans la diaspora. Certains d'entre eux accompagnent les temps forts de l'existence. Ils sont associés aux naissances, du moins pour ce qui est des garçons, par la circoncision. Et ils le sont, par le biais des interdits alimentaires, à toutes les fêtes, l'un des rares moments où l'on a l'opportunité de manger de la viande. D'autres, à l'inverse, sont ancrés dans le quotidien. Ils sont visibles sur la frange couleur bleu-violet du vêtement que porte chaque Juif.

38 J. Duvignaud, *Le don du rien. Essai d'anthropologie de la fête*, Paris, Téraèdre, 2013, p. 85.

39 Pour l'importance de ces rites du quotidien, voir R. L. Grimes, *Ritual Criticism : Case Studies in Its Practive, Essays on Its Theory*, Columbia, University of South Carolina Press, 1990.

Et, semaine après semaine, le repos sabbatique, respecté le même jour par l'ensemble des Juifs, rythme l'existence de chacun d'entre eux. Ils concernent, en tout cas pour ce qui est des interdits alimentaires et du sabbat, aussi bien les hommes que les femmes. Parce qu'ils sont depuis longtemps familiers, ces marqueurs, dont seule change la signification, sont spontanément observés. Subrepticement, sans même que les intéressés en prennent véritablement conscience, ils façonnent durablement une nouvelle identité commune à l'ensemble des Juifs, ceux de la mère patrie et ceux de la diaspora. Ainsi que le souligne Pierre Bourdieu : « si toutes les sociétés (...) attachent un tel prix aux détails en apparence les plus insignifiants de la *tenue*, du *maintien*, des *manières* corporelles et verbales, c'est que, traitant le corps comme une mémoire, elles lui confient sous une forme abrégée et pratique, c'est-à-dire mnémotechnique, les principes fondamentaux de l'arbitraire culturel [...] Rien ne paraît plus ineffable, plus incommunicable, plus irremplaçable, plus inimitable, et par là plus précieux, que les valeurs incorporées, faites corps, par la transsubstantiation qu'opère la persuasion clandestine d'une pédagogie implicite, capable d'inculquer toute une cosmologie, une éthique, une métaphysique, une politique[40]... ».

Tous ces marqueurs identitaires sont destinés à renforcer le particularisme des Juifs de l'époque perse et à prévenir leur assimilation. Car ce sont aussi des marqueurs différenciateurs. Les interdits alimentaires empêchent toute commensalité avec des non-Juifs à l'occasion d'un repas festif. Même si la viande peut provenir d'animaux dont les lois sacerdotales autorisent la consommation, l'obligation, au moment de leur abattage, d'en laisser s'écouler le sang et de le recouvrir de terre – obligation dont ils ne peuvent s'assurer qu'elle a été respectée –, les contraint à s'abstenir de tels repas. L'interruption de toute activité tous les sept jours les met nécessairement à part du reste de la population, surtout si les jours du sabbat ne coïncident pas avec des jours chômés perses. Ces singularités forment autant d'obstacles à des mariages avec des non-Juifs et à l'inévitable acculturation qui en résulterait. Quant à la frange de couleur bleu-violet qui orne à tout moment leur vêtement, elle les désigne clairement comme Juifs. Plus tard, à l'époque hellénistique, lorsque des Juifs fréquenteront les gymnases, la circoncision aura une fonction analogue.

---

40 P. Bourdieu, *Esquisse*, *op. cit.*, p. 297-298.

Dans le même temps, pourtant, ces marqueurs visent à prémunir les Juifs de tout repli sur soi et de toute ghettoïsation qui leur serait fatale. Il est tout à fait remarquable, et apparemment paradoxal, qu'en un temps où le risque d'assimilation était particulièrement élevé et où la priorité était de consolider l'identité juive, nos auteurs aient insisté sur ce qui liait les Juifs au reste de l'humanité. Les marqueurs identitaires qui soulignent le plus la spécificité du peuple juif sont aussi, significativement, ceux qui sont mis en relation avec le mythe de création, de portée universelle. Les interdits alimentaires imposés exclusivement aux Juifs, qui limitent le nombre d'espèces animales dont la viande peut être consommée, se rattachent à l'utopie végétalienne par rapport à laquelle ils occupent une position moyenne entre le végétalisme absolu et l'autorisation que Dieu avait concédée, après le déluge, de manger tout animal. Le sabbat, signe même de l'alliance exclusive que Yhwh avait conclue avec Israël, renvoie au repos de Dieu, le septième jour, et, par-delà, au Dieu créateur de l'univers et de tout ce qu'il contient. La circoncision, pour sa part, rattache Israël aux autres descendants d'Abraham, tous unis par des liens de parenté, et davantage encore, par cette alliance qu'El Shadday avait conclue avec leur commun ancêtre. Elle souligne la solidarité qui les unit et veut prévenir de la sorte toute dérive chauvine et tout isolationnisme funeste. Enfin, sur un plan cette fois-ci géographique, la frange de couleur bleu-violet que portent tous les Juifs les rattache tous, où qu'ils se trouvent, à un ailleurs, à ce pôle central qu'est le sanctuaire de Jérusalem. En leur donnant un repère commun, elle renforce la cohésion de ce Judaïsme éclaté en différentes communautés, géographiquement isolées les unes des autres et menacées, de ce fait même, de perdre le sentiment d'appartenir à une communauté qui dépasse la communauté locale. Plus tard, à l'époque de Daniel, au IIe s. avant notre ère, la prière trois fois par jour en direction de Jérusalem (Da 6,11) aura ce même rôle fédérateur.

Les auteurs sacerdotaux ont ainsi élaboré une stratégie identitaire à trois étages qui réussit à associer particularisme et universalisme. En jouant sur cette dialectique, ils ont conjuré le péril mortel d'un enfermement sectaire. Ils ont souligné avec force la singularité d'Israël, sa mise à part comme peuple choisi par Yhwh parmi tous les peuples pour être son peuple. Dans le même temps, ils ont insisté sur les liens qui le rattachent à des peuples apparentés, établis à ses côtés. Et, par ailleurs, ils ont accentué l'ouverture de ce peuple sur l'universel en le rattachant à la branche des descendants de Sem, lui-même fils de Noé, l'ancêtre de l'humanité postdiluvienne, et en lui imposant des marqueurs qui évoquent la création de l'univers. Ces auteurs ont directement lié cette ouverture au rôle singulier qu'ils ont attribué aux Juifs de l'époque perse, à savoir être un peuple témoin. Ils en ont fait, par le biais des interdits alimentaires, les porteurs de l'utopie originelle du respect de la vie et de la non-violence, non pas par nostalgie d'un paradis à jamais perdu, mais afin de promouvoir inlassablement ces valeurs phare qui doivent guider l'action des humains et afin d'entretenir l'espérance du jour où cette utopie deviendra pleinement réalité. Ils font ainsi du peuple juif, en lui imposant d'observer semaine après semaine le repos sabbatique, le témoin du Dieu qui a créé l'univers et tout ce qu'il contient, dont la souveraineté s'exerce sur l'ensemble de sa création, qui a uniment béni tous les êtres humains sans exception, à quelque peuple qu'ils appartiennent ; témoin aussi de ce Dieu qui a créé le temps, qui reste le maître du temps, et donc de l'histoire. Par ailleurs, en associant au repos hebdomadaire les animaux qu'ils utilisent pour leur travail, ils rappellent la solidarité qui unit l'ensemble des êtres vivants. Pour nos auteurs, l'identité même des Juifs de l'époque perse est indissolublement liée à ce mandat : ils sont destinés à être « un royaume de prêtres et une nation sainte » (Ex 19,6) en conformant leur mode de vie aux exigences de la charte que Yhwh leur avait imposée. Pour nos auteurs, c'est dans ce but que Yhwh s'est révélé très spécifiquement à Israël et a établi avec lui des relations privilégiées. Telle est véritablement la raison d'être d'Israël.

Cette volonté d'ouverture manifestée par les milieux sacerdotaux n'empêchera pas, dans la suite de l'histoire, les replis sur soi. Moins d'un siècle après, Néhémie, que le roi Artaxerxès 1er avait nommé gouverneur de la province de Judée, invoquant la loi qui interdit aux Israélites de se marier avec des Cananéens (Dt 7,3), réprimande et maudit ceux des Juifs qui ont pris des femmes étrangères (Ne 13,23-27 ; voir aussi Esd 9-10)[41]. Quelques siècles plus tard, les esséniens formeront une

41 Sur la construction de l'identité par les livres des Chroniques, d'Esdras et de Néhémie, G. N. Knoppers, K. A. Ristau (éd.), *Community Identity*, *op. cit.* ; Lipschits e.a., *Judah and the Judeans*, *op. cit.* ; R. Rothenbusch, *« …abgesondert zur Tora Gottes hin ». Ethische und religiöse Identität im Esra/Nehemiabuch*, Freiburg i. Br., Herder, 2012.

communauté fermée, séparée des autres Juifs, une communauté dans laquelle on n'entre qu'à l'issue d'une période probatoire de deux ans (*Règle de la Communauté* 6,13-23), et qui se considère comme une société d'élus, faisant seule partie du lot de Dieu.

Par le biais des marqueurs identitaires, les auteurs sacerdotaux ont également développé une philosophie de l'existence en promouvant une éthique de la limite. En exigeant à intervalle régulier un arrêt complet de toute activité, ils ont fixé une limite au travail, y compris aux travaux domestiques exercés par les femmes. Rien, pas même l'urgence des vendanges et des moissons, ne justifie à leurs yeux de ne pas interrompre le travail. Ils signifient par là-même que celui-ci ne saurait constituer une fin en soi, qu'il n'est pas la valeur suprême. Il est tout à fait révélateur à cet égard que l'imitation du Dieu créateur porte, non sur les six jours d'activité, mais sur le septième, celui où Dieu s'est reposé. C'est ce jour de repos, à l'issue d'une semaine de travail, qui est sacralisé, et non le travail. Un travail sept jours sur sept permettrait, certes, de produire davantage et d'accumuler des richesses supplémentaires. Mais, pour nos auteurs, telle n'est pas sa finalité. Sa seule finalité est de permettre à chacun de satisfaire ses besoins fondamentaux afin de pouvoir mener une existence digne. En limitant sa durée, ils visent aussi à décourager la course à la richesse, à la recherche d'un toujours plus qui, en fin de compte, aboutirait à une société duale, avec d'un côté des riches devenus toujours plus riches et, de l'autre, des pauvres de plus en plus pauvres. Ils s'inscrivent ainsi dans la droite ligne du prophète Ésaïe qui, déjà, condamnait ceux « qui font en sorte que leurs maisons se touchent, qui d'un champ rapprochent un autre champ, jusqu'à ce qu'il n'y ait plus de place » (Es 5,8), accaparant pour eux seuls l'ensemble du territoire. Les interdits alimentaires spécifiques qu'ils imposent à Israël vont dans le même sens. Même si, en principe, les Israélites peuvent consommer tous les animaux sans exception, ils n'en autorisent qu'un nombre restreint qui leur servent de nourriture. Non pas, comme on l'a souvent dit afin d'en donner une explication rationnelle, pour des raisons d'hygiène, parce que leur viande serait « impure », malsaine, ou qu'ils pourraient transmettre des parasites. Pas davantage pour promouvoir un comportement ascétique. En mettant un frein à la consommation, ils signifient, par extension, qu'il y a des limites au désir de possession et à l'insatiable volonté de puissance qui en découle, limites sans lesquelles le cortège des violences serait infini. Cette éthique de la limite apparaît d'ailleurs aussi à l'arrière-plan des interdits relatifs aux règles et aux accouchements. En décrétant qu'est impure durant sept jours la femme qui a ses menstrues (Lv 15,19), durant quarante à quatre-vingt jours, la femme accouchée (Lv 12), nos auteurs fixent également des limites à la jouissance sexuelle en privant les hommes de toute relation sexuelle avec leur épouse pendant cette période. Toutes ces limites se rattachent à la limite que, dès la création, Dieu avait imposée à la domination des humains sur la nature et à l'assujettissement des animaux par eux. Elles promeuvent, au final, une éthique qui recommande de se satisfaire de ce qui est véritablement nécessaire à son existence ; éthique qu'exprime cette prière d'un sage : « ne me donne ni pauvreté, ni richesse ; accorde-moi le pain qui m'est nécessaire » (Pr 30,8). Les marqueurs identitaires spécifiques à Israël ont ainsi une fonction analogue aux interdits de la charte. Ils signifient que la liberté des humains ne saurait être totale, qu'elle a besoin d'être encadrée par des règles, car une liberté illimitée laisserait libre cours à la pulsion de puissance inhérente à la nature humaine, pulsion qui s'était manifestée dès l'origine même de l'humanité par la volonté du couple originel d'être semblable à Dieu (Gn 3,1-6), et à la violence de la rivalité mortifère qu'illustre l'histoire de Caïn et d'Abel (Gn 4,1-8). Elle rendrait impossible toute vie sociale et conduirait inévitablement à l'autodestruction.

La mise en place des marqueurs identitaires a été un succès, comme l'attestent, bien des siècles après, de nombreux témoignages. Plusieurs des écrits intertestamentaires, composés pour la plupart entre le IIe s. avant notre ère et le Ier s. de notre ère mais qui ne sont pas entrés dans le canon, y font fréquemment référence. Des interdits alimentaires, ils ont surtout retenu celui de manger le sang. Cité notamment dans le *Rouleau du Temple*[42] ou encore dans le *Livre des Antiquités bibliques* (3,11), cet interdit est longuement commenté dans le livre des *Jubilés*[43] qui l'associe à l'interdiction de répandre le sang humain. Par contre, les auteurs de ces écrits se sont, moins intéressés à la question des animaux interdits à la consommation ; seuls le *Rouleau du Temple* (48,1-7) et l'*Écrit de Damas* (12,11-15) se sont préoccupés d'en donner la liste, laquelle, au demeurant, se limite aux oiseaux, poissons et insectes. Pour

42 *Rouleau du Temple* 52,11-12 ; 53,5-7 ; *cf. Écrit de Damas* 3,6.

43 Ainsi *Jub* 6,5-14, qui commence par une paraphrase de Gn 9,1-7 ; *Jub* 7,28-33.

ce qui est de la circoncision, son institution comme signe de l'alliance et de l'appartenance du peuple d'Israël à Dieu est rappelée dans le livre des *Jubilés* (15,1-32) qui, après avoir paraphrasé Gn 17, en fait un commentaire détaillé. Selon l'auteur de ce livre (*Jub* 15,27), ce signe que doivent porter les Israélites l'est aussi par deux grandes classes d'anges, lesquels ont été créés circoncis. Elle sera désormais la marque de l'appartenance au Judaïsme et sera imposée en tant que telle à tous ceux qui s'y convertiront (voir Jdt 14,16). En ce qui concerne le sabbat, outre les passages déjà cités de *Jub* 2,17-33 ; 50,6-13 et de l'*Écrit de Damas* 10,14-11,18 qui détaillent ce qu'il est interdit de faire ce jour-là, le livre des *Jubilés* précisera qu'il est célébré avec Dieu par les anges, rappellera qu'il est lié à la mise à part d'Israël et assurera à celui qui observe le repos sabbatique qu'il sera béni comme le sont les anges (*Jub* 2,18-21.28). Il n'est pas indifférent que le livre des *Jubilés* se conclue par le rappel de l'obligation d'observer le sabbat en l'associant à une menace de mort pour le contrevenant : son auteur manifeste par là l'importance capitale qu'il attribue à ce tabou (*Jub* 50,6-13) !

Ce sont surtout les persécutions qui révèleront le profond attachement à ces marqueurs identitaires. L'expérience de la persécution religieuse est un phénomène tout à fait nouveau pour les Israélites. À l'époque de la monarchie, les seules persécutions subies ont été, sous l'influence de sa femme phénicienne, Jézabel, le fait du roi d'Israël Akhab (875-853) et ont eu pour cible exclusive les prophètes de Yhwh (voir 1 R 19,10.14). Plus tard, en 410, le temple de la colonie juive d'Éléphantine, en haute Égypte, sera saccagé à l'instigation du gouverneur égyptien. Mais ce ne sont là que des cas très isolés. Par contre, la situation, changera du tout au tout au IIe s. avant notre ère. S'en font l'écho les récits fictifs des livres d'Esther et de Daniel. Le livre d'Esther prétend décrire des événements censés s'être déroulés sous le règne du roi perse Xerxès Ier (486-464). Il raconte comment, incité par son favori, Xerxès aurait promulgué un décret ordonnant l'extermination, le même jour, de tous les Juifs de l'empire perse, « du jeune garçon au vieillard, des enfants comme des femmes » et le pillage de leurs biens (Est 3) : un pogrome que seule l'intervention de la reine Esther aurait permis d'éviter (Est 7-9). Cette fiction servira de récit étiologique de la fête juive de Pourim. Le troisième livre des Maccabées, composé vraisemblablement au Ier siècle avant notre ère, imaginera un autre génocide, situé cette fois-ci en Égypte, mais qui, comme dans le livre d'Esther, n'aboutit pas, grâce à l'intervention de Dieu. De son côté, le livre de Daniel décrit les persécutions dont Daniel et ses compagnons d'exil sont supposés avoir été l'objet de la part du roi babylonien Nebukadnetsar (604-562) et du roi perse Darius (522-486). Il raconte comment les compagnons de Daniel ont été jetés dans une fournaise pour avoir refusé de se prosterner devant la statue du roi Nebukadnetsar, mais, par miracle, en sont ressortis vivants, amenant ainsi le roi à confesser la supériorité de leur Dieu sur tous les autres (Da 3). Quant à Daniel, selon l'auteur du livre, il aurait été précipité dans une fosse aux lions parce qu'il avait adressé des prières à Dieu alors que le roi Darius avait expressément interdit de prier tout autre que lui-même. Lui aussi aurait été miraculeusement épargné, prodige aussitôt salué par Darius qui aurait alors proclamé solennellement que le Dieu de Daniel est « le Dieu vivant. Il subsiste à jamais. Son royaume ne sera jamais détruit et sa domination durera jusqu'à la fin. C'est lui qui sauve et qui délivre, qui opère des signes et des prodiges dans les cieux et sur la terre » (Da 6).

Ces fictions reflètent les persécutions, bien réelles celles-là, qu'ont eu à subir les Juifs de Judée sous le règne du roi séleucide Antiochos IV dit Épiphane, l'Illustre (175-164). Ce roi, qui descendait d'un des généraux entre lesquels Alexandre le Grand avait partagé son empire, avait promu une politique d'hellénisation qui impliquait la répression, ou du moins la dépréciation de tout ce qui était juif. Il y était d'ailleurs encouragé, il faut bien le reconnaître, par l'élite juive elle-même, y compris le grand-prêtre, qui se montrait particulièrement soucieuse de se calquer sur les autres nations, singulièrement sur la puissance dominante, et d'effacer tout ce qui pouvait les en distinguer : éternel désir mimétique de tous les zélés collaborateurs, qu'avait déjà dénoncé en son temps le prophète Ézéchiel (Ez 20,32) ! Selon le témoignage du premier livre des Maccabées, ces collaborateurs s'étaient adressés au roi pour obtenir l'autorisation de construire un gymnase – institution grecque par excellence – à Jérusalem afin de pouvoir s'y livrer, eux-aussi, à la culture du corps. Pour éviter de se faire remarquer en manifestant physiquement leur altérité, ils étaient allés jusqu'à se faire refaire le prépuce ; comme le souligne l'auteur de ce passage, ils avaient ainsi renié l'alliance, dont la circoncision était le signe (1 M 1,10-15 ; 2 M 4,7-20 et *cf. Jubilés* 15,33-34) ! Ce qui, toutefois, allait mettre le feu aux poudres, était la politique antijuive d'Antiochos IV : pillage du Temple, duplicité d'un de ses généraux pour lui permettre de prendre Jérusalem, la ravager et la piller, ordre donné par le roi – phantasme récurrent de tous les dictateurs – de ne « former tous qu'un seul peuple et de renoncer chacun à ses coutumes », édification sur l'autel de l'holocauste, ainsi que dans toutes les villes, d'un autel au Zeus Olympien – ce que l'on qualifiera d'« Abomination de la désolation » – et obligation d'y sacrifier et de participer aux fêtes païennes, éradication de tous les marqueurs identitaires (1 M 1-2 ; 2 M 6,1-11). Sera ainsi interdite, sous peine de mort, la célébration du sabbat et des autres fêtes (1 M 1,45 ; 2 M 6,6.11). Seront brûlés les livres de la Loi et mis à mort ceux qui en possédaient (1 M 1,56-58), ainsi que les femmes qui avaient fait circoncire leurs garçons[44]. Peu importe ici l'objectif politique effectivement poursuivi par le roi et l'importance véritable de la répression religieuse : quelle que soit la part d'exagération dans la description, toujours est-il que les Juifs pieux ont vu, avec raison, dans ces mesures une atteinte à leur identité, une persécution religieuse. Si, comme le constate notre auteur, beaucoup de Juifs se conformeront à ces directives (1 M 1,43.52), d'autres, à l'inverse, sous la conduite du prêtre Mattathias et de son fils Juda, surnommé Maccabée, le Marteau, entreront en résistance et les combattront. C'est là l'origine des guerres maccabéennes. Cette résistance s'exprimera aussi à travers un repli sur les marqueurs différenciateurs et l'affirmation identitaire dont ils sont le support. On voit ainsi des Juifs assiégés un jour de sabbat refusant, dans un premier temps, de se défendre et préférant mourir plutôt que de profaner ce jour (1 M 2,29-38 ; 2 M 5,25 ; 6,11) – en *Jubilés* 50,12, il était expressément défendu d'y faire la guerre – avant de prendre une disposition autorisant la légitime défense (1 M 2,39-41). Les mêmes s'en prendront aux Juifs qui avaient abandonné leur foi : ils parcourront tout le territoire pour détruire les autels qu'avait fait ériger Antiochos et circonciront de force ceux qui ne l'avaient pas été (1 M 2,42-48), ce qui indique, entre parenthèse, qu'à cette époque les Juifs ne pratiquaient plus systématiquement la circoncision. Le deuxième livre des Maccabées montre l'importance qu'ont pris les interdits alimentaires. On y voit un docteur de la Loi, Éléazar, sommé de manger de la viande de porc – devenue entre temps l'interdit alimentaire par excellence – ou seulement

44 1 M 1,60-61 ; 2 M 6,10 ; 4 M 4,25 et *cf. Testament de Moïse* 8,1-3.

de feindre en manger, préférer le supplice et la mort plutôt que de se plier à cette injonction. Cet exemple sera suivi par sept frères qui, à tour de rôle, et malgré les terribles tortures qui leur sont infligées, refuseront de manger de cette viande et proclameront leur foi (2 M 6,18-7,42). Ces deux épisodes seront longuement exposés dans le quatrième livre des Maccabées. Pour ces martyrs, la transgression de cet interdit alimentaire a une portée générale : il symbolise la transgression de la Loi divine.

Ces réactions le montrent clairement, les marqueurs identitaires ne relèvent pas simplement de la coutume. On ne subit pas le martyre uniquement pour défendre des pratiques qui seraient seulement traditionnelles. Ces marqueurs ne servent pas seulement à différencier et à affirmer une identité culturelle en des temps où, sous la pression d'une politique agressive d'hellénisation, le risque de dissolution est particulièrement grand. Ces marqueurs, et singulièrement la circoncision – devenue le signe par excellence de l'alliance –, touchent au cœur même de la foi. Ils sont l'expression même de cette foi. Loin d'entraîner leur abandon, les persécutions, comprises par ceux-là même qui les ont subies comme un instrument de la pédagogie divine (2 M 6,12-16), conduiront bien plutôt à l'affermissement des marqueurs identitaires.

Si le témoignage des livres des Maccabées permet de mesurer toute l'importance de ces marqueurs pour le renforcement de l'identité des Juifs de Judée, on ne sait rien, par contre, de ce qu'était réellement leur poids dans la diaspora, même s'il paraît vraisemblable que, du fait même qu'ils permettaient à ces communautés isolées de conserver leur identité, leur rôle n'y était pas moindre. Toujours est-il que des communautés juives ont non seulement subsisté dans la diaspora, mais qu'elles s'y sont développées et ont fini par s'établir, au fil des siècles, dans tout le Proche-Orient et dans tout le pourtour du bassin méditerranéen. Et, comme en témoignent les écrits d'auteurs grecs et latins, c'est à travers ces marqueurs que les non-Juifs ont perçu ce qu'étaient les caractéristiques distinctives des Juifs. Leur pérennité à travers les siècles est illustrée par la description des Juifs qu'au IIe s. de notre ère, donne le poète latin Juvénal : « Celui-ci a eu, par hasard, pour père, un observateur du sabbat : il n'adorera que les nuages et la divinité du ciel ; il ne fera aucune différence entre la chair humaine et celle du porc, dont s'est abstenu son père ; bientôt même il se fait circoncire. Élevé dans le mépris des lois romaines, il n'apprend, n'observe, ne révère que la loi judaïque, tout ce que Moïse a transmis à ses adeptes dans un volume mystérieux [...] Et tout cela parce que son père passa dans l'inaction chaque septième jour, sans prendre aucune part aux devoirs de la vie[45] ». Interdits alimentaires, circoncision, observance du sabbat, Loi comme unique norme : on retrouve là quasiment tous les marqueurs identitaires élaborés plus d'un demi-millénaire auparavant par les auteurs sacerdotaux. Des marqueurs qui, comme le souligne la *Lettre d'Aristée*, écrit apologétique composé à Alexandrie au IIe s. avant notre ère, forment autour d'Israël une palissade et un mur d'airain qui l'empêchent de se mêler aux autres peuples et le préservent de leur influence négative (*Lettre d'Aristée* 139.142).

CONCLUSION

Bâtissant sur les acquis de la stratégie identitaire élaborés dans les phases antérieures, les auteurs sacerdotaux ont su parfaitement s'adapter à la nouvelle situation issue de la catastrophe de -587, celle d'un peuple désormais largement dispersé au milieu d'autres peuples, dont seule une partie réside dans son territoire historique, et sans disposer des institutions auxquelles il était habitué. À l'instar des prophètes, nos auteurs ne se sont pas complus dans la nostalgie d'un passé idéalisé : ils n'ont pas, comme on aurait pu l'imaginer, élaboré un roman national donnant du passé une vision glorieuse qui titillerait la fierté des Juifs et provoquerait un élan nationaliste. Ils ne se sont pas davantage enfermés dans l'autoflagellation et la commémoration des souffrances passées : ce ne sont pas eux qui sont à l'origine des jeûnes commémoratifs de la catastrophe de -587, évoqués en Za 7. Ils se sont délibérément tournés

45 Juvénal, *Satire*, XIV, 96-106, dans T. Reinach, *Textes d'auteurs grecs et romains relatifs au Judaïsme*, Paris, Leroux, 1895 (=Hildesheim, G. Olms, 1963, p. 292-293), où l'on trouvera également de multiples autres références à ces marqueurs identitaires. Voir aussi L. Ginzberg, *Les légendes des Juifs*, t. 6, Paris, Cerf / Institut A. de Rothschild, 2006, p. 159-162 (traduction de l'original anglais *The Legends of the Jews*, Philadelphia, Jewish Publication Society of America, 1959 par G. Sed-Rajna) pour une liste de clichés sur les Juifs mise par la tradition juive dans la bouche d'Aman qui, selon le livre d'Esther, aurait incité le roi perse à décréter l'extermination de tous les Juifs de son royaume.

vers le futur, élaborant une charte qui faisait du Temple, lieu de la présence de Yhwh, le centre de gravité des communautés juives et qui imposait une éthique individuelle, familiale et sociale destinée à la fois à favoriser leur cohésion et à marquer leur particularité.

À la différence des prophètes de salut, nos auteurs n'ont pas forgé des rêves de restauration du royaume davidique. Ils n'ont pas pour horizon le retour au passé, sous une forme idéalisée. Ce qu'ils veulent c'est, tout en prenant appui sur l'ancien, créer du nouveau. Ce sont des pragmatiques, préoccupés avant tout de mettre en place les institutions qui, dès à présent, permettent à leur communauté de continuer à exister. Pour eux, l'avenir de la communauté n'est pas lié à l'instauration d'une royauté idéale, il ne dépend que de Yhwh (Lv 26,3-13). Il est tout à fait significatif à cet égard que leur stratégie identitaire se fonde, non sur l'histoire nationale, mais essentiellement sur le mythe des origines, et principalement celui de la création de l'univers, sur la période patriarcale et sur le mythe fondateur de la sortie d'Égypte, une époque où les ancêtres d'Israël ne possédaient ni territoire, ni État, ni roi. Cette stratégie leur permettait aussi d'inscrire l'identité juive dans une perspective universelle et de rendre leur projet indépendant d'une structure étatique.

Ainsi, la rédaction d'un nouveau récit de la création, en prélude au récit plus ancien de Gn 2, permettait-il aux auteurs sacerdotaux notamment d'afficher des valeurs qu'ils estimaient universelles, et fondamentales pour la pérennité de toute société humaine[46]. En faisant du sabbat le marqueur principal, le signe de l'alliance que Yhwh avait spécifiquement conclue avec Israël, ils ont expressément fait le lien avec les origines même de l'univers dont ils ont chargé Israël de porter les valeurs. Leurs additions à l'histoire patriarcale leur ont notamment permis, par le biais des listes généalogiques, d'inscrire la préhistoire d'Israël dans le contexte plus large de l'histoire de l'humanité – selon les commentateurs, on ne trouve rien d'analogue ailleurs[47] – et, par le récit de l'alliance de la circoncision, d'associer plus étroitement à Israël des peuples voisins. Les abondants développements apportés, notamment,

46 Selon Levenson, « The Universal Horizon », *op. cit.*, p. 146, l'universalisme de la version sacerdotale du mythe de la création se traduit aussi par le fait que, à la différence de celui de Gn 2 et d'autres mythes proche-orientaux, aucun lieu n'y est singularisé.

47 Ainsi F. Crüsemann, « Human Solidarity and Ethnic Identity : Israel's Self-definition in the Genealogical System of Genesis », dans Brett, *Ethnicity*, *op. cit.*, p. 57-76 (voir p. 63) où l'on trouvera une étude systématique de ces généalogies.

aux anciens récits de l'alliance du Sinaï leur ont permis de compléter la législation plus ancienne, sur le plan éthique et, davantage encore, sur celui des institutions cultuelles, de manière à fédérer l'ensemble des Juifs autour d'un même centre de gravité et de leur donner les mêmes normes de conduite.

Par le biais de plusieurs marqueurs identitaires, ils ont inculqué et rappelé ces valeurs aux Juifs, où qu'ils se trouvent, et leur ont légué ces soutiens nécessaires à l'entretien de leur foi et à l'expression de leur différence, à forger leur unité. « C'est la pratique qui fait l'unité du peuple juif » écrivait Emmanuel Lévinas[48]. L'identité juive, telle que l'ont conçue les auteurs sacerdotaux, n'est pas fondée sur une histoire commune, celle par exemple du temps de la monarchie, dont les derniers soubresauts sont encore dans leur mémoire et dans celle de ceux auxquels ils s'adressent : elle l'est sur le mythe, sur le mythe des origines de l'univers, pour ce qui est de sa dimension universaliste, et sur ce que Jan Assmann a appelé la « mémoire culturelle », pour ce qui est de sa dimension particulariste[49]. Mémoire culturelle certes largement fantasmée, qui échappe à l'investigation historique, mais qui recèle une formidable dynamique d'espérance à travers l'évocation, à chaque printemps, de la libération originelle de l'oppression égyptienne, point de départ d'une marche vers la liberté et l'indépendance. À cet égard, il est symptomatique que nos auteurs n'ont institué aucune fête rappelant le don de la Loi au Sinaï – ce n'est que plus tard que la fête de Pentecôte en rappellera le souvenir (voir 2 C 15,10-15 ; *Livre des Antiquités bibliques* 23). Seul est rappelé l'exode à travers le rite pascal (Ex 12,1-20). Non par suite d'un prétendu conservatisme cultuel, mais à cause de cette dimension d'espérance qui, seule, permet de se projeter dans l'avenir. Non parce que la Loi n'aurait qu'une importance secondaire – bien au contraire, elle constitue la charte de la communauté juive – mais parce que la Loi n'est qu'un moyen, non le but.

Il convient de souligner un dernier point. Nos auteurs n'ont pas fondé l'identité juive sur des liens de sang, sinon sur ceux qui rattachent

48 E. Lévinas, *L'Au-delà du verse. Lectures et discours talmudiques*, Paris, éd. de Minuit, 1982, p. 170.

49 J. Assmann, *La mémoire culturelle. Écriture, souvenir et imaginaire politique dans les civilisations antiques*, Paris, Aubier, 2010 (traduit de l'allemand, *Das kulturelle Gedächtnis. Schrift, Erinnerung und politische Identität in frühen Hochkulturen*, München, C. H. Beck, 2002, par D. Meur). Pour les caractéristiques de la « mémoire culturelle », voir p. 51.

les Juifs à l'humanité toute entière. Significativement, ils ont complété en ce sens les sources anciennes par des généalogies d'autres peuples. Certes ils s'adressent à un groupe qui se rattache à un même ancêtre éponyme, Jacob/Israël – ils sont tous « fils d'Israël » – et qui se répartit en autant de tribus que celui-ci avait de fils ; mais cette identité-là n'est pas définitive, car nombreux sont les cas où elle peut être mise en cause et où l'exclusion du peuple peut être prononcée[50]. L'identité biologique de « fils d'Israël » est, certes, acquise, mais l'identité juive ne l'est pas. On devient juif en se soumettant aux exigences de la Tora. On cesse de l'être lorsqu'on ne se plie plus à ces exigences et, en particulier, lorsqu'on rejette les marqueurs qui manifestent cette identité. Dans la perspective des auteurs sacerdotaux, l'identité juive est une identité construite, entretenue quotidiennement par un certain nombre de gestes qui évoquent le mythe fondateur, rappellent les exigences divines, soulignent la mise à part et la vocation spécifique d'Israël, et relient à un centre, Jérusalem, le lieu où Yhwh est présent sur terre.

Porté par une espérance, conscient d'être investi d'une mission, rattaché à un pôle central, renforcé dans son identité et sa cohésion par une série de marqueurs et la célébration, année après année, du rituel fondateur de la Pâque, le Judaïsme, tel que l'ont élaboré nos auteurs, traversera les siècles, résistant à la fois à la douce tentation de l'assimilation et à la dure pression des persécutions. Dispersés parmi les nations, les Juifs ne seront pourtant jamais véritablement apatrides : la Tora sera toujours pour eux leur « patrie portative », selon l'heureuse expression de Heinrich Heine[51].

---

50 Ainsi Gn 17,14 ; Ex 12,15.19 ; 30,33.38 ; 31,14 ; Lv 7,20.21.25.27 ; 17,4.9.10.14 ; 18,29 ; 19,8 ; 20,3.5.6.17.18 ; 22,3 ; 23,29 ; Nb 9,13 ; 15,30.31 ; 19,13.20.

51 « Portatives Vaterland » (= p. 145 dans Heinrich Heine, *Memoiren und Geständnisse*, Düsseldorf-Zürich, Artemis & Winkler, 1997)..

CONCLUSION

L'historien familier des romans nationaux ne peut que s'étonner de la manière dont l'Israël antique considère son histoire. Car lorsque ses « historiens », ses théologiens, racontent le passé, ce n'est jamais pour le glorifier et s'en enorgueillir ou pour servir de modèle au présent. Loin de l'enjoliver, ils en soulignent bien plutôt les faces sombres, les défaillances et les échecs. Et les panégyriques y sont rares, nos auteurs ne manquant pas, bien au contraire, de relever les faiblesses de ses héros et leur côté très humain. C'est là véritablement une caractéristique très distinctive de leur historiographie[1].

Quand ils narrent la préhistoire d'Israël, ils insistent surtout sur la situation précaire de ses ancêtres. Ils les présentent comme sillonnant un pays où ils sont étrangers, allant de pâturage en pâturage, vivant dans leurs tentes en marge des cités, entrant parfois en conflit avec ses habitants et obligés de fuir (Gn 34). « Ce sont des métèques que l'on tolère » écrivait Max Weber[2]. Ils les montrent menacés maintes fois par la famine, contraints à se réfugier chez les peuples limitrophes, livrés à l'arbitraire de leurs rois (Gn 12 ; 20), suscitant la jalousie là où ils prospèrent (Gn 26 ; 31 ; Ex 1) ; au point que l'un d'entre eux tentera de les réduire en les exploitant et en les opprimant, et même de les éliminer (Ex 1). Ils ne dissimulent pas les dissensions à l'intérieur de leurs clans, les querelles entre les bergers d'Abraham et ceux de son neveu Lot – ce qui les oblige à se séparer (Gn 13) –, la haine d'Ésaü envers son frère Jacob, contraint de s'enfuir (Gn 27), la malveillance du beau-père de Jacob envers son gendre, malveillance qui l'incite à le

1 *Cf.* le constat fait par E. Hobsbawn : « L'histoire ne nous offre presque que des exemples de sociétés et de communautés pour qui le passé est essentiellement ce sur quoi se modèle le présent », dans E. Hobsbawn, T. Ranger (éd.), *L'invention de la tradition*, Paris, éd. Amsterdam, 2012, p. 11 (= traduction par C. Vivier de *The Invention of Tradition*, Cambridge, University Press, 1983).

2 Max Weber, *Le judaïsme antique*, Paris, Plon, 1970, p. 84 (= traduction par Freddy Raphaël de *Gesammelte Aufsätze zur Religionssoziologie*, III, Tübingen, Mohr, 1920, p. 58).

quitter (Gn 31). Pour exprimer de manière concrète, corporelle, cette précarité, ils insistent sur la stérilité initiale de chacune des matriarches, à commencer par Sara, la femme d'Abraham, dont il est fait mention dans pas moins de cinq chapitres[3], de Rébecca, la femme d'Isaac (Gn 25,21), de Rachel, la deuxième femme de Jacob (Gn 29,31). L'image qu'ils donnent de l'époque patriarcale est ainsi celle d'une époque où la pérennité du groupe était loin d'être assurée, où le groupe était sur le point de périr (Dt 26,5), mais qui restait animé par l'espérance de la possession en propre d'un territoire et d'une descendance nombreuse, de manière à devenir un peuple fort, comme Yhwh le lui avait promis[4]. Celui que l'apôtre Paul qualifiera de « père de tous les croyants » (Rm 4,11), ils l'ont décrit comme un personnage sans scrupule n'hésitant pas à sacrifier sa femme afin de ne pas être inquiété par Pharaon et de bénéficier de ses bienfaits (Gn 12,11-13). Jacob, lui, l'ancêtre d'Israël, est présenté comme quelqu'un de perfide, faisant usage de stratagèmes pour arracher à Ésaü, son frère jumeau, le droit d'aînesse (Gn 25,29-34), et à son père, la bénédiction qu'il destinait à l'autre (Gn 27).

Lorsqu'ils retracent l'histoire d'Israël, ils la décrivent comme une succession d'échecs. Leurs ancêtres ont échoué à prendre le contrôle de la totalité du territoire (Jg 1). Après la mort de Josué, ils ont été à maintes reprises réduits à l'état de vassalité (Jg). Ils se sont entredéchirés (Jg 20). Le roi David a eu à faire face à un coup d'État (2 S 15-19) et à une tentative de schisme (2 S 20), démontrant ainsi son incapacité à fédérer réellement les différentes composantes de son royaume. Son fils, Salomon, eut à affronter l'hostilité des royaumes d'Aram et d'Édom qui cherchaient à retrouver leur indépendance (1 R 11). À sa mort, son royaume s'est brisé, faisant place à deux entités indépendantes (1 R 12), dont l'une, le royaume d'Israël, fut rayée de la carte deux siècles plus tard, tandis que l'autre, le royaume de Juda, le fut un siècle et demi après. À maintes reprises, leur territoire fut envahi et leur capitale assiégée : Jérusalem, au sud, le fut quelques années après la mort de Salomon, sous le règne de Roboam (1 R 14), puis, plus tard, sous celui d'Ézékias (2 R 18-19) et encore sous celui de Yoyakîn et de Sédécias, où la ville fut prise et pillée (2 R 24-25) ; Samarie, au nord, le fut sous le règne de Yoram avant de succomber sous celui d'Osée (2 R 17). Plus d'une fois ces deux

---

3 Gn 11 ; 15 ; 16 ; 17 ; 18.

4 Gn 12,2.7 ; 13,14-16 ; 15,4-5.18-21 ; 17,6-8 ; 22,17 ; 28,3-4.13-14 ; 35,11-12.

royaumes furent assujettis : le royaume d'Israël le fut sous Osée (2 R 17), celui de Juda, probablement sous le règne d'Akhaz (*cf.* 2 R 16) et quasiment tout le temps des vingt dernières années de son existence (2 R 23-25). Si l'on excepte les règnes de David et de Salomon, Israélites et Judéens ont plus souvent été vaincus que vainqueurs ! Le passé, tel que le dépeignent ces auteurs est bien loin d'être glorieux. Peut-être en donne-t-on une image plus éclatante dans le livre des guerres de Yhwh mentionné en Nb 21,14. Mais celui-ci n'a pas été conservé, et seul nous a été transmis le récit que font de l'histoire d'Israël les livres de Josué, Juges, Samuel et Rois. Dans cette histoire ne figurent pas davantage des personnages exemplaires : à l'une ou l'autre exception (ainsi Josué), ses rares héros finissent mal. Le fringant guerrier qu'avait été David dans sa jeunesse n'est plus, dans les dernières années de sa vie, qu'un vieillard pitoyable – on nous le présente comme parfaitement insensible aux charmes d'une jeune fille qu'on avait étendue à ses côtés –, jouet des intrigues de sa femme et de son prophète et animé, à l'approche de sa mort, d'une soif de vengeance jusqu'alors réfrénée (1 R 1-2). Dans sa vieillesse, Salomon, le constructeur de Temple, succombera à ses nombreuses femmes étrangères qui l'entraînent à construire des temples pour leurs dieux et à leur sacrifier (1 R 11). S'il y eut quelques rares rois à être considérés comme agissant selon la volonté de Yhwh, nos auteurs n'en font pas pour autant des modèles sans failles.

Lorsque ses théologiens composent le mythe fondateur qui relate la libération de l'oppression égyptienne, ils ne décrivent pas la sortie d'Égypte et la marche vers la Terre promise comme une marche triomphale, mais comme une longue – quarante années – et pénible traversée du désert au cours de laquelle le peuple a connu la faim et la soif[5], le découragement (Nb 14), les dissensions (Nb 16), les rebuffades (Nb 20), les attaques d'autres groupes (Ex 17 ; Nb 21 ; 31). Ils n'idéalisent pas davantage Moïse et Aaron, ses conducteurs. De Moïse, ils n'hésitent pas à rappeler ses résistances à la mission que Yhwh lui avait donnée (Ex 4,1-17) et ses récriminations (Nb 11,10-15). Et Aaron reste pour eux associé définitivement à l'épisode du « veau d'or » (Ex 32,1-6).

Quand l'Israël antique écrit son histoire, ce n'est pas dans un but apologétique. Jamais nos auteurs ne glorifient le passé ni ne le décrivent

5 Ex 15-17 ; Nb 11 ; 20,2-11 ; 21,16-18.

comme un âge d'or, comme une référence pour le présent. Jamais ils ne se lancent dans un panégyrique. Leur exposé de l'histoire d'Israël, qui ne masque ni les faiblesses de ses héros ni les échecs récurrents, est pourtant, en définitive, facteur d'optimisme car il montre qu'en dépit de toutes les catastrophes qui se sont abattues sur lui, Israël subsiste. Et s'il subsiste, c'est parce que le destin d'Israël ne dépend pas de la seule capacité de ses dirigeants ni même du comportement du peuple : Israël subsiste parce que Dieu a un projet pour lui.

Ce n'est que vers la fin de l'époque perse que les auteurs du livre des Chroniques et ceux des ajouts rédactionnels au récit du règne de Salomon dans le livre des Rois donneront de cette histoire une vision idéalisée. Une « histoire sainte », centrée sur le royaume de Juda considéré comme l'Israël seul véritable, mais grandement imaginaire, où les rois sont presque tous des « saints », principalement préoccupés de la bonne organisation du culte, et où certains de ceux qui ne le sont pas finissent par se convertir (ainsi 2 C 33). Et c'est uniquement dans les derniers siècles qui précèdent notre ère, à l'époque hellénistique, qu'apparaît le besoin de se créer des héros et que l'on fera l'éloge des Pères (Si 44-49 ; voir aussi 1 M 2,51-61), tandis que l'on en inventera d'autres, présentés comme des modèles de piété : ainsi Daniel, Tobit, ou encore Judith qui, comme aussi Esther, sera décrite comme sauveur de son peuple ; revanche littéraire des dominés sur les dominants…

Nos auteurs n'ont pas davantage cherché à expliquer les éternels échecs qui ont marqué son histoire par la faute des autres, en invoquant la supériorité de leurs ennemis, qui auraient été mieux armés, mieux entraînés, plus puissants – ce qui pourtant était le cas. Ils n'ont pas davantage invoqué la malchance. Et ils n'ont pas pu invoquer l'intervention du diable, qui n'avait pas encore été inventé à cette époque ! Ils ne se sont pas retranchés dans une position victimaire. Les causes de ces échecs, ils les ont cherchées à l'intérieur, dans le comportement de leurs rois, leur manque de discernement, leur politique sociale et, surtout, leur attitude religieuse, sans en faire pour autant les boucs émissaires qui exonéreraient le peuple de ses propres responsabilités. Ils ont, bien au contraire, constamment dénoncé la versatilité de ce peuple « à la nuque raide » qui refusait de se soumettre à Dieu. À peine sorti d'Égypte, celui-ci, oubliant l'oppression qu'il y avait subie, se mettait à en regretter « les pots de viande », l'abondance et la variété de la nourriture[6]. À peine venait-il de s'engager à se conformer aux instructions divines (Ex 24), parmi lesquelles l'interdiction de toute image de la divinité, qu'il se fit faire un « veau d'or » (Ex 32). À peine était-il arrivé au pays de Canaan qu'il « fit le mal aux yeux de Yhwh et rendit un culte aux Baals », les divinités du pays (Jg 2,11). Tout au long de la période précédant l'instauration de la monarchie les Israélites ont alterné obéissance à Yhwh et adoration des divinités cananéennes (Jg 2,11-23). Plus tard, le prophète Élie accusera ceux du royaume du Nord d'adorer à la fois Yhwh et Baal (1 R 18,21) et il se plaindra de ce qu'ils ont abandonné Yhwh (1 R 19,10). Dans la longue évocation de l'histoire d'Israël qu'il prononce dans le cadre d'un rituel pénitentiel, Néhémie rappelle les nombreuses interventions de Yhwh en sa faveur, son infinie compassion pour son peuple, sa remarquable patience qui contrastent avec les incessantes rebellions de ce même peuple (Ne 9). Ce que font aussi les rappels historiques des Ps 78 et 106.

Le roman national a pris, en Israël, une forme élégiaque.

C'est que nos auteurs, à la suite du Yahwiste, sont sans illusions sur la nature humaine minée par le désir et dominée par la volonté de puissance. Déjà, au jardin d'Éden, le couple originel avait désiré être semblable à Dieu et, dans ce but, transgressé l'unique interdit que Dieu lui avait imposé (Gn 3). Malgré l'avertissement que lui avait adressé Dieu, Caïn, aveuglé par le désir mimétique, avait tué son frère Abel (Gn 4), mettant ainsi en branle un déferlement de violence tel, qu'il conduira Dieu à détruire toute vie sur terre (Gn 6,5-13). Et les descendants de Noé – lui seul est rescapé du déluge avec sa famille – uniront leurs forces pour construire une tour dont le sommet devait atteindre le ciel, manifestant par là-même leur orgueil et leur volonté de puissance (Gn 11). Pour les auteurs du mythe originel, il n'y a jamais eu de paradis. Mais ils constatent aussi que l'infraction du couple originel en a fait, puisqu'ils ont été expulsés du jardin d'Éden et qu'ils ont alors engendré, l'ancêtre de l'humanité ; que, suite à son bannissement, Caïn est devenu un héros civilisateur (Gn 4,17-22) ; que le déluge a débouché sur la levée de la malédiction que Yhwh avait prononcée sur la terre (Gn 8,21-22) et sur la conclusion d'une alliance avec l'ensemble des êtres vivants (Gn 9) ; que la démesure des descendants de Noé a conduit au peuplement de la terre (Gn 11), amenant ainsi à son point d'achèvement

6 Ex 16,2-3 ; Nb 11,4-6 ; 20,2-6.

une aventure commencée avec l'expulsion du jardin. Ils témoignent par là de leur conviction que le châtiment infligé par Yhwh ne marque pas une fin mais qu'il est, en fait, l'occasion de rebondir vers quelque chose de nouveau et même de meilleur.

Israël a survécu. Son territoire a été dévasté, sa capitale a été pillée et incendiée, son Temple a été vidé de ses trésors et réduit en ruines, son royaume a été rayé de la carte, sa population s'est atomisée et dispersée dans tout le Proche-Orient. En dépit de tout, Israël a subsisté.

C'est que, plutôt que de se lamenter sur leur sort ou de sombrer dans le fatalisme, des théologiens liés au Temple ont engagé une reflexion pour comprendre les raisons de cette catastrophe. Ils l'ont fait, non en se focalisant sur l'événement lui-même, mais en remontant jusqu'à l'installation des tribus dans leur territoire et en tentant de dégager une constante qui pourrait servir de clé d'interprétation. Cette constante, ils l'ont trouvée dans une attirance invétérée pour les cultes cananéens pratiqués par les populations autochtones – ce qui d'ailleurs, soit dit en passant, a fait regretter qu'on ne les ait pas exterminées toutes (Dt 20,16-18). C'est pourquoi ils ont jugé les rois de Juda et d'Israël sur leur politique de centralisation du culte visant à faire de Jérusalem l'unique lieu de sacrifice. Cette politique aurait permis à la fois de mieux combattre les cultes déviants et d'exercer un contrôle sur le bon déroulement du culte rendu à Yhwh. Cette clé d'interprétation permettra, dans l'immédiat, de sortir des explications immanentes et de faire du dieu national le seul et véritable acteur, celui qui châtie l'idolâtrie de son peuple et qui, pour ce faire, utilise les autres nations. Si bien que ces multiples catastrophes, bien loin de signifier l'échec du dieu national face à des divinités étrangères plus puissantes que lui, manifestaient tout au contraire sa souveraineté sur ces autres nations et leurs dieux. Elles contribuaient, en définitive, à générer, ou du moins à renforcer la conviction que Yhwh était bien le maitre de l'histoire.

De leur côté, des prophètes s'étaient employés à convaincre leurs auditeurs ou lecteurs que les événements tragiques de -587 ne marquaient pas la fin de la relation entre Yhwh et son peuple ; ils étaient, certes, l'aboutissement d'un enchaînement fatal, mais ils étaient aussi le point de départ d'une nouvelle relation. Détournant leurs contemporains d'une nostalgie mortifère, au demeurant guère appropriée, au vu du passé, ils ont mis l'accent sur la rupture et ont dirigé les regards vers les temps eschatologiques où ce qui, jusque là, était inaccompli s'accomplira. Que parfois les mêmes prophètes qui avaient annoncé la catastrophe se fassent, maintenant que leur prophétie s'est réalisée, les annonciateurs d'une ère nouvelle, donnait à leur message une crédibilité accrue. D'autant plus que, en continuité avec les théologiens qui avaient dégagé le sens de l'histoire, ils avaient tiré la conséquence ultime de leur conviction que Yhwh était à l'origine des catastrophes qui s'étaient abattues sur Israël : Yhwh n'était pas seulement le dieu national d'Israël, mais lui seul était véritablement Dieu, toutes les autres divinités considérées comme telles n'étant en réalité que de simples idoles fabriquées par les hommes, sans vie et sans pouvoir[7]. Par leur message d'espérance, seul capable de contrecarrer l'abattement et la résignation, les prophètes ajoutaient une pierre supplémentaire au processus de reconstruction. Car, sans espérance, il ne peut y avoir de mise en mouvement. Elle est l'indispensable moteur de toute action.

Ce que l'observateur notera aussi, c'est la capacité d'adaptation et d'innovation des élites intellectuelles qui, après la disparition du royaume de Juda, se sont chargées de la construction de la nouvelle forme prise par leur communauté.

Car donner une espérance ne suffisait pas. Il fallait aussi structurer les différentes communautés désormais dispersées, leur donner des repères, renforcer leur identité, les relier entre elles en les rattachant à un unique centre. C'est ce que feront d'autres théologiens, également liés au Temple, à la suite de ces prophètes annonciateurs du salut, mais aussi sous la pression de la situation nouvelle créée par l'édit de Cyrus qui, en autorisant le retour des exilés, avait soudainement rouvert l'horizon et rendu urgente l'organisation de la communauté jérusalémite. Tout en se rattachant à la tradition, ces théologiens ont largement innové, réinterprétant les anciennes traditions, introduisant de nouvelles valeurs et de nouveaux rites. Dans la mesure où ils estimaient que la destinée du peuple juif dépendait de la qualité de ses relations avec Yhwh, leur tâche prioritaire a sans doute été la réorganisation du culte. Conscients de la fragilité du lien du sanctuaire avec un territoire précis, et sans doute aussi pour éviter tout anachronisme – les instructions y afférent sont données au Sinaï –, ils l'ont conçu, à l'image des tentes royales perses, comme un sanctuaire mobile richement décoré et aménagé. Ils ont réglementé les anciens

7 Es 40,18-20 ; 41,21-24 ; 44,9-20 ; 46,5-7 ; Jr 10,1-5 ; voir aussi Ps 115,4-8.

sacrifices, en ont introduit de nouveaux ainsi que de nouvelles fêtes, en rapport avec l'exigence de sainteté qu'ils ont promue. À destination de l'ensemble des communautés juives, ils ont élaboré un nouveau projet de société fondé sur le respect des commandements divins et d'un certain nombre de valeurs, telle la solidarité. Ils ont repris, pour les compléter et leur donner une nouvelle orientation, les anciens textes, mythes des origines, narrations patriarcales, mythe fondateur. Ils ont renforcé et donné une signification nouvelle à d'anciennes coutumes pour en faire des marqueurs identitaires, de manière à traduire dans la vie quotidienne leurs conceptions théologiques, à clairement identifier les Juifs et à les différencier de ceux au milieu desquels ils vivaient, à renforcer enfin leur cohésion, afin de contrecarrer les risques d'assimilation. Parmi ces marqueurs, le sabbat, dont ils ont choisi de faire le marqueur le plus important, celui qui rappelait l'alliance que Yhwh avait spécifiquement conclue avec Israël et qui, en même temps, évoquait le Dieu créateur de l'univers tout entier, le Dieu dont tous les humains sans distinction étaient l'image ; marqueur qui, de plus, désignait les deux pôles autour desquels s'articule l'identité du Judaïsme postexilique tel qu'ils l'ont conçu, particularisme et universalisme ; deux pôles en tension, de sorte que le particularisme ne conduit pas à un repli sur soi et que l'universalisme n'entraîne pas une dissolution de l'identité. La contribution de ces théologiens sacerdotaux a été d'une importance majeure pour assurer la pérennité du Judaïsme. Ces théologiens n'ont pas attendu le salut d'un homme providentiel, fut-il un descendant de David. Mais, animés par leur foi en Yhwh et confiant en ses promesses (Lv 26,44-45), convaincus qu'un nouveau départ était possible, plutôt que de rêver à ce qui était auparavant et de ressasser le passé, ils se sont délibérément engagés dans la construction d'un Judaïsme sans royaume qui désormais dépassait très largement les limites étroites d'un territoire national ; ils faisaient ainsi preuve d'une impressionnante capacité d'adaptation et d'innovation.

Tous ces traits, décisifs pour l'identité, n'ont pas été inscrits seulement dans des livres. Ils l'ont été aussi dans le culte, et en particulier dans ces fêtes qui commémoraient le mythe fondateur. Ils l'ont également été dans le rythme du temps, dans le cadencement des sabbats. Ils l'ont surtout été dans la vie profane, où une série de marqueurs imprégnaient les consciences.

La stratégie identitaire engagée du temps de David et de Salomon a certes échoué, au regard du projet de constituer un royaume pérenne regroupant l'ensemble des douze tribus considérées comme israélites, royaume auquel seraient soumis les royaumes avoisinants. Les rêves de puissance et de domination se sont très vite effondrés. Mais cette stratégie n'en a pas moins permis de poser les fondements de l'identité juive qui, elle, contrairement au projet politique initial, a perduré à travers les siècles et a évité au peuple d'Israël de connaître le sort de tous les autres peuples du Proche-Orient ancien : disparaître purement et simplement. Cette pérennité du Judaïsme, en dépit des aléas de l'histoire, valide rétrospectivement la stratégie des théologiens du temps de David et de Salomon. Elle a été renforcée par d'autres théologiens qui, alors que tout semblait perdu, ont refusé ce qui semblait inéluctable et, plutôt que d'attendre le salut par la venue d'un homme providentiel, se sont attelés à la tâche de construire le Judaïsme. Ce ne sont pas ceux dont l'histoire a retenu le nom qui ont construit cet Israël pérenne – ceux-là, même les plus prestigieux, ont conduit le royaume à sa ruine –, mais ce sont ces théologiens restés définitivement anonymes. Les véritables hommes d'État, ceux dont la contribution a été déterminante, qui ont façonné le Judaïsme et lui ont permis de traverser les siècles, n'appartenaient pas au milieu politique et ne disposaient d'aucun pouvoir politique. Mais ils étaient portés par une institution qui a su se rendre autonome par rapport au politique et a fini par devenir l'unique pôle de stabilité, ancrés dans des convictions qui leur permettaient de se projeter au-delà des contingences du moment et animés par une formidable foi en l'avenir qui leur apportait la confiance nécessaire pour avancer. C'est ce fort ancrage idéologique qui leur a permis de s'ouvrir et de s'adapter, sans pour autant perdre leur identité.

BIBLIOGRAPHIE

ABEL, Félix-Marie, *Géographie de la Palestine.* 2 t. (Études bibliques), Paris, Gabalda, ^{3}1967.

AHN, John J., *Exile as Forced Migrations. A Sociological, Literary, and Theological Approach on the Displacement and Resettlement of the Southern Kingdom of Judah* (Beihefte zur Zeitschrift für die alttestamentliche Wissenschaft 417), Berlin-New York, W. de Gruyter, 2011.

ALBERTZ, Rainer, *Religionsgeschichte Israels in alttestamentlicher Zeit. 2. Vom Exil bis zu den Makkabäern* (Grundrisse zum Alten Testament 8/2), Göttingen, Vandenhoeck & Ruprecht, 1992.

ALBERTZ, Rainer, *Die Exilszeit : 6. Jahrhundert v. Chr.* (Biblische Enzyklopädie 7), Stuttgart, W. Kohlhammer, 2001 (trad. anglaise : *Israel in Exile : The History and Literature of the Sixth Century B.C.E.*, Studies in Biblical Literature 3, Atlanta, Society of Biblical Studies, 2003, trad. D. Green).

ALBERTZ, Rainer, *Die Exilszeit. 6. Jahrhundert v. Chr.* (Biblische Enzyklopädie), Stuttgart, 2001.

ASSMANN, Jan, *La mémoire culturelle. Écriture, souvenir et imaginaire politique dans les civilisations antiques*, Paris, Aubier, 2010.

BALANDIER, Georges, *Anthropologie politique*, Paris, Presses Universitaires de France, ^{2}1969.

BARTH, Fredrik (éd.), *Ethnic Groups and Boundaries : The Social Organization of Culture Difference*, Long Grove, Waveland Press, 1998 (première édition Bergen, Universitetsforlaget, 1969).

BEAUCHAMP, Paul, *Création et séparation. Étude exégétique du chapitre premier de la Genèse*, Paris, Cerf, 2005 (1re éd. 1969).

BECKER, Jurek, *Jakob der Lügner*, Berlin (DDR), Aufbau Vlg., 1969 ; trad. fr. : *Jakob le menteur*, trad. C. Sebisch, Paris, Grasset, 1988.

BECKING, Bob, GRABBE, Lester L., *Between Evidence and Ideology* (Old Testament Studies 59), Leiden-Boston, Brill, 2011.

BELAYCHE, Nicole, MIMOUNI, Simon Claude (éd.), *Entre lignes de partage et territoires de passage. Les identités religieuses dans les mondes grec et romain…*, Paris-Louvain-Walpole, Peeters, 2009.

BERLEJUNG, Angelika (ed.), *Disaster and Relief Management – Katastrophen und ihre Bewältigung* (Forschungen zum Alten Testament 81), Tübingen, Mohr-Siebeck, 2012.

BLENKINSOPP, Joseph, *Une histoire de la prophétie en Israël. Depuis le temps de l'installation en Canaan jusqu'à la période hellénistique* (Lectio divina 152), Paris, Cerf, 1993.

BLOCH-SMITH, Elizabeth, « Israelite Ethnicity in Iron I : Archaeology preserves what is remembered and what is forgotten in Israel's history », *Journal of Biblical Literature*, vol. 122, 2003, p. 401-425.

BLUM, Erhard, « Solomon and the United Monarchy. Some Textual Evidence », dans R. G. Kratz, H. Spieckermann (ed.), *One God – One Cult – One Nation. Archaeological and Biblical Perspectives* (Beihefte zur Zeitschrift für die alttestamentliche Wissenschaft 405), Berlin-New York, W. de Gruyter, 2010, p. 59-78.

BONKAMP, Bernhard, *Die Bibel im Lichte der Keilschriftforschung*, Recklinghausen, G. W. Visarius, 1939.

BOTTÉRO, Jean, KRAMER, Samuel N., *Lorsque les dieux faisaient l'homme. Mythologie mésopotamienne* (Bibliothèque des histoires), Paris, Gallimard, 1989.

BOURDIEU, Pierre, *Esquisse d'une théorie de la pratique*, Paris, Seuil, 2000 (1re édition 1972).

BRAUDEL, Fernand, *L'identité de la France*, Paris, France Loisirs, 1995.

BRETT, Mark G. (ed.), *Ethnicity and the Bible* (Biblical Interpretation Series 19), Leiden-New York-Köln, E. J. Brill, 1996.

BRIANT, Pierre, *Histoire de l'empire perse. De Cyrus à Alexandre*, Paris, Fayard, 1996.

BRIEND, Jacques, « Sabbat », dans *Supplément au Dictionnaire de la Bible* 10 (1985), col. 1132-1170.

BRIEND, Jacques, SEUX, Marie-Joseph (éd.), *Textes du Proche-Orient ancien et histoire d'Israël*, Paris, Cerf, 1977.

BUSINK, Theodor A., *Der Tempel von Jerusalem von Salomo bis Herodus. Eine archäologisch – historische Studie unter Berücksichtigung des westsemitischen Tempelbaus.* T. 1. *Der Tempel Salomos*, Leiden, Brill, 1970.

CAQUOT, André, DE ROBERT, Philippe, *Les livres de Samuel* (Commentaire de l'Ancien Testament 6), Genève, Labor et Fides, 1994.

CAQUOT, André, SZNYCER, Maurice, HERDER, Andrée, *Textes ougaritiques. 1. Mythes et légendes* (Littératures anciennes du Proche-Orient 7), Paris, Cerf, 1974.

CAQUOT, André, DE TARRAGON, Jean-Michel, *Textes ougaritiques. 2. Textes religieux et rituels* (Littératures anciennes du Proche-Orient 14), Paris, Cerf, 1989.

CARRIÈRE, Jean-Marie, « L'historiographie deutéronomiste : une manière d'écrire l'histoire », dans D. Doré (éd.), *Comment la Bible saisit-elle l'histoire ? XXIe congrès de l'Association catholique française pour l'étude de la Bible* (Lectio divina 215), Paris, Cerf, 2007, p. 115-154.

CAUSSE, Antonin, *Du groupe ethnique à la communauté religieuse. Le problème sociologique de la religion d'Israël* (Études d'histoire et de philosophie religieuses 33), Paris, Alcan, 1937.

CAZELLES, Henri, « Pentateuque », dans *Supplément au Dictionnaire de la Bible* 7, Paris, Letouzey et Ané, 1966, col. 687-858.

CROUCH, Carly L., *The Making of Israel : Cultural Diversity in the Southern Levant and the Formation of Ethnic Identity in Deuteronomy* (Supplements to Vetus Testamentum 162), Leiden-Boston, Brill, 2014.

CRÜSEMANN Frank, « Human Solidarity and Ethnic Identity : Israel's Self-definition in the Genealogical System of Genesis », dans M. G. Brett (ed.), *Ethnicity and the Bible* (Biblical Interpretation Series 19), Leiden-New York-Köln, E. J. Brill, 1996, p. 57-76.

DARSHAN, Guy, « The Biblical Account of the Post-Diluvian Generation (Gen. 9 :20-10 :32) in the Light of Greek Genealogical Literature », *Vetus Testamentum*, vol. 63, 2013, p. 515-535.

DAY, John (ed.), *In Search of Pre-Exilic Israel* (Journal for the Study of the Old Testament. Supplement Series 406), London-New York, T & T Clark, 2004.

DEBRAY, Régis, *L'erreur de calcul*, Paris, Cerf, 2014.

DE PURY, Albert, RÖMER, Thomas, MACCHI, Jean-Daniel (éd.), *Israël construit son histoire. L'historiographie deutéronomiste à la lumière des recherches récentes* (Le Monde de la Bible 34), Genève, Labor et Fides, 1996.

DE PURY, Albert, RÖMER, Thomas (éd.), *Le Pentateuque en question*, Le Monde de la Bible 19, Genève, Labor et Fides, [3]2002.

DE VAUX, Roland, *Histoire ancienne d'Israël. T. 1. Des origines à l'installation en Canaan* (Études bibliques), Paris, Gabalda, 1971.

DUBY, Georges (Dir.), *Une histoire du monde médiéval* (Bibliothèque historique Larousse), Paris, Larousse, 2013.

DIETRICH, Walter, *Die frühe Königszeit in Israel. 10. Jahrhundert v. Chr.* (Biblische Encyklopädie 3), Stuttgart-Berlin-Köln, Kohlhammer, 1997.

DOUGLAS, Mary, *L'anthropologie et la Bible. Lecture du Lévitique*, Paris, Bayard, 2004 ; tr. fr. de *Leviticus as Literature*, trad. J. L'Hour, Oxford, University Press, 1999.

DUVIGNAUD, Jean, *Le don du rien. Essai d'anthropologie de la fête*, Paris, Téraèdre, 2013.

EBERHART, Christian, *Studien zur Bedeutung der Opfer im Alten Testament. Die Signifikanz von Blut – und Verbrennungsriten im kultischen Rahmen* (Wissenschaftliche Monographien zum Alten und Neuen Testament 94), Neukirchen-Vluyn, Neukirchener Vlg., 2002.

ELLUL, Jacques, *Théologie et technique. Pour une étude de la non-puissance*, Genève, Labor et Fides, 2014.

FALES, Frederick Mario, *Guerre et paix en Assyrie. Religion et impérialisme*, Paris, Cerf, 2010.

FINKELSTEIN, I. srael, SILBERMAN, Neil Asher, *Les rois sacrés de la Bible. À la recherche de David et Salomon*, Paris, Bayard, 2006 (traduit de l'anglais *David and Solomon. In Search of the Bible's Sacred Kings and the Roots of Western Tradition*, New York, The Free Press, 2006 par P. Ghirardi).

FRENDO, Antoni J., *Pre – Exilic Israel, the Hebrew Bible, and Archaeology. Integrating Text and Artefact* (Library of Hebrew Bible / Old Testament Studies 549), New York, T & T Clark, 2011.

FRICK, Frank S., « Response : Reconstructing Ancient Israel's Social World », *Semeia*, vol. 87, 1999, p. 233-254.

FRITZ, Volkmar, DAVIES, Philip R., *The Origins of the Ancient Israelite States* (Journal for the Study of the Old Testament. Supplement series 228), Sheffield, Academic Press, 1996.

GERSTENBERGER, Erhard S., *Das dritte Buch Mose : Leviticus*, (Das Alte Testament Deutsch 6), Göttingen, Vandenhoeck & Ruprecht, 1993.

GINSBERG, Louis, *Les légendes des Juifs*, t. 6, Paris, Cerf / Institut A. de Rothschild, 2006, p. 159-162 (traduit de l'anglais *The Legends of the Jews*, Philadelphia, Jewish Publication Society of America, 1959 par G. Sed-Rajna).

GIRARD, René, *La violence et le sacré*, Paris, Grasset, 1972.

GODBOUT, Jacques T., *L'esprit du don*, Paris, La Découverte, 1992.

GOLDMAN, Irving, « Genealogy », dans *The Encyclopedia of Religion* 5, 1987, p. 502-506.

GRABBE, Lester L., *A History of the Jews and Judaism in the Second Temple Period*, t. 1, London-New York, T & T Clark, 2004.

GRABBE, Lester. L., *Ancient Israel : What Do We Know and How Do We Know It*, London-Newyork, T. & T. Clark, 2007.

GRAPPE, Christian, MARX, Alfred, *Sacrifices scandaleux ? Sacrifices humains, martyre et mort du Christ* (Essais bibliques 42), Genève, Labor et Fides, 2008.

GRELOT, Pierre, *Documents araméens d'Égypte* (Littératures anciennes du Proche-Orient 5), Paris, Cerf, 1972.

GRIMES, Ronald L., *Ritual Criticism : Case Studies in Its Practive, Essays on Its Theory*, Columbia, University of South Carolina Press, 1990.

GROTTANELLI, Cristiano, MILANO, Lucio (ed.), *Food and Identity in the Ancient World* (History of the Ancient Near East / Studies 9), Padova, S.A.R.G.O.N., 2004.

GRUND, Alexandra, Die Entstehung des Sabbats. Seine Bedeutung für Israels Zeitkonzept und Erinnerungskultur (Forschungen zum Alten Testament 75), Tübingen, Mohr, 2011.

GRÜNWALDT, Klaus, *Exil und Identität. Beschneidung, Passa und Sabbat in der Priesterschrift* (Bonner Biblische Beiträge 85), Frankfurt a.M., A. Hain, 1992.

HALLO, William W., (ed.), *The Context of Scripture. 2. Monumental Inscriptions from the Biblical World*, Leiden-Boston-Köln, Brill, 2000.

HALPERN, Baruch, LEMAIRE, André (éd.), *The Book of Kings : Sources, Composition, Historiography and Reception* (Supplements to Vetus Testamentum 129), Leiden-Boston, Brill, 2010.

HANDY, Lowell K. (éd.), *The Age of Solomon : Scholarship at the Turn of the Millenium* (Studies in the History and Culture of the Ancient Near East 11), Leiden-New York, Köln, Brill, 1997.

HARLEY, John E., *Leviticus* (World Biblical Commentary 4), Dallas, Word Books, 1992.

HARTOG, François, *Evidence de l'histoire. Ce que voient les historiens*, Paris, éd. de l'École des Hautes Études en Sciences Sociales, 2005.

HEINE, Heinrich, *Memoiren und Geständnisse*, Düsseldorf-Zürich, Artemis & Winkler, 1997.

HENNINGER, Joseph, *Les fêtes de printemps chez les sémites et la pâque israélite* (Études bibliques), Paris, Gabalda, 1975.

HOBSBAWN, Éric, RANGER, Terence O. (éd.), *L'invention de la tradition*, Paris, éd. Amsterdam, 2012 (= traduction par C. Vivier de *The Invention of Tradition*, Cambridge, University Press, 1983).

HUBER, Michael, *Gab es ein davidisch-salomonisches Großreich ? Forschungsgeschichte und neuere Argumentationen aus der Sicht der Archäologie* (Stuttgarter biblische Beiträge 64), Stuttgart, KBW, 2011.

HUNZIGER-RODEWALD, Regine, « 'Ruisselant de lait et de miel'. Une expression reconsidérée », *Revue d'Histoire et de Philosophie Religieuses*, vol. 93, 2013, p. 135-144.

KNOPPERS, Gary N., RISTAU, Kenneth A. (ed.), *Community Identity in Judean Historiography ; Biblical and Contemporary Perspectives*, Winona Lake, Eisenbraus, 2009.

KÖRTING, Corinna, *Der Schall des Schofar : Israels Feste im Herbst* (Beihefte zur Zeitschrift für die alttestamentliche Wissenschaft 285), Berlin-New York, W. de Gruyter, 1999.

KRATZ, Reinhard G., SPIECKERMANN, Hermann, (ed.), *Divine Wrath and Divine Mercy in the World of Antiquity* (Forschungen zum Alten Testament.2.33), Tübingen, Mohr-Siebeck, 2008.

LANTERNARI, Vittorio., *Les mouvements religieux des peuples opprimés*, Paris, Maspero, 1962.

LEFEBVRE, Jean-François, *Le jubilé biblique. Lv 25 – exégèse et théologie* (Orbis biblicus et orientalis 194), Fribourg, éditions universitaires, Göttingen, Vandenhoeck & Ruprecht, 2003.

LEMAIRE, André, *Inscriptions hébraïques. 1. Les ostraca* (Littératures anciennes du Proche-Orient 9), Paris, Cerf, 1977.

LEMAIRE, André, *Naissance du monothéisme. Point de vue d'un historien*, Paris, Bayard, 2003.

LEVENSON, Jon D., « The Universal Horizon of Biblical Particularism », dans M. G. Brett (éd.), *Ethnicity and the Bible* (Biblical Interpretation Series 19), Leiden-New York-Köln, E. J. Brill, 1996, p. 143-169.

LEVINAS, Emmanuel, *L'Au-delà du verse. Lectures et discours talmudiques*, Paris, éd. de Minuit, 1982.

LIPSCHITZ, Ora, *The Fall and Rise of Jerusalem : Judah under Babylonian Rule*, Winona Lake, Eisenbraus, 2005.

LIPSCHITS, Ora, BLENKINSOPP, Joseph (ed.), *Judah and the Judeans in the Neo-Babylonian Period*, Winona Lake, Eisenbraus, 2003.

LIPSCHITS, Ora, OEMING, Manfred (ed.), *Judah and the Judeans in the Persian Period*, Winona Lake, Eisenbraus, 2006.

LIPSCHITS, Ora, KNOPPERS, Gary N., OEMING, Manfred (ed.), *Judah and the Judeans in the Achaemenid Period : Negociating Identity in an International Context*, Winona Lake, Eisenbraus, 2011.

LIVERANI, Mario, *Israel's History and the History of Israel*, London, Equinox, Oakville, DBBC, 2005 (traduit de l'italien *La Bibbia : Storia Antica di Israele*, Roma-Bari, Laterza & Figli Spa, 2003, par C. Peri et P. R. Davies).

LORAUX, Nicole, *Les enfants d'athéna. Idées athéniennes sur la citoyenneté et la division des sexes*, Paris, Maspéro, 1981.

MACCHI, Jean-Daniel, NIHAN, Christophe, RÖMER, Thomas, RÜCKL, Jan (éd.), *Les recueils prophétiques de la Bible. Origines, milieux, et contexte proche-oriental* (Le Monde de la Bible 64), Genève, Labor et Fides, 2012.

MARX, Alfred, « Forme et fonction de Juges 2, 1-5 », *Revue d'histoire et de philosophie religieuses*, vol. 59, 1979, p. 341-350.

MARX, Alfred, « Mais pourquoi donc Élie a-t-il tué les prophètes de Baal (1 Rois 18, 40) ? », *Revue d'Histoire et de Philosophie Religieuses*, vol. 78, 1988, p. 15-32.

MARX, Alfred, « La chute de 'Lucifer' (Ésaïe 14, 4-21 ; Luc 10, 18). Préhistoire d'un mythe », *Revue d'Histoire et de Philosophie Religieuses*, vol. 80, 2000, p. 171-185.

MARX, Alfred, *Les systèmes sacrificiels de l'Ancien Testament. Formes et fonctions du culte sacrificiel à Yhwh* (Supplements to Vetus Testamentum 105), Leiden-Boston, Brill, 2005.

MARX, Alfred, « Pourquoi sacrifie-t-on ? Sur les traces d'un mythe fondateur », dans *L'Écrit et l'Esprit. Études d'histoire du texte et de théologie biblique en hommage à ADRIAN SCHENKER*, éd. Dieter Böhler e.a. (Orbis Biblicus et Orientalis 214), Fribourg, Academic Press, Göttingen, Vandenhoeck & Ruprecht, 2005, p. 215-228.

MARX, Alfred, « Formes et fonctions de l'hymne dans la Bible hébraïque », dans Y. Lehmann (éd.), *L'hymne antique et son public* (Recherches sur les rhétoriques religieuses 7), Turnhout, Brepols, 2007, p. 19-30.

MARX, Alfred, *Lévitique 17-27* (Commentaire de l'Ancien Testament 3b), Genève, Labor et Fides, 2011.

MILGROM, Jacob, « Israel's Sanctuary : The Priestly 'Picture of Dorian Gray' », dans *Revue biblique*, vol. 83, 1976, p. 390-399.

MILGROM, Jacob, *Leviticus* (Anchor Bible 3), 3 t., New York, Doubleday, 1991, 2000 et 2001.

MILLER, Patrick D., *Sin and Judgment in the Prophets : A Stylistic and Theological Analysis*, Chico, Scholars Press, 1982.

MILLER, James M., HAYES, John H., *A History of Ancient Israel and Juda*, Louisville-London, Westminster John Knox Press, [2]2006.

MOSKALA, Jiri, *The Laws of Clean and Unclean Animals of Leviticus 11*, Berrien Springs, Adventist Theological Society Publications, 2000.

NESTOR, D. A., *Cognitive Perspectives on Israelite Identity* (Library of Hebrew Bible / Old Testament Studies 519), New York-London, T & T Clark, 2010.

NIHAN, Christophe, *From Priestly Torah to Pentateuch : A Study in the Composition of the Book of Leviticus* (Forschungen zu Alten Testament 2, 25), Tübingen, Mohr-Siebeck, 2007.

PIOSKE, Daniel D., « David's Jerusalem : A Sense of Place », *Near Eastern Archaeology*, vol. 76, 2013, p. 4-15.

POUTIGNAT, Philippe, STREIFF-FENDART Jocelyne, *Théories de l'ethnicité*, Paris, Presses universitaires de France, 1995.

PRITCHARD, James B., The Ancient Near East in Pictures Relating to the Old Testment, Princeton, University Press, 1954.

RICHELLE, Matthieu, « Elusive Scrolls : Could Any Hebrew Literature Have Been Written Prior to the Eighth Century BCE ? », *Vetus Testamentum*, vol. 66, 2016, p. 556-594.

RODINSON, Maxime, « Nation. C. Nation et idéologie », dans *Encyclopaedia universalis* 16 (2008), p. 908-912.

RÖMER, Thomas, « L'Ancien Testament : une littérature de crise », *Revue de Théologie et de Philosophie* vol. 127, 1995, p. 321-338.

RÖMER, Thomas, *La première histoire d'Israël. L'École deutéronomiste à l'œuvre* (Le Monde de la Bible 56), Genève, Labor et Fides, 2007.

RÖMER, Thomas, MACCHI, Jean-Daniel, NIHAN, Christophe (éd.), *Introduction à l'Ancien Testament* (Le Monde de la Bible 49), Genève, Labor et Fides, 2009.

RÖMER, Thomas, « The Hebrew Bible as Crisis Literature », dans Berlejung, *Disaster, op. cit.*, p. 159-177.

RÖMER, Thomas, *L'invention de Dieu* (Les livres du nouveau monde), Paris, Seuil, 2014.

RÖMER, Thomas, *Moïse en version originale. Enquête sur le récit de la sortie d'Égypte (Exode 1–15)*, Montrouge-Genève, Bayard-Labor et Fides, 2015.

ROTHENBUSCH, Ralf, « ...abgesondert zur Tora Gottes hin ». Ethische und religiöse Identität im Esra/Nehemiabuch, Freiburg i. Br., Herder, 2012.

SCHENKER, Adrian, « Le sort religieux de l'Israélite à l'étranger. Implications de *1 S* 26,19 », *Revue d'Histoire et de Philosophie Religieuses*, vol. 93, 2013, p. 67-76.

SCHOORS, Antoon, *Die Königreiche Israel und Juda im 8. und 7. Jahrhundert v. Chr. Die assyrische Krise* (Biblische Enzyklopädie), Stuttgart, Kohlhammer, 1998.

SERVICE, Elam R., *Origins of the State and Civilization : The Process of Cultural Evolution*, New York, W. W. Norton, 1975.

SMELIK, Klaas A. D., « My Servant Nebuchadnezzar : The Use of the Epithet 'My Servant' for the Babylonian King Nebuchadnezzar in the Book of Jeremiah », *Vetus Tesamentum*, vol. 64, 2014, p. 109-134.

SMITH, Daniel L., *The Religion of the Landless : The Social Context of the Babylonian Exile*, Bloomington, Meyer-Stone Books, 1989.

SOGGIN, J. Alberto, *Histoire d'Israël et de Juda. Introduction à l'histoire d'Israël et de Juda des origines à la révolte de Bar Kokhba* (Le livre et le rouleau 19), Bruxelles, Lessius, 2004 (traduit de l'italien *Storia d'Israele. Introduzione alla storia d'Israele e Giuda dalle origini alla rivolta di Bar Kochba*, Brescia, Paidea, 2002, par C. Bonnet).

SOKOLOFF, Georges, *Nos ancêtres les nomades. L'épopée indo-européenne*, Paris, Fayard, 2011.

SOLER, Jean, « Sémiotique de la nourriture dans la Bible », *Annales*, vol. 28, 1973, p. 943-955.

SPARKS, Kenton L., *Ethnicity and Identity in Ancient Israel. Prolegomena to the Study of Ethnic Sentiments and Their Expression in the Hebrew Bible*, Winona Lake, Eisenbraus, 1998.

THIESSE, Anne-Marie, *La création des identités nationales. Europe XVIIIe-XXe siècle* (L'univers historique), Paris, Seuil, 1999.

TRIGANO, Shmuel (éd.), *La Bible et l'Autre, Pardès*, vol. 32-33, 2002.

VAN SETERS, John, *In Search of History. Historiography in the Ancient World and the Origins of Biblical History*, New Haven-Londçn-Yale, University Press, 1983.

VAN GENNEP, Arnold, *Les rites de passage*, Paris, A. & J. Picard, [2]1981 (1re éd. 1909).

WÄFLER, Markus, *Nicht – Assyrer neuassyrischer Darstellungen*, Alter Orient und Altes Testament 26, Kevelaer, Butzon & Bercker, Neukirchen-Vluyn, Neukirchener Vlg., 1975.

WEBER, Max, *Le judaïsme antique*, Paris, Plon, 1970, p. 84 (= traduction par

Freddy Raphaël de *Gesammelte Aufsätze zur Religionssoziologie*, III, Tübingen, Mohr, 1920).

WEIPPERT, Manfred, *Historisches Textbuch zum Alten Testament* (Grundrisse zum Alten Testament 10), Göttingen, Vandenhoeck & Ruprecht, 2010.

WESTERMANN, Claus, *Prophetische Heilsworte im Alten Testament* (Forschungen zur Religion und Literatur des Alten und Neuen Testaments 145), Göttingen, Vandenhoeck & Ruprecht, 1987.

WHITFORD, David M., *The Curse of Ham in the Early Modern Era : The Bible and the Justifications for Slavery*, Farnham-Burlington, Ashgate, 2009.

WIGODER, Geoffrey (Dir.), *Dictionnaire encyclopédique du Judaïsme*, Paris, Robert Laffont, 1996.

ZENGER, Erich, e.a. (éd.), *Einleitung in das Alte Testament* (Studienbücher Theologie), Stuttgart, W. Kohlhammer, [8]2012.

ZWICKEL, Wolfgang, *Der salomonische Tempel* (Kulturgeschichte der antiken Welt 83), Mainz, Vlg. Ph. von Zabern, 1999.

INDEX DES TEXTES

TABLE DES MATIÈRES

IMPRIM'VERT®

Achevé d'imprimer par Corlet Numéric,
Z.A. Charles Tellier, Condé-en-Normandie (Calvados). N° d'impression : 153784
Imprimé en France